Peter Michael Dieckmann

Wenn zwei sich treffen in meinem Namen

GOLDMANN
ARKANA

PETER MICHAEL
DIECKMANN

Wenn zwei sich treffen in meinem Namen

Gespräche mit JJ

GOLDMANN
ARKANA

Umwelthinweis
Dieses Buch wurde auf chlorfrei gebleichtem Papier gedruckt.
Die Einschrumpffolie (zum Schutz vor Verschmutzung)
ist aus umweltfreundlicher und recyclingfähiger PE-Folie.

1. Auflage
Originalausgabe

Lektorat: Ralf Lay
Satz: Barbara Rabus, Sonthofen
Druck: GGP Media GmbH, Pößneck
Printed in Germany
ISBN 3-442-33723-2
www.goldmann-verlag.de

Für Marina

Ich bin Simon, genannt Petrus, der Fels

Ich war der engste Vertraute des Meisters der Liebe zu der Zeit seiner Verkörperung als Jesus von Nazareth. Ich bin eine sehr erdverbundene Seele, und es verging kein Jahrhundert, in dem nicht Seelenanteile von mir inkarniert waren. Die Erde ist meine Heimat. Als Simon wurde ich in das Leben geboren, welches zu dem prägendsten all meiner Inkarnationen werden sollte. Den Namen Petrus gab mir mein Meister. Er gab ihn mir, weil der Samen, den er säte, bei mir nicht auf weichen und fruchtbaren Boden fiel. Ich versuchte, mit dem Kopf zu verstehen, was nur im Herzen begriffen werden kann.

Als Jesus mir den Namen gab und vor allen anderen erläuterte, warum er ihn mir gab, war ich mehr traurig als zornig. Sonst war es umgekehrt. Der Zorn entsprach meinem Naturell mehr als die Traurigkeit. Ich war derjenige seiner Schüler, der sich am meisten echauffierte. Ich war laut und großmäulig und legte Wert darauf, der Erste unter vielen zu sein. Als Jesus mir den Namen Petrus gab, fühlte ich mich gekränkt. Seine Worte trafen mich in der Mitte meines Herzens, und ich wusste, dass sie stimmten. Meine Stärke war das Denken, und meine Schwäche war das Fühlen. Auch später noch floh ich häufig vor meinen Gefühlen und suchte Unterschlupf in meinem Kopf. Doch je bewusster ich wurde, desto weniger gelang es mir. Ich wurde auf meiner Flucht zunehmend langsamer, meine Gefühle holten mich immer schneller ein – und sehr oft schneller, als ich es vertragen konnte.

Den Namen, den ich zunächst als Schmach empfand, trug ich später mit Stolz. Nachdem mich mein Meister zu Boden geworfen hatte, half er mir wieder auf. Er erklärte mir, dass alles zwei Seiten hat. Zwar kann man auf Stein keinen Apfelbaum pflanzen, aber man kann darauf ein Haus bauen. Ein Haus benötigt einen harten Untergrund. Ein Haus auf Fels bleibt stehen. Auf weichem Boden würde es versinken.

»Und auf dir, mein lieber Simon Petrus, will ich mein Haus, meine Kirche bauen«, sagte er.

Und seitdem helfe ich dabei, Stein für Stein, Schicht für Schicht seine Kirche zu bauen. Sie ist noch lange nicht fertig, und sie ist nicht das, was die Menschen unter dem Begriff »Kirche« verstehen. Sie ist kein Gebäude und keine Institution. Die Kirche des Meisters der Liebe wird in den Herzen der Menschen gebaut.

Und zurzeit hilfst du mir dabei.

»Warum ich?«, fragte ich erstaunt.

Wir beide sind Teil derselben Seele.

»Ich dachte, jeder Mensch hat eine unsterbliche Seele. Und zwar seine eigene.«

Jede Seele erfährt ihr Leben in der körperlichen und der geistigen Welt zugleich. Immer sind einige Anteile inkarniert und andere nicht. Die einen Anteile leben die körperlichen Aspekte, andere die geistigen Aspekte ihrer gemeinsamen

Existenz. Eine ganze Seele ist zu groß für nur einen Körper. Manche nennen die Gemeinschaft der Seelenanteile auch »Seelenfamilie«.

»Ich wollte immer schon einmal einen Prominenten in meiner Familie haben. Wenn schon nicht in meiner körperlichen Verwandtschaft, dann wenigstens in meiner seelischen. Immerhin. Und dann direkt einen Heiligen, den die ganze Welt kennt, alle Achtung! Schade, dass du nicht körperlich anwesend sein kannst. Würde dich gern mal meinen Kollegen vorstellen.«

Auch körperlich bin ich noch anwesend.

»Bitte?«

Alle Zeit ist gleichzeitig. Stell dir die Zeit als einen Baum vor. Jeder Ast ist ein Jahrhundert. Aus der Perspektive eines Astes in der Mitte des Baumes sind die Äste unter ihm *nicht mehr* und die Äste über ihm *noch nicht* da. In Wahrheit aber existieren alle Äste gleichzeitig. So findet mein Leben damals zur gleichen Zeit statt wie dein Leben heute. Ich erfahre *jetzt* mein Leben als Schüler des Meisters. Du erfährst *jetzt* dein Leben als Polizist und Reiki-Lehrer. Aus meiner Perspektive ist dein Leben ein zukünftiges, aus deiner Perspektive ist mein Leben ein vergangenes.

»Und damit haben wir das Mittelalter erfolgreich in die Zange genommen.«

Diese Zeit ist ebenfalls ausgesprochen lebendig. Einige Anteile unserer gemeinsamen Seele haben sich auch im Mittelalter verkörpert. Andere Anteile wiederum haben sich noch nie inkarniert.

Doch vergiss nie, dass alles im Universum eins ist. Nichts ist in Wahrheit getrennt. Wir sind alle Ausdruck des Einen, das man »Leben« nennt. Die Trennung ist nur Illusion. Wenn sich jeder Seelenanteil über die Existenz jedes anderen Anteils bewusst geworden ist, ist die Trennung überwunden und ein Zustand erreicht, der oft »Erleuchtung« genannt wird.

»Und was passiert dann?«, fragte ich.

Dann geht es wieder von vorne los. Man trennt sich und macht sich erneut auf die spannende Reise des Lebens.

»Wie bitte? Da meditiere ich mir täglich einen Wolf, um erleuchtet zu werden, und wenn ich es dann bin, geht der ganze Zirkus von vorne los?«

Warum nicht? Das Leben dient keinem Zweck. Kein Zustand ist besser als ein anderer. Es geht nicht um etwas, man kann nichts gewinnen bei diesem Spiel, man kann es nur genießen.

»Dabei sein ist alles.«

So ist es. Doch mach dich nicht verrückt. Ich weiß nicht, was nach dem Zustand der Erleuchtung kommt. Ich habe es noch nicht erfahren. Solange du nicht erleuchtet bist, kann ich es auch nicht sein. Da wir miteinander sprechen, leben wir noch in der Illusion der Trennung.

»Vielleicht hast du ja Recht mit deiner Theorie, und wir haben es nur wieder vergessen.«

Da alle Zeit gleichzeitig ist, ist es unerheblich, ob wir schon erleuchtet waren oder es erst noch werden. Alle Erfahrungen existieren gleichzeitig und sind somit immer gegenwärtig.

»Das ist schwer zu verstehen.«

Das Leben kann nur gelebt werden, es kann nie verstanden werden. Das Leben bleibt immer ein Mysterium.

»Du hast gesagt, ich helfe dir momentan.«

So ist es. Jeder Seelenanteil profitiert von jedem anderen Seelenanteil. So hilfst du mir bei meiner Entwicklung, und ich helfe dir bei deiner.

»Ich habe nur ein Problem damit.«

Welches?

»Dass ich niemandem von dir erzählen kann. Man würde mich tatsächlich für verrückt halten.«

Du bist Polizist. Du hast Mut. Habe auch den Mut, verrückt zu sein.

Der Meister der Liebe fragte uns Schüler einmal, wie es für uns wäre, vor anderen nackt und bloß dazustehen. Wir konnten ihm darauf keine Antwort geben. Erst später, nach seinem Weggang, haben wir erfahren, wie es ist, seine Wahrheit zu sagen und sich mit ihr nackt und bloß dem Gespött anderer auszuliefern. Habe den Mut, von anderen für einen Spinner gehalten zu werden.

Habe den Mut, ein Narr zu sein.

Zu Beginn

Im Jahr 1981 bestand für Schulabgänger mit Abitur die Möglichkeit, als so genannte Seiteneinsteiger bei der Kriminalpolizei anzufangen, ohne vorher den zuweilen lästigen Dienst bei der Schutzpolizei verrichten zu müssen. So blieb es mir erspart, in einem Kostüm mit aufgenähtem Landeswappen mitten auf einer belebten Kreuzung zu stehen und den Verkehr zu regeln. Während der dreijährigen Ausbildung bei der Kriminalpolizei besuchte ich in der ersten Halbzeit alle möglichen Kommissariate und verbrachte die zweite auf der Schulbank einer Fachhochschule. Meine Faulheit, die treue Seele, hatte mich bei meinem Wechsel vom Gymnasium zur Fachhochschule begleitet. Da die Durchfallquote sehr hoch war, wurden unter den Absolventen der Kommissarsklasse Wetten darüber abgeschlossen, wer es schaffte und wer durchfallen würde. Ich war Spitzenreiter in der Rangliste der zweiten Kategorie. Doch von den Prüfern erkannte mich keiner, und so konnte ich, ausgestattet mit Kriminaldienstmarke und Dienstausweis, ins Ruhrgebiet flüchten, wo ich nun für die nächsten Jahre mithelfen sollte, das tobende Verbrechen zu bekämpfen. Meinem Wunsch entsprechend wurde ich der Fahndung zugeteilt, einer Dienststelle, die sich fast ausschließlich mit der Vollstreckung von Haftbefehlen beschäftigte. Meine Aufgabe bestand nun darin, flüchtige Straftäter zu suchen, aufzuspüren, festzunehmen und mich toll zu finden.

In einem der Kollegen fand ich einen guten Freund. Wir sahen zu, dass wir so oft wie möglich gemeinsam kämpften. Und wir kämpften im wahrsten Sinne des Wortes. Kein Täter war uns zu gefährlich und keine Tür zu stabil. Mit Haftbefehl und erkennungsdienstlichem Foto des Gesuchten machten wir uns auf die Socken. Wir hörten uns in Kneipen um und stellten dumme Fragen in der Nachbarschaft. Als fahrbarer Untersatz diente uns ein hellblauer Passat, den die Polizeiverwaltung im Gegensatz zu den grün-weißen Streifenwagen »Zivilfahrzeug« nannte.

Für die Bevölkerung und erst recht für die Menschen, die aufgrund der von ihnen bevorzugten Hobbys immer mal ein Auge darauf werfen müssen, ob nicht gerade irgendwelche Gesetzeshüter in der Nähe sind, waren Fahrzeuge der Fahndung alles andere als »zivil«. Wer fährt schon einen hellblauen Passat? Generell erkannte man zu dieser Zeit Kripofahrzeuge an der Farbe. Es galt die Formel »Zwei Typen mit harten Gesichtern in einem Auto von einer Farbe, die sich kein Schwein kaufen würde, plus zwei Antennen auf dem Dach gleich Kriminalpolizei«. Uns beide jedoch, meinen Kollegen und mich, störte es nicht. Im Gegenteil: Wir wurden gern erkannt. Denn stell dir vor, du bist ein Held und kein Mensch weiß es …

Die Jahre bei der Fahndung waren die schönsten in meiner polizeilichen Laufbahn. Zusammen mit meinem Freund und Kollegen fuhr ich tagtäglich durch die Stadt und versuchte, Menschen festzunehmen, deren Personalien auf einem Haftbefehl eingetragen waren. Es waren Leute, die sich einem laufenden Strafverfahren entzogen oder aber eine

Haftstrafe, zu der sie verurteilt worden waren, nicht angetreten hatten. Viele kleinere Geschichten sind mir aus dieser Zeit in Erinnerung.

Einmal suchten wir einen Mann, der als Zuhälter tätig war. Er hatte sich nicht an die Spielregeln des Strafgesetzbuches gehalten. Ein Landgericht sah sich veranlasst, ihn zu einer mehrjährigen Haftstrafe zu verurteilen. Das wiederum veranlasste ihn, rechtzeitig von der Bildfläche zu verschwinden und sich dem staatlichen Zugriff zu entziehen. Offenbar hatte er Besseres zu tun, als den ganzen Tag in einer engen Zelle zu hocken. Seine Lebensplanung in allen Ehren, aber mein Freund und ich hatten aus beruflichen Gründen etwas dagegen einzuwenden.

Wir nahmen die Spur auf und fanden ein Hochhaus, in dem er unter einem falschen Namen eine Wohnung angemietet hatte. Auf der Suche nach einem vertrauenswürdigen Ansprechpartner im Haus trafen wir auf den Hausmeister. Er erzählte, dass der von uns gesuchte Herr X, der für ihn Herr Y war, nur sporadisch zu Hause sei. Über ihn selbst wisse er nichts, der Mann zahle pünktlich die Miete und legte offenbar Wert auf seine Ruhe. Wir zeigten dem Hausmeister ein Bild von Herrn X. Er erkannte ihn als Herrn Y. Damit war alles klar. Wir hinterließen unsere Telefonnummer und baten um einen Anruf, sobald Herr X beziehungsweise Y zu Hause sei.

Einige Wochen später kam morgens die ersehnte Nachricht: »Er ist jetzt da! Heute Nacht habe ich ihn kommen hören«, berichtete unser Vertrauter. »Vielleicht zieht er sich nur um, doch wenn Sie sich beeilen, können Sie ihn festnehmen. Aber halten Sie mich aus der Sache raus. Keiner darf wissen, dass ich Ihnen geholfen habe. Ich bin jetzt auch weg, ich habe einiges in der Stadt zu erledigen.«

»Niemand wird erfahren, dass Sie uns geholfen haben«, erklärte ich. »Ich werde es höchstens Jahre später in einem esoterischen Fachbuch erwähnen.« Das beruhigte ihn.

Sofort machten wir uns auf die Socken. Den Zugang in das Treppenhaus verschafften wir uns mithilfe eines Drahtes. Mein Freund hatte immer ein Mäppchen mit verschiedenen Drähten dabei. Er war sehr geschickt darin, Türen zu öffnen. Wir stiegen die Treppe hoch, schellten an der Tür. Wie wir erwartet hatten, machte keiner auf. Mein Kollege sah mit fachmännischem Blick auf die Tür: »Da ist mit Draht nicht viel zu machen«, stellte er fest. »Die Tür werden wir wohl eintreten müssen.«

Ich war deswegen nicht wirklich enttäuscht. Obwohl nur beruflich ausgeübt, war das Eintreten von Türen für mich mittlerweile zu einem Hobby geworden. Irgendwie machte es Spaß, ab und an mit höchstrichterlicher Erlaubnis ordentlich herumzurandalieren ... Unverzüglich machten wir uns ans Werk. Oft genügen zwei bis drei saubere Tritte, bevor die Tür aufspringt. Nur diese hier weigerte sich hartnäckig. Sie wollte nicht aufgehen. Wir traten mal mit und mal ohne Anlauf, mal fachmännisch gezielt an die Stelle neben dem Türschloss, dann wieder ungezielt, egal wohin, Hauptsache Tür und rohe Gewalt. Nichts geschah. Außer fürchterlichem Krach brachte die Aktion kein nennenswertes Ergebnis.

»Was ist das denn für ein Lärm da unten?«, schallte es plötzlich von oben durch das Treppenhaus. »Gleich komme ich runter, und dann gibt's Ärger«, erklärte eine Stimme, die den Eindruck erweckte, es ernst zu meinen.

Wir schauten hoch. Auf dem Treppenabsatz über uns stand wutentbrannt und in drohender Haltung ein Mann, den wir anhand unseres liebevoll geführten Fotoalbums unschwer als den Adressaten unseres Besuches ausmachten.

Der von uns gesuchte Zuhälter wohnte eine Etage über der Wohnung des Hausmeisters, dessen Eingangstüre wir gerade demolierten …

In meiner Freizeit trainierte ich in einem Fußballverein eine Jugendmannschaft. Das machte mir Spaß, und ich engagierte mich dabei ebenso wie in meinem Beruf. Mein Leben bestand aus Polizei und Fußball. Diese Zeit dauerte sieben Jahre.

Dann wechselten mein Freund und ich die Dienststelle. Nun waren wir Angehörige des »Mobilen Einsatzkommandos«. »MEK« wird die Filiale der Firma im Fachjargon genannt. Eine Dienststelle mit geheimen Autos und geheimen Büros und geheimen Polizisten. Sie sind immer da, wo man sie nicht vermutet. Stell dir weites, flaches Land vor. Mittendrauf ein böser Bube. Meilenweit und in alle Richtungen kann er das Gebiet einsehen. Weit und breit kein Haus, keine Scheune, kein Auto, keine Kühe, nichts. Urplötzlich jedoch liegt er mit dem Gesicht auf dem Acker und bekommt seine Rechte vorgelesen. Im wahrsten Sinne des Wortes wird ihm »schlag-artig« klar: »Ich bin nicht allein!« Sonst eigentlich eine beruhigende, für unseren Buben jedoch diesmal eine erschreckende Botschaft. Sofern es ihm gelänge, einen Blick vom Boden nach oben zu richten, könnte er Massen von breitschultrigen Männern mit kurzen Haaren und wichtigen Gesichtern erkennen, die den Kontakt mit der Zentrale durch Sprechen in Richtung ihres Hemdkragens aufrechterhalten.

Das waren dann wir. Sichtbar und unsichtbar. Je nach Wunsch. Spezialagenten eben. Jungs, die in den Krimis immer dann auf dem Bildschirm erscheinen, wenn die spannende Musik erklingt und Oma vor der Flimmerkiste zum Nägelkauen ansetzt. Jungs, die nach vielen Überstunden spätabends nach Hause kommen, den Schmauch von der

Mündung der Pistole wegpusten und die Freundin fragen: »Na, Schatz, und wie war dein Tag …?«

Bei so einem Haufen war ich nun gelandet. Vorbei war es mit dem Training meiner Jugendmannschaft. Die unregelmäßigen Dienstzeiten ließen das nicht mehr zu. Außerdem heiratete ich und bezog mit meiner Frau eine neue Wohnung. In kurzer Zeit hatte sich mein Leben grundlegend geändert. Ich übte eine neue berufliche Tätigkeit aus, lebte in einer neuen Wohnung, war mit einer Frau zusammen und machte keine Jugendarbeit mehr. Zudem hatte eine chronische Nebenhöhlenentzündung auf der rechten Seite meines Schädels ein neues Zuhause gefunden. Ich wäre fast explodiert vor Glück. Oder anders ausgedrückt: Ich war körperlich wie seelisch ziemlich durch den Wind.

Ich zweifelte an mir selbst und sah keinen Sinn mehr in dem, was ich tat. Doch war es nicht die Arbeit mit Jugendlichen, die mir nun fehlte; das war vorbei, damit hatte ich abgeschlossen. In diesem Bereich hatte ich viel erlebt und war an einen Punkt gekommen, an dem sich Bekanntes öfter wiederholte, als Neues geschah. Auch mein Wechsel innerhalb der Polizei war nicht das, was mir zu schaffen machte. Ich trauerte weder meiner früheren Arbeit noch den Kollegen nach. Ich hatte mich bei ihnen wohl gefühlt, doch die neuen Mitstreiter waren genauso in Ordnung. Ich war zwar bei der Ausübung der neuen Tätigkeit nicht zufrieden, doch zurück wollte ich auch nicht. Ich wusste nicht, was mit mir geschah. Während ich im Einsatz war, sehnte ich mich nach Hause, und zu Hause fühlte ich mich nicht ausgelastet. Ich hatte keine Ahnung, wie ich das ändern könnte. Ich hatte mein Selbstbild verloren. Ich konnte mich nicht mehr mit dem »Polizisten« identifizieren. Aber genauso wenig hätte ich sagen können, warum. Ein anderes Selbstbild gab es nicht.

Viele Menschen, die im Beruf ihr Ego nicht ausreichend bestätigt sehen, suchen sich eine ehrenamtliche Tätigkeit in einem Verein oder einer Organisation. Dort können sie dann die Karriere machen, die ihnen im Job verwehrt bleibt. Die Menschen streben im Allgemeinen danach, »jemand« zu sein. Mensch sein allein reicht offensichtlich nicht aus, um glücklich zu werden. Und wer glaubt, in seinem Beruf nichts Besonderes darzustellen, wird eben Leiter der Turnabteilung seines Sportvereins oder verwaltet die Sterbekasse in der Ortsgruppe seiner Gewerkschaft.

Nicht, dass man mich falsch versteht: Ich verurteile das nicht. Die Menschen tun viel Gutes dabei. Aber, und das verleugnen sie oft, sie tun es nur für sich. Zwar stellen manche es so dar, als ginge es ihnen allein um die Sache, doch das ist nur die halbe Wahrheit. Wie gesagt, daran ist nichts Schlechtes.

Aber in meinem Fall bestand darin weder das Problem noch die Lösung. Es gab scheinbar keinen Ausweg für mich. Ich hatte keine Rolle mehr, durch die ich mich definierte, und wollte auch gar keine haben. Ja, ich entwickelte sogar eine Abneigung gegen Rollen insgesamt. Mir wurde fast schlecht, wenn ich Leute herumstolzieren sah, denen man das Wort »wichtig« in Leuchtschrift auf die Stirn tätowiert hatte. Und gerade in der Dienststelle, in der ich jetzt war, begegnete ich ständig Menschen, die ihren Selbstwert voll und ganz aus ihrer beruflichen Tätigkeit schöpften. Spezialagenten. Jeder für sich ein Weltmeister. Aber auch jenseits der Polizei begegnete ich ständig solchen Zeitgenossen. Es ist natürlich klar, dass ich damals genau das in anderen sah, was ich in mir bekämpfte. Man wird im Außen ständig mit den Themen konfrontiert, an denen man in seinem Inneren arbeitet. Und ich arbeitete heftig!

Auch die Nebenhöhlenentzündung machte mir zu schaffen. Für die Mediziner war klar, dass eine Operation die einzige Möglichkeit der Heilung sein konnte. Doch das wollte ich nicht. Ich hatte gehört, dass viele Menschen nach einem operativen Eingriff mehr Theater in ihren Nebenhöhlen hatten als vorher. Davor hatte ich Angst. Ich versuchte es mit den verschiedensten Medikamenten, ließ mir chinesische Nadeln in den Körper stoßen, massierte meine Schläfen, doch nichts geschah. Eine Heilpraktikerin erzählte mir etwas von Blockaden. Damals verstand ich nicht, was sie meinte. Und heute halte ich darüber Seminare ab. Ich glaube, ich werde die Tage mal bei ihr reinschauen und sagen: »Hey, erinnerst du dich noch an mich? Ich bin der unglückliche Bulle mit dem verstopften Nasenloch. Der Kanal ist nicht nur frei wie sonst was, ich kann jetzt sogar mit meinen Händen heilen.« Ich glaube, sie wäre stolz auf mich …

Der erste Schritt

Ein bekannter Spruch lautet: Alles beginnt mit dem ersten Schritt. Das Problem besteht nur darin, dass man oft nicht weiß, wohin der Weg führt. Das Leben kann nur nach vorn gelebt und »nach hinten« betrachtet werden. So weiß ich heute, dass ich 1997 den ersten Schritt auf meinem Weg zum Reiki-Lehrer machte.

Ich hatte in der Zwischenzeit das MEK verlassen und war nun mit einer Aufgabe betraut, die »Zielfahndung« genannt wird. Ich musste wieder Leute suchen. Im Gegensatz zu meiner früheren Fahndungszeit jedoch war für einen Straftäter schon mindestens ein internationaler Haftbefehl mit Flucht ins Ausland nötig, um in den Genuss zu kommen, von mir gesucht, gefunden und schließlich festgenommen zu werden. Ein Bagatelldelikt mit lieblos ausgewähltem Versteck irgendwo in der Stadt, womöglich noch bei sich zu Hause, reichte nicht mehr aus, mich aus dem Drehstuhl im Büro zu vertreiben.

In einer Sommernacht fuhr ich mit 1,2 Promille im Blut von einer dienstlichen Feier nach Hause. Nachdem es mir noch gelungen war, drei Streifenwagen abzuhängen, musste ich beim vierten passen. Mein Führerschein lag anschließend neun Monate beim Straßenverkehrsamt. Nun war ich ein Zielfahnder ohne Führerschein und musste den Weg von meiner Wohnung zur Arbeitsstelle mit öffentlichen Verkehrsmitteln bewältigen. Ich stand während der Rushhour mit Menschen in Bus und Bahn, die ich freiwillig nicht in mein Auto gelassen hätte. Ich lernte, Nähe zuzulassen. Zugleich war mir ein Teil meiner Maske heruntergerissen worden. Aus dem Typen, dem keiner was kann, war für den Moment ein kleiner Wicht geworden, der darum bettelte, auch ohne Führerschein weiter bei der Zielfahndung arbeiten zu dürfen.

Bei all den unangenehmen Gefühlen wusste ich aber, dass dies der Beginn von etwas Neuem war. Tatsächlich war es meine erste Einweihung. Einweihung bedeutet »Öffnung«. Bis dahin war ich eher verschlossen als offen, mehr arrogant als freundlich und mehr zynisch als humorvoll. Ich war der harte Bulle, dienstlich und privat. Ich trug einen äußeren Gefühlspanzer, der mich erfolgreich vor der Liebe anderer Menschen schützte.

In diesem Sommer 1997 erhielt ich das erste Anmeldeformular für ein Reiki-Seminar. Ich sandte es nicht zurück. Ich wusste nicht, was Reiki war; und ehrlich gesagt war es mir auch vollkommen egal. Meine spätere Reiki-Lehrerin ließ nicht locker und sandte mir ein paar Wochen später eine weitere Einladung. Diesmal folgte ich artig und meldete mich an.

Zwar konnte ich mit dem Begriff »Reiki« immer noch nichts anfangen, spürte aber, dass ich es machen sollte, was immer es auch sei. Ich beschloss, bis dahin auch keine Erkundigungen über Reiki einzuziehen. Ich wollte mich überraschen lassen.

Einige Tage nachdem ich das Formular zu dem Seminar »Was immer es auch sei« abgeschickt hatte, stand ich im Rahmen einer Dienstreise im Hauptbahnhof von Fulda. Ich sah mich nach einer Zeitung für die Rückfahrt um. Dabei fiel mein Auge auf ein Reiki-Buch. Ich nahm es, schlug es auf und – schlug es zu. Ein erster Blick in das Innere des Buches hatte genügt, mich für Sekunden um Fassung ringen zu lassen. Heilen durch Handauflegen ... Ach, du Scheiße ...!

Das Seminar fand in einem kleinen Dorf mitten im Westerwald statt, und ich überlegte, wie ich dorthin kommen sollte. Eine Fahrt mit dem Auto ohne Führerschein war mir zu riskant. Ich hatte wegen meiner Trunkenheit am Steuer dienstlich keine Schwierigkeiten bekommen. Man war mir freundlich und verständnisvoll begegnet. Dafür bin ich meinen Kollegen und Vorgesetzten heute noch dankbar. Eine erneute Dummheit jedoch hätte mir dienstlich das Genick gebrochen. Mit dem Zug wäre ich knapp hundert Jahre unterwegs gewesen. Da es von Duisburg aus keine Direktverbindung gab, hätte ich mehrfach umsteigen müssen. Ich brauchte also jemanden, der mich mit dem Auto hinfahren würde. Ein Freund erklärte sich dazu bereit.

Während der zweistündigen Fahrt unterhielten wir uns über dies und das. Unvermeidlich war die Frage, was ich denn im Westerwald zu tun hätte. Die Wahrheit, »Ich nehme an einem Reiki-Seminar teil ...«, kam mir nicht über die Lippen. Noch war ich nicht in der Lage, mich als esoterisches Weichei zu outen. So viel Maske vom harten Bullen war noch da. Stattdessen erzählte ich von einem Klassentreffen der Ehemaligen: »Abi einundachtzig, machen wir alle zwei Jahre ...«

Da ich das Haus meiner Reiki-Lehrerin nicht kannte und ich nicht wusste, was uns dort erwarten würde, ließ ich mich sicherheitshalber am Rande einer Hauptstraße absetzen. »Von hier aus kommst du einfacher wieder auf die Autobahn, ohne dich zu verfahren«, erklärte ich meinem Chauffeur. So verhinderte ich eine mögliche Begegnung der dritten Art. Wer weiß, nachher springen vor dem Haus lauter orange gekleidete Esoteriker mit Vollglatze herum und singen Hare Krishna, dachte ich. Die Frage meines Kumpels, »Auf welcher Schule warst du denn …?«, wäre in diesem Fall nur schwer zu beantworten gewesen.

Kontakt zu JJ

In dieser Phase meines Lebens meldete sich JJ bei mir. Ich war gerade von einer Dienstreise zurückgekommen und wollte das Ergebnis meiner Ermittlungen schriftlich zusammenfassen. Das Schreiben von Berichten, Vermerken und Vernehmungen gehört zum Alltag eines Kriminalbeamten. Im Gegensatz zu den Darstellungen in Fernsehkrimis besteht die Arbeit der meisten Kommissare zu 80 Prozent aus Schreibtischtätigkeiten.

An diesem Tag im Sommer 1997 aber erschien ein anderer Text auf dem Monitor: »Also, sprach JJ ...«, lauteten die ersten Worte.

Es folgten Sätze mit religiösem Inhalt. Ohne Frage kein Polizeibericht, stellte ich fest. Zwar war ich derjenige, der da schrieb, auf der anderen Seite aber war ich es doch nicht. Der Text hatte weder etwas mit meiner Dienstreise noch mit meinem Wissen zu tun. Denn von dem, was geschrieben wurde, verstand ich nichts. Mit Religion und Kirche hatte ich bis dahin nichts am Hut.

Während meiner Vorschulzeit besuchte ich einige Male den Kindergottesdienst. Einmal fragte die Leiterin, ob wir Kinder denn wüssten, wo Gott wohne. Die Antwort wusste ich. Ich war mir absolut sicher: »Im Himmel«, rief ich.

»Falsch«, sagte die Lehrerin triumphierend. »Gott wohnt überall.«

Zwar war ihre Erkenntnis, wie ich heute weiß, so verkehrt nicht, aber damals hat sie mich persönlich getroffen. Die Frau benutzte mich als rhetorischen Stichwortgeber, und damit kränkte sie mich tief. So schloss ich bereits als Kind den Aktendeckel mit der Aufschrift »Religion« und wandte mich weltlichen Dingen zu. Auch meine Eltern hatten ein eher gespanntes Verhältnis zu Kirche und Religion. Wenn das Thema mal zur Sprache kam, wurde mehr über die Pfaffen geschimpft als zu Gott gebetet.

Nun saß ich also dreißig Jahre später in einem Polizeibüro und schrieb über Gott und Jesus. JJs Gedanken flossen in meine Hände. Sobald ich eine Frage stellte, kam die Antwort. Es funktionierte über Gedanke und Gegengedanke. Dieser Vorgang war mir nicht neu. Einen gedanklichen Austausch mit einem geistigen Wesen hatte ich zuvor schon einmal kennen gelernt: Es begann mit einem Buch von Jane Roberts. Es heißt *Überseele Sieben* und handelt von der Ausbildung einer Seele durch ihr Höheres Selbst. Jane Roberts war eine Schriftstellerin, die neben ihren eigenen Arbeiten Botschaften einer Wesenheit namens »Seth« durchgab. Zu diesem Zweck versetzte sie sich in Trance.

Menschen mit diesen Fähigkeiten wurden zu Zeiten des Alten Testamentes »Propheten« genannt. Heute heißen sie »Medien«. Nachdem ich *Überseele Sieben* gelesen hatte, kaufte ich in den nächsten Jahren alle von Seth diktierten Bücher und las jedes von ihnen mehrmals. In mir wuchs der Wunsch, einmal mit einer solchen Wesenheit zu sprechen. Ich dachte mir, so ein persönliches Gespräch mit einem geistigen Wesen kann recht nützlich sein. Es kann mir sagen, wer ich in meinem früheren Leben war, woher meine körperlichen Beschwerden kommen, wie alt ich werde und was in meinem Leben noch passiert. Professionelle und kompetente Lebenshilfe also. Schließlich hat so ein Höheres Selbst einen besseren Überblick. Während wir Erdenmenschen uns auf dem Spielfeld des Lebens abrackern müssen, sitzt das Höhere Selbst auf der Tribüne und sieht, ob wir in unser Glück oder unser Verderben laufen. Eines Tages hörte ich von einer Frau, die in Trance eine Wesenheit namens »Vikarosch« channelte. Sie gab sowohl Gruppen- als auch Einzelsitzungen. Ich rief die Frau an und bekam einen Termin für eine Einzelsitzung.

Ich sollte eine Audiokassette mitbringen, da die Sitzung aufgezeichnet würde. Denn, wie Christa, das Medium, sagte: »Die reden manchmal ohne Punkt und Komma, das kann man gar nicht alles im Kopf behalten …«

Ich kaufte also eine Kassette und fuhr zum vereinbarten Zeitpunkt dorthin. Ich wurde freundlich begrüßt und eine Etage höher in einen kleinen Raum geführt. Es folgte ein kurzes Gespräch, in dem ich bedacht war, nichts Wesentliches von mir preiszugeben. Als ausgebuffter Bulle war ich schließlich darin geschult, niemals mehr Informationen als nötig zu geben. Man kennt ja den Spruch aus den schlechten Krimis, in denen der Kommissar sein Gegenüber mit den Worten »Hier stelle ich die Fragen!« anraunzt.

Nach kurzem Vorgeplänkel ging es endlich ans Eingemachte. Christa begab sich in Trance. Dabei wird die Schwingung des Mediums erhöht, während gleichzeitig die Wesenheit, die durch das Medium sprechen will, ihre eigene Schwingungsfrequenz herunterfährt. Nachdem dies also geschehen war, begrüßte mich in einer Stimme, die sich von der Stimme Christas deutlich unterschied, eine Wesenheit, die mich offensichtlich schon seit sehr langer Zeit kannte. Sie kannte mich in meiner Essenz, sie war mit meinen Gedanken und Gefühlen bestens vertraut.

Christas telefonische »Warnung« war berechtigt. »Ohne Punkt und Komma.« Mein tiefstes Inneres war ein offenes Buch für Vikarosch. Vorbei war es mit meiner Fassade, ich konnte sie nicht mehr gebrauchen, sie erfüllte ihren Zweck nicht mehr.

Als ich zu Hause die Kassette einlegte, die ich extra für die Sitzung neu gekauft hatte, waren darauf die ersten Takte eines Liedes der Kelly Family zu hören: »An Angel«.

Die Kellys hatten Recht: Ich hatte mit einem Engel gesprochen ...

Die Sitzung bei Vikarosch hinterließ in mir einen nachhaltigen Eindruck. Und es hallte in meinem Inneren wahrhaftig nach. Offenbar war Vikarosch nicht auf ein Medium angewiesen, denn der Kontakt wurde auch nach der Sitzung weiter aufrechterhalten. Ich konnte mit ihnen – Vikarosch bezeichnet sich selbst als »Seelenkollektiv« – Kontakt aufnehmen, wann immer ich wollte. Es funktionierte über Gedanke und Gegengedanke.

Bei der zweiten Sitzung bei Christa ein halbes Jahr später fragten sie mich: »Na, hast du uns in deinem Kopfbereich wahrgenommen?«

Ich durfte bejahen und fand das riesig. Endlich hatte ich eigene mediale Erfahrungen und nicht nur theoretisches Wissen aus Büchern.

Ich war in der Tat ein sehr kopflastiger Mensch, der viel dachte, plante und grübelte. Ich litt unter Kontrollsucht, musste alles verstehen und alles vorhersehen können. Mein Dilemma bestand darin, dass das Leben veränderlich ist und man nicht weiß, was passieren wird. Meine Krankheit war die

Denksucht, die mich innerlich zerstörte und äußerlich unausstehlich machte. Ich konnte und wollte meine Gefühle nicht zulassen. Außerdem hatte ich keine Ahnung, wie man das macht. Aber ich wollte heraus aus dem Kopf, ich wollte das Denken überwinden. Mir war klar geworden, dass darin auch die Ursache für meine Nebenhöhlenbeschwerden lag. Es wird auf Dauer zur Qual, wenn man ständig nachdenkt. Jeden Gedanken ständig auseinander pflückt und wieder zusammensetzt.

Vikarosch hatte mir geraten, einen Platz in der Natur zu suchen, der mir gefällt. Dahin sollte ich gehen, wenn ich Kraft oder eine Botschaft bräuchte. Mein Platz war in Friesland an der Nordsee. Es gibt dort eine Stelle, an der das Meer eine Kurve macht. Besser gesagt, die Küste macht eine Kurve, und das Wasser macht mit. Wasser ist sehr »flexibel« ... An der Spitze dieser Kurve mitten im Watt war und ist auch heute noch mein Kraftort.

Eines Tages in einem Urlaub, als ich mich wieder mit meinem Denken selbst folterte, ging ich an meinen Platz und bat Vikarosch darum, mir etwas über mein Denken zu erzählen.

Die Antwort kam sofort: »Über das Denken können wir dir nichts erzählen. Darin bist du der Fachmann. Wir können dir nur etwas über das Fühlen erzählen.«

In diesem Moment brach in mir ein Damm. Gefühle kamen hoch, lang unterdrückte Gefühle kamen mit einer solchen Macht an die Oberfläche, wie ich es bis dahin noch nie erlebt hatte. Ich lief im Watt herum wie ein angestochenes Schwein und weinte, was das Zeug hielt. Ich weinte, schrie, heulte und schluchzte. In diesem Moment war mir völlig egal, ob mich dabei jemand sah oder nicht.

Die Zeit, in der ich den gedanklichen Kontakt mit Vikarosch aufnehmen konnte, war nur von kurzer Dauer. Eines Tages war es vorbei. Die Verbindung zu JJ besteht bereits seit sieben Jahren und dauert immer noch an. Doch im Gegensatz zu Vikarosch meldet sich JJ nicht, wenn ich es möchte. Er entscheidet selbst über den Zeitpunkt – immer dann, wenn er es möchte.

Am Anfang wusste ich nicht, was ich mit den Botschaften anfangen sollte, die ich nun erhielt. Schließlich war ich Polizist und kein Priester. Mittlerweile bin ich auch Reiki- und Meditationslehrer. Das Schreiben von Texten und Meditationen ist seitdem Bestandteil meiner Arbeit. Immer wieder gibt JJ seinen Senf dazu. So entstand dieses Buch.

Eines seiner körperlichen Leben verbrachte JJ vor zweitausend Jahren. Er hatte damals das Glück und die Bürde, den Meister der Liebe, Jesus von Nazareth, zu begleiten. Er war einer der *J*ünger *J*esu. Dieses Leben auf der Erde war nicht sein erstes und auch nicht sein letztes. Er lebte viele Male vorher und viele Male nachher. Zurzeit macht er wieder einmal Pause von den Anstrengungen, die so ein körperliches Leben mit sich bringt. Wer jemals regelmäßig um vier Uhr dreißig aufstehen musste, weiß, wovon ich rede.

JJ entspricht nicht dem Bild eines Heiligen im klassischen Sinne, der von Gläubigen verehrt wird. Es besteht also kein Grund, aufzustehen und Hosianna zu rufen. Zunächst wollte ich seinen wirklichen Namen nicht preisgeben. Es sollte offen bleiben, welcher von den Jüngern er war. Schließlich ist nicht entscheidend, *wer* etwas sagt, sondern nur, *was* jemand sagt. Aber vielleicht hätte ein Rätselraten um seine Identität die Konzentration von der Botschaft noch mehr auf die Person gelenkt. Somit spielt es keine Rolle, ob ich seinen Namen nenne oder nicht.

Ich gebe zu, dass ich mich auch selbst schützen wollte. Ich glaubte, wenn ich sagte: »Ich stehe mit einem der Jünger Jesu in Kontakt, ich sag aber nicht, mit welchem …«, träfe mich der Bannstrahl derer, die mich für esoterisch-durchgeknallt hielten, nicht ganz so stark. JJ selbst hatte kein Problem damit, seine Identität in diesem Buch zu offenbaren. Er stand schon immer gerne im Mittelpunkt der Aufmerksamkeit.

»Habe den Mut, ein Narr zu sein«, sagte er zu mir. Also gut, so soll es sein: Seine Freunde nannten ihn »Simon«, bekannt wurde er unter dem Namen »Petrus«.

Für mich ist er »JJ«.

Also, sprach JJ

Du bist also ein Ordnungshüter.

»So kann man es nennen.«

Wie kommt eine Seele dazu, sich eine Inkarnation als Ordnungshüter auszusuchen?

»Es hat sich einfach so ergeben. Ich hätte auch etwas ganz anderes machen können.«

Und warum hast du es nicht getan?

»Der Wunsch, Polizist zu werden, entstand in mir, als ich zwölf oder dreizehn Jahre alt war. Andere wollen Lokomotivführer oder Feuerwehrmann werden. Kinder spielen Rollen, mit denen sie sich identifizieren können. Und die Rolle des Guten im Kampf gegen das Böse ist nun einmal sehr attraktiv. Der Polizeiberuf ist eine Alternative zu den ausgestorbenen Jobs wie Cowboy oder Indianer.«

Du brauchst dich nicht dafür zu rechtfertigen, dass du einen Beruf gewählt hast, bei dem man Schusswaffen durch die Gegend trägt und wildfremden Menschen die Hände auf dem Rücken fesselt.

»Mir ist klar, dass es eine geringe Diskrepanz zwischen diesen Tätigkeiten und dem Heilen durch Handauflegen gibt. Verdammt nochmal, ich war ein kleiner Junge, ich wusste es nicht besser«, antwortete ich etwas gereizt.

Also bist du als kleiner Junge zur Polizei gegangen? Donnerwetter, dann musst du ja einer der dienstältesten Beamten des Landes sein.

Ich stand kurz davor, das Gespräch mit JJ zu beenden. Wollte er mich provozieren? Verlangte ich etwa von ihm eine Erklärung für die Hexenverbrennungen im Mittelalter? Aber ich wollte es noch einmal im Guten versuchen und erzählte weiter.

»Aufgrund meiner in vierzehn Jahren hinreichend bewiesenen Lernfaulheit hatten mir mein Vater und sämtliche Lehrer der Welt von einem Universitätsstudium abgeraten. Also schickte ich ein halbes Jahr vor dem Abitur mehrere Bewerbungen durch die Gegend. Eine davon zur Polizei.

In den letzten Wochen meiner Schulzeit aber traf ich die Entscheidung, alle Ratschläge in den Wind zu schießen und Sozialpädagogik zu studieren. Dummerweise war jedoch meine Bewerbung bei der Polizei mit Wohlwollen aufgenommen worden. Das Land Nordrhein-Westfalen brannte darauf, meine Dienste in Anspruch nehmen zu können. Am 1. November 1981 sollte ich im Polizeipräsidium Köln erscheinen. Doch mein Entschluss war unumstößlich: Da gehe ich nicht hin! Die Polizei muss auf meine Mitarbeit verzichten. Ich werde Sozialpädagoge!

Als ich meinen Eltern diese frohe Botschaft unterbreitete, brachen sie in Jubelstürme aus. Sie umarmten mich und priesen Gott, dass ich nun endlich zur Vernunft gekommen war und den sicheren Beamtenjob mit Kündigungsschutz und Pensionsanspruch gegen ein Studium eintauschen wollte, deren Absolventen auf der Straße standen und ihren kümmerlichen Lebensunterhalt als Fisch-Mäc-Bräter bei McDonald's verdienten. Nur mit Mühe konnte ich meine Eltern davon abhalten, auf der Stelle und spontan ein großes Fest mit vielen Gästen zu veranstalten, bei dem der Champagner in Strömen fließen und Kaviar bis zum Abwinken gereicht werden sollte.

Gegen diese Feier wären die biblischen Feste anlässlich der Rückkehr des verlorenen Sohnes und der Hochzeit von Kanaan zu Schweigemärschen verblasst. Zur Preisung meiner Weisheit sollten Künstler von Weltklasseformat engagiert werden, die mit ihren Darbietungen selbst die Speisung der Fünftausend, die ihr damals im Programm hattet, in den Schatten gestellt hätten«, wandte ich mich direkt an JJ.

Mit unserem Auftritt wäre euch die Party allerdings billiger gekommen. Einen Kasten Wasser gekauft und Wein in Mengen ausgeschenkt. Und auch mit unseren Gagenforderungen waren wir damals ziemlich zurückhaltend.

»Ihr wart in jeder Beziehung ausgesprochen preiswert«, bestätigte ich. »Wenn man bedenkt, was heute die Heilung eines Aussätzigen kostet. Mit dieser Nummer wärt ihr der Renner auf jedem Ärztekongress.«

Falsch. Wir wären eine Gefahr für ein Gesundheitssystem, das an Krankheiten verdient und daher kein Interesse an Gesundheit hat. Da haben es Menschen, die heilen wollen und auch heilen können, schwer. Deshalb werden Heilern außerhalb der Ärzteschaft in dem Staate, dessen Ordnungshüter du bist, vom Gesetz her Steine in den Weg gelegt. Der Staat bezeichnet diese Steine als Schutz für die Kranken vor möglichen Scharlatanen. In Wahrheit ist es ein Schutz vor möglichen Heilungschancen. Aber ich schweife ab. Ich nehme an, du hast ein wenig übertrieben bei der Beschreibung der Freudentänze deiner Eltern.

»Ein wenig«, gab ich zu. »Ich muss ein paar Abstriche dahin gehend machen, dass ich nach einem intensiven Gespräch mit meinem Vater am 1. November nach Köln fuhr und mich weisungsgemäß um neun Uhr bei der Ausbildungsleitung des Polizeipräsidiums meldete.

Auf einem Spaziergang am Abend vorher hatte mir mein Vater deutlich und bestimmt erklärt, dass mich mein Abitur dazu berechtigt, jederzeit ein Studium zu beginnen, hingegen die Chance, Kriminalkommissar zu werden, in meinem Leben nur einmal, und zwar jetzt bestünde. ›Geh einfach mal hin‹, sagte er, ›schau dir den Laden an, und wenn es dir nicht gefällt, haust du eben in den Sack und fängst an, zu studieren.‹ Das war logisch, das sah ich ein; und so kam es, dass ich meinem Verstand gestattete, die Entscheidung meines Herzens zu korrigieren. Mein Vater baute darauf, dass mich die Arbeit der Kriminalpolizei gerade in den ersten Tagen faszinieren würde und deshalb ein Abbruch meiner Laufbahn nach einer Woche äußerst unwahrscheinlich wäre.«

Er hatte Recht.

Ich nickte. »Er hatte Recht.«

Dann ist also dein Vater schuld, dass du jetzt bei der Polizei bist?

»Nein, nein«, winkte ich ab.

So einfach wollte ich es mir nun wirklich nicht machen. Schließlich wusste ich ja, dass jeder Mensch für sein Leben selbst verantwortlich ist. Das gilt sogar für die Geburt. Es ist kein Zufall, dass ein Mensch zu einer bestimmten Zeit an einem bestimmten Ort geboren wird …

Lektionen

Jede Seele stellt sich vor ihrer Geburt eine persönliche Aufgabe, nimmt sich vor, an bestimmten Lebensthemen zu arbeiten, die sie in ihrer Entwicklung weiterbringen. Sie sucht sich Verhältnisse aus, die eine Arbeit an dem jeweiligen Thema möglich machen. Eine Seele zum Beispiel, die auf ihrem bisherigen Weg die Freude am Einfachen und Wesentlichen verlernt hat, kann es sich zur Aufgabe machen, diese Freude zurückzugewinnen. Dafür könnte sie ein Leben in einem armen Land wählen, in dem Eltern morgens nicht wissen, wovon ihre Kinder tagsüber satt werden sollen. Die Seele erfährt so den Wert des Einfachen. Sie lernt, das Wesentliche vom Unwesentlichen zu unterscheiden. Für Seelen mit anderen Lebensthemen wären solche Umstände nur hinderlich. Der ständige Gedanke an Nahrungsbeschaffung würde die gewünschten Lernerfahrungen unmöglich machen. Die Energie wird anderweitig gebraucht. Sie benötigen soziale Sicherheit.

Der Ort und die Zeit der Inkarnation sind abhängig von der Lektion, die gelernt werden soll. Manche werden in politisch unruhige Verhältnisse hineingeboren, andere wiederum in stabile. Einige in Diktaturen, wo sie den Freiheitskämpfer in sich ausbilden, andere in Demokratien, in denen sie sich als Künstler frei entfalten können.

Das Elternhaus bietet dem Kind die erste Gelegenheit, an seinem Seelenthema zu arbeiten. Die Eltern sind als Wegbereiter Hilfe und Handicap zugleich. Hilfe, weil sie dem Kind Begleitung, Führung und Geborgenheit geben, Handicap, weil sie mit ihren Überzeugungen prägend einwirken.

Die Lernaufgaben beider Elternteile stehen in Zusammenhang mit der des Kindes. Dennoch unterscheiden sie sich. Zwar ist jedes Lebensthema mit anderen vergleichbar, aber niemals gleich. Deshalb erleben Eltern, denen das Lebensthema des Kindes ja noch weniger bewusst ist als ihm selbst, oft Enttäuschungen. Sie meinen es gut mit ihren Ratschlägen, wollen dem Kind im guten Glauben den leichten Weg bereiten und müssen mit ansehen, wie es den steinigen wählt: »Mein Sohn sollte es einmal besser haben als ich. Auch für ihn habe ich die Firma aufgebaut, und jetzt schlägt er alles in den Wind …« Es war der Weg der Eltern, es wird nicht der Weg des Kindes sein. Doch so, wie die Kinder die Hilfe der Eltern brauchen, so benötigen sie auch das Handicap. Das Überspringen einer Hürde erfordert die Hürde selbst.

Die Wahl der Seele betrifft auch den Körper. So kann es für eine Lektion notwendig sein, sein Leben in einem behinderten Körper zu verbringen. Menschen, die als geistig behindert gelten, leben viel intensiver im Hier und Jetzt als die meisten anderen.

Eine solche Seele hat vielleicht in den vergangenen Leben den Schwerpunkt auf den Verstand gelegt, ihn zur Mauer umfunktioniert und damit das Herz ausgegrenzt. Und nun bestand die Wahl zwischen vielen Inkarnationen ohne geistiges Handicap, um diese Mauer Stein für Stein abzubauen, und einem Crashkurs innerhalb nur einer Verkörperung, quasi das Wegsprengen der Mauer mit Dynamit.

Fragt man Menschen: »Was kannst du besser – geben oder nehmen?«, antworten die meisten: »Ich kann besser geben.« Sie halten das für einen guten Charakterzug, fühlen sich prima dabei. Und so ist es tatsächlich: Sie fühlen sich gut, wenn sie geben. Dafür jedoch fühlen sie sich schlecht, wenn sie nehmen; es sei denn, sie haben das Gefühl, es stünde ihnen zu. Viele, die ein Geschenk erhalten, ohne vorher eine Gegenleistung erbracht zu haben, überlegen sofort, wie die nun entstandene »Schuld« getilgt werden könnte. Dahinter verbirgt sich der Drang nach Kontrolle. Ein Mensch, der gibt, entscheidet selbst, wem und wie viel er gibt. Er ist in der Position des Königs. Er hat die Kontrolle. Der andere ist in der Position des Bettlers. Er ist auf die Gnade des Königs angewiesen. Ihm bleibt nichts anderes übrig, als zu danken.

Die Erfahrung von Hilflosigkeit in einem behinderten Körper kann daher eine Lektion für eine Seele sein, die sich vom Zwang der Kontrolle befreien will. Bisher hat sie geglaubt, sich selbst und die anderen kontrollieren zu müssen, hat geglaubt, dass ein Leben ohne Kontrolle unmöglich wäre. Dabei hat sie gelernt, zu befehlen. Nicht gelernt hat sie, zu bitten. Wer bittet, begibt sich für den Augenblick in die Hand eines anderen, erteilt diesem die Macht, der Bitte nachzugeben oder sie abzulehnen. Nun aber ist die Seele im Körper eines behinderten Menschen auf Hilfe angewiesen. Sie lernt, auch für die kleinen, sonst selbstverständlichen Dinge zu bitten. Dieser Weg führt zurück zur Dankbarkeit.

Es sind mutige Seelen, die sich Intensivlektionen verordnen. Die weniger Mutigen kommen langsamer vorwärts. Die Steine in ihren diversen Leben sind kleiner. Dafür sind es mehr.

Jede Seele trinkt vor der Geburt den Becher des Vergessens. Eine Aufgabe in der Schule hat nur Sinn, wenn die Lösung nicht daneben liegt. Aber sie ist auch nur dann von Wert, wenn sie gelöst werden kann. Kein Erstklässler bekommt Abiturklausuren vorgesetzt. Und so nimmt sich auch keine Seele Aufgaben mit in das körperliche Leben, welche sie nicht bewältigen kann.

Jede Seele geht freiwillig in die Körperlichkeit. »Freiwillig« heißt nicht immer »gern«. Oft entscheidet sich die Seele bewusst für ein nicht so langes Leben. Sie will den Aufenthalt auf der Erde so kurz wie möglich halten. Sie weiß, die Konfrontation mit diesem oder jenem Thema ist wichtig für ihr Wachstum. Und nur in der Körperlichkeit kann sie sich mit dem Thema auseinander setzen.

»Aber«, so bittet sie die Angehörigen ihrer Seelenfamilie, die in der geistigen Welt bleiben und von oben Hilfestellung leisten, »garantiert mir, dass ich bald wieder zu euch zurückkehre.«

Die Seelenfamilie sagt: »Mach dir keine Sorgen. Wenn du vierzehn Jahre alt bist, schicken wir dir ein Auto, von dem du überfahren wirst. Dann bist du wieder hier.«

Die Seele sagt: »Gut, wenn das so ist, mach ich es.«

Schnell einen Schluck aus dem Becher des Vergessens getrunken, und ab geht's nach unten in die Grobstofflichkeit. Ein toller Junge, gesund, sportlich, agil und intelligent. Mit vierzehn wird er vom Auto überfahren. Bei der Beerdigung sagen die Leute: »Was für ein junger Mensch! Er hatte doch noch sein ganzes Leben vor sich ...«

Die Seelenfamilie lässt »von oben« Situationen zufallen, um dem verkörperten Angehörigen auf der Erde den Weg zur Lösung seiner Aufgabe zu weisen. Sinnvollerweise werden die Abwürfe aus der geistigen Welt »Zufall« genannt. Wenn die Situationen dann unten auf der Erde »liegen«, heißen sie »Gelegenheiten«. Oft aber umkurven die Menschen die für sie bestimmten Gelegenheiten und lassen sie hinter sich liegen.

Dann ist die Seelenfamilie wieder am Zug: »Es muss schon etwas Größeres sein, das wir abwerfen, sonst sieht er es wieder nicht«, sagen sie und lassen erneut etwas von oben zufallen. Und wieder geht der Mensch wie von Blindheit geschlagen an der Gelegenheit vorbei. Immer größer und schwerer werden die Abwürfe, bis sie eines Tages die Größe eines Kühlschrankes haben und nicht mehr vor, sondern auf den Menschen fallen. Dann hat der Zufall einen neuen Namen: »Schicksalsschlag«.

Jetzt kann der Manager, der sich Tag und Nacht bis zum Herzinfarkt um seine Firma gesorgt hat, die Lektion der Besinnung auf der Intensivstation lernen. Dann endlich, im Angesicht der Angst, lernt er, sich über die Anwesenheit seiner Kinder, seiner Ehefrau, seiner Eltern zu freuen. Dann endlich lernt er, wie schön es ist, die Vögel im Frühling singen zu hören. Die Lektion bleibt die gleiche. Geändert hat sich nur der Klassenraum.

Der Körper spricht, wenn man der Seele(nfamilie) lange nicht zugehört hat.

JJ über das Sammeln von Bildern

Ein Kind wird geboren. Es hat sein ganzes Leben vor sich. Ein Kind kann nur nach vorn blicken. Jeder Augenblick ist eine neue Erfahrung. Das Kind verändert sich. Es wächst heran zum Teenager, dann zum Erwachsenen. Die Erinnerungen werden mehr. Der Mensch sammelt innere Bilder. Mit jedem Tag kommen neue hinzu. Ab einem bestimmten Zeitpunkt ist die Anzahl der Bilder, die gesammelt wurden, dann größer als die, die noch kommen werden.

Je älter du wirst, desto mehr Vergangenheit hast du hinter dir. Die Vergangenheit ist unveränderlich. An deinen alten Geschichten kannst du nichts mehr ändern. Du kannst es nur in Zukunft anders machen. Je mehr Vergangenheit du hinter dir hast, desto mehr Unveränderliches hast du zu tragen. Viele alte Menschen leben überwiegend in der Erinnerung. Sie schauen mehr nach hinten als nach vorne. Deshalb wandeln sie sich nicht mehr. Wandlung kann es allein in der Zukunft geben. Wer nur noch nach hinten schaut, kann sich nach vorne nicht mehr verändern. Er wird wie Frau Lot.

»Die zur Salzsäule wurde«, bemerkte ich.

»Dreh dich nicht um«, sagte man ihr, als sie aus ihrem persönlichen Sodom und Gomorrha herausging. »Sonst wirst du zur Salzsäule erstarren.« Sie ignorierte den Ratschlag.

»Frauen sind neugierig. Sie wollte wissen, was aus Sodom und Gomorrha wird.«

Das Neue liegt immer vor dir. Das Alte liegt hinter dir. Frau Lot blieb stehen und schaute nach hinten. Sie war gierig nach dem Alten, nicht nach dem Neuen.

Stell dir ein Museum mit vielen Bildern vor. Jedes neue Bild wird neben ein altes gehängt. Der Vergleich zwischen den alten und den neuen Bildern ist somit unvermeidlich. Wer schon viele Bilder gesehen hat, für den ist kaum eines mehr wirklich neu.

Der Tod räumt dein Museum leer. Nun kannst du wieder mit der Sammlung neuer Bilder beginnen. Es ist ein Geschenk, ab und zu das Vergangene zu vergessen und nur noch Zukunft vor sich zu haben.

»Oft wird das Leben durch die alten Bilder auch intensiver. Wenn ich viele Bilder in meinem Museum hängen habe, weiß ich nicht nur die schönen von den hässlichen zu unterscheiden, sondern auch die schönen Bilder, die neu hinzukommen, besser zu schätzen. Ein älterer Mensch hat Lebenserfahrung. Er kann deshalb besser genießen«, legte ich ein gutes Wort für die älteren Mitbürger unseres Planeten ein.

Du hast Recht. Jeder Lebensabschnitt bietet Chancen, die vorher nicht da waren. Das Geschenk des Alters ist Genuss. Das Geschenk der Jugend ist die Unbekümmertheit.

Ein Neuanfang ohne jede Erfahrung bietet die einmalige und Gott sei Dank doch immer wiederkehrende Möglichkeit, sich absolut unbekümmert in vermeintlich unvernünftige Abenteuer zu stürzen, einfach so draufloszuleben. Ein junger Mensch kann noch die Dinge tun, vor dem die Älteren warnen. Zu viel Erfahrung blockiert das Leben. Deshalb wird uns immer wieder die Gelegenheit gegeben, absolut erfahrungslos leben zu dürfen.

Der Wechsel zwischen Erfahrung und Neuanfang bringt Pfeffer in das ewige Leben!

Nebelwand

Ich? Schon mal gelebt? Nicht, dass ich wüsste.
Aber wenn ich es wüsste ...
hätte ich eine Chance, mein Leben zu leben?

Wäre ich nicht versucht, die alte Rolle zu spielen,
in frischen Kleidern auf anderer Bühne?
Käme ich zurecht im neuen Körper, früher Frau,
heute Mann?

Und wüsste ich von meiner Berühmtheit ...,
empfände ich nicht Stolz und wäre geneigt,
die Gesten von damals zu kopieren?

Und wüsste ich von meinen Morden und Foltern ...,
könnte ich laufen, wenn mich mein Gewissen
lähmt?
Woher nähme ich die Kraft, die alten Bilder bewusst
zu sehen?

Und wenn ich wüsste …,
wüssten die anderen nicht auch?
Müsste ich nicht Rache fürchten, damals mächtig
und heute schwach?

Könnten wir jemals die Dramen überwinden,
unsere Stricke lösen, uns weiterentwickeln,
wenn wir dies alles wüssten?

Fähigkeiten und Talente

Je nach Lektion, die gelernt werden soll, stellt sich die Seele im himmlischen Reisebüro eine individuelle Tour zusammen. Steht fest, wohin der Trip in die Körperlichkeit gehen soll, an welchen Ort, in welche Zeit, wird ein Rucksack gepackt. Hinein kommen all die Fähigkeiten und Talente, die für die geplanten Unternehmungen benötigt werden. Das Erforderliche wird mitgenommen, das Störende wird in der geistigen Welt zurückgelassen. Wer den Atlantik überqueren will, schleppt keine Bergsteigerausrüstung mit sich herum. Vielleicht braucht man sie auf der nächsten Reise, wer weiß? Doch jetzt wäre sie nur hinderlich.

Meine Fähigkeiten und Talente zeigen an, was ich mir vor meiner Geburt für dieses Leben vorgenommen habe. Ich brauche nicht neidisch sein auf die, die besser malen, singen oder was auch immer können. Es hat keinen Zweck, in die Rucksäcke der anderen zu schauen und zu bedauern, dass sie schöner gepackt sind als meiner. Jeder Mensch ist auf einer anderen Reise. Wenn ich mir vorgenommen hätte, zu komponieren, hätte ich die Liebe zur Musik in meinen Rucksack gepackt. Doch der Rucksack ist tief, man braucht ein ganzes Leben, um ihn auszupacken. Und manches, von dem ich heute noch keine Vorstellung habe, liegt ganz unten …

… Da hat der Kerl sechzig Jahre lang zwei linke Hände und einen Seitenscheitel, und jetzt rennt er mit einem Zopf durch die Gegend und macht einen auf Künstler …

Die Seele drängt danach, ihr Potenzial auszuleben. Sie will die Fähigkeiten und Talente gebrauchen. Sie hat den Rucksack gepackt, um den Inhalt zu benutzen. Es macht keinen Sinn, bei einer Tour durch die Antarktis warme Kleidung und ein Zelt mitzunehmen, um dann nackt im Freien zu schlafen.

Bei der Rückkehr von der Reise wird der Seele die Frage gestellt: »Hast du den Rucksack ausgepackt? Hast du deine Fähigkeiten und Talente benutzt?«

Und oft genug hören die Engel im Himmel die Antwort: »Tja, ist alles noch wie neu, ungebraucht. Aber vielleicht kann ich es ja hier für einen guten Preis verkaufen …?«

Die Seelenfamilie begleitet den Menschen auf seiner Reise. Keine Reise ohne Reiseleitung. Die Angehörigen unserer Seelenfamilie tragen Geschenke hinter uns her, die sie zu gegebener Zeit überreichen wollen. Sie sind wie Kellner in einem Restaurant, die servieren möchten. Doch das ist nicht immer einfach. Der Kellnerjob in der geistigen Welt ist einer der härtesten überhaupt. Die Gäste rennen in dem Restaurant des körperlichen Lebens umher und suchen einen Tisch. Sie suchen den Tisch mit dem Glück, den Tisch mit dem beruflichen Erfolg, den Tisch mit dem richtigen Lebenspartner. All dies liegt auf dem Tablett des Kellners, der ständig hinterherläuft und nicht vorlegen kann, weil sich sein Gast nicht hinsetzt.

Und wenn er sich mal setzt, springt er schnell wieder auf und rennt weiter. Irgendwie hatte er das Gefühl, es sei doch nicht der richtige Tisch … Das Gerenne endet erst, wenn der

Gast nicht mehr kann, wenn er müde ist, wenn er enttäuscht und frustriert ist und glaubt, es habe keinen Sinn mehr. Dann endlich kann der Kellner servieren.

Und der Gast stellt fest: »Als ich aufhörte, zu suchen, habe ich gefunden. Welch ein Wunder!« Kapitulation war die Voraussetzung für den Erfolg.

Was nun bringt einen Menschen dazu, seinen Rucksack nicht auszupacken? Wie zum Teufel kann jemand auf die Idee kommen, in der Antarktis nackt vor dem Zelt zu schlafen?

Blockaden

Es gibt keinen Stillstand des Lebens. Die Lebensenergie kann nicht aufhören zu fließen. Wird sie blockiert, prallt sie ab. Wie Wasser an einem Staudamm macht sie an der Stelle der Blockade Kapriolen. Die Energie sucht sich einen Weg an der Blockade vorbei. Sie fließt drunter und drüber, links und rechts herum. Frei fließend erschafft sie das Schöne und Reine, abprallend an der Blockade das Schmerzliche. Sie zerstört Körperzellen und lässt neue entstehen, Prozesse werden verändert, verlangsamt, beschleunigt oder beendet. Es kommt zu Krebs, Entzündungen, Infarkten. Die Schaffenskraft der Energie ist unbegrenzt. Die Artenvielfalt ihrer Schöpfung ist unermesslich. Die Energie will durch den Körper hindurch nach außen fließen. Wird ihr das verwehrt, richtet sie sich nach innen.

Eine Blockade ist eine Mauer, die man baut, um sich und die Welt vor seiner Lebensenergie zu schützen. Die Mauer soll verhindern, dass die Lebensenergie nach außen fließt und dort dummes Zeug machen kann. Dahinter steckt die Angst vor Missbrauch der Energie. Ich habe Angst, dass ich mit meiner Energie nicht richtig umgehen kann, sie nicht zu meinem Nutzen, sondern zu meinem Schaden einsetze.

Lieber blockieren als missbrauchen.

Ich habe Angst, meine Energie ganz und gar zu investieren und dann von anderen Menschen enttäuscht und verletzt zu werden. »… Ich habe all meine Kraft in die Liebe zu dieser Frau gesteckt, habe sie von ganzem Herzen geliebt, und sie verlässt mich …«

Lieber blockieren als missbraucht werden.

Die Mauer wird immer dort gebaut, wo die Lebensenergie gestoppt werden soll.

Eine Frau, die befürchtet, dass ihre sexuellen Bedürfnisse sie dazu veranlassen könnten, ihre familiären Pflichten zu vernachlässigen – »Ich könnte meinen Mann verlassen, meine Kinder ohne Brote in die Schule schicken, alles Mögliche könnte passieren …« –, baut die Mauer im unteren Bereich des Körpers.

Wer glaubt, dass ihn seine Worte in Teufels Küche bringen könnten, baut eine Mauer im Bereich des Halses. Viele haben nicht nur Angst vor dem Ausdruck ihres Ärgers, sondern auch vor dem Ausdruck ihrer Freude. Oftmals bleiben die Worte »Ich liebe dich« unausgesprochen. Gerade Männer haben Angst, als Weichei oder Gefühlsdusel zu gelten. Als Polizist weiß ich, wovon ich rede!

Und wie sehr kann man enttäuscht werden, wenn der Energie im Bereich des Herzens erlaubt wird, sich frei zu entfalten? Wenn man sich der Liebe hingäbe und später die Trennung kommt? Jede Beziehung endet eines Tages mit der Trennung. Entweder durch Scheidung oder Tod. Kaum ein Liebespaar stirbt zur gleichen Zeit. Meist bleibt einer zurück. Und je größer die Liebe, desto stärker die Trauer. Davor scheuen viele zurück. Also fix die Mauer im Bereich des Herzens gebaut.

Die Seele drückt sich durch den Körper aus. Zu jedem Bereich des Körpers gibt es eine seelische Entsprechung. Der Ort der Symptome kann daher ein Hinweis auf die seelische Ursache sein.

Es hilft bei einer Krankheit nicht die Frage »Warum gerade ich?« weiter, sondern oft die Überlegung »Warum gerade dort?«.

Nun ist das für viele nicht so recht einsehbar: »Was haben meine Rückenprobleme mit meiner Seele zu tun? Schließlich muss ich schwer heben, mein Bandscheibenvorfall kommt von der ständigen Belastung des Rückens ...«

Dennoch haben nicht alle Menschen, die schwer heben, Probleme mit ihrem Rücken. Ich spreche hier nicht von einem Muskelkater, der wieder verschwindet. Auch Hunger geht vorbei, wenn man gegessen hat. Aber alle dauerhaften Symptome haben eine seelische Ursache. Nicht zufällig ist der eine empfänglich für eine bestimmte Krankheit und der andere nicht.

Rauchen verursacht Krebs und andere schlimme Krankheiten. Was hat nun der Teer in der Lunge eines Kettenrauchers mit der Seele zu tun? Hätte der Mensch nicht so viel geraucht, wäre ihm das Raucherbein doch erspart geblieben.

Dennoch erkrankt der eine Raucher und ein anderer nicht. Viele Volksstämme auf der Erde qualmen wie die Wahnsinnigen. Am allabendlichen Lagerfeuer werden auch Kinder beim Herumreichen der Friedenspfeife nicht ausgenommen. Doch Lungenkrebs ist bei ihnen unbekannt. Woran liegt das?

Entscheidend ist, in welchem Bewusstsein geraucht wird. Raucht ein Mensch bewusst, also um des Rauchens willen, oder liegt der Grund verborgen im Unterbewussten? Die Angehörigen eines Indianerstammes rauchen aus anderen Motiven als die Broker an der New Yorker Börse.

Warum verführt die Seele den Körper zum Rauchen? Ist es Genuss, lässt sich der Mensch eben nur auf das ein, was das Leben so bietet, oder ist es Sucht, steckt eine Suche dahinter?

Die Akzeptanz, dass die Ursache einer Krankheit in einem selbst liegt, ist der erste Schritt zur Heilung. Wenn der Mensch die Macht hat, zu blockieren, hat er auch die Macht, sich wieder zu öffnen.

Das ist die gute Nachricht.

Voraussetzung für Macht jedoch ist die Bereitschaft, Verantwortung zu übernehmen. Nur der Boss hat in der Firma das Sagen. Aber er hat auch die Verantwortung. Wer nicht bereit ist, die Verantwortung zu übernehmen, kann nicht auf der Chefetage den dicken Max markieren.

Das ist die schlechte Nachricht.

Manche geben die Verantwortung für ihre Krankheit an der Rezeption des Arztes ab und setzen sich dann machtlos ins Wartezimmer. Wieder andere schieben die Verantwortung auf ein so genanntes früheres Leben und nennen es »Karma«. Wenn ein vergangenes Leben schuld ist, brauche ich mich heute nicht zu ändern.

Dabei trifft der Begriff »frühere Leben« im Grunde gar nicht zu. Man stelle sich die Seele als einen großen Kreis vor. Innerhalb des Kreises sind viele Punkte eingezeichnet. Jeder Punkt ist eine Inkarnation der Seele. Alle sind gleichzeitig vorhanden und dennoch voneinander getrennt. Durch jeden Punkt erfährt die Seele einen anderen Aspekt ihres Seins. Jeder Aspekt ist mit seinem Bewusstsein auf eine andere Frequenz eingestellt. Im Traum stehen alle miteinander in Verbindung. Sie nehmen im Schlaf Kontakt mit der großen Zentrale auf, dem gemeinsamen Höheren Selbst. Und manchmal werden die Bilder der einen Frequenz auf eine andere übertragen. Dann wacht der Soldat im alten Rom schweißgebadet auf, weil er im Traum in New York von einem Auto angefahren wurde. Er weckt seine Sklavin und sagt: »Stell dir vor, was ich gerade für einen Mist geträumt habe. Ich habe Kutschen aus Eisen durch die Gegend rasen sehen, vor denen kein einziges Pferd gespannt war ...«

Jede Krankheit hat eine Botschaft zum Inhalt. Die Seele klopft an der Tür des Körpers an. Sie pocht dort so lange, bis sie verstanden wird. Wenn es in diesem Leben nicht passiert, dann eben im nächsten. Es hilft nicht, nur den Körper zu behandeln. Wird das kranke Organ gegen ein gesundes ausgetauscht, die Botschaft aber nicht angenommen, muss die Seele weiter an die Tür klopfen. Verstärkt man die Tür, klopft sie umso lauter. Geht die Heilung des Körpers nicht mit der Heilung der Seele einher, werden die Symptome nur verschoben. Dann zwickt es heute nicht mehr hier, sondern morgen dort, dann meist umso heftiger. Auf der Suche nach schalldichten Türen befinden sich viele auf einer jahrelangen Tournee durch die Wartezimmer diverser Arztpraxen.

Während meines Theaters mit den Nebenhöhlen schluckte ich Tabletten, trank literweise Tropfen, aß Antibiotika und ließ mir Nadeln in alle möglichen Körperteile stechen. Zeitweise bekam ich die Symptome in den Griff, aber eben nur zeitweise. Wenige Wochen später war es wieder so schlimm wie eh und je. Die Medikamente zeigten ihre körperliche Wirkung, aber meine Einstellung änderte sich nicht. Ich glaubte, ein zufälliges Opfer zu sein, schließlich kann so etwas jeden treffen. Ich kam nicht auf die Idee, dass die Beschwerden irgendetwas mit mir zu tun haben könnten.

Blockaden in den Nebenhöhlen sind ein Frontalzusammenstoß von Gedanken und Gefühlen. Eine Art energetischer Verkehrsunfall. Die Zentrale der Gefühle ist das Herz. Es liegt in der linken Körperhälfte. Die Zentrale der Gedanken liegt in der rechten Kopfhälfte. Die Gedanken beeinflussen unsere Gefühle. Sie streben nach unten. Wer seine Gefühle unter Kontrolle halten will, schickt sie nach oben in den Kopf. Die Gedanken sind auf dem Weg nach unten links. Die Gefühle sind auf dem Weg nach oben rechts. In der Mitte prallen sie aufeinander. Der Unfall blockiert die Kreuzung. Die nachfolgenden Gedanken stauen sich in den Kanälen von Stirn- und Nebenhöhle, der Rückstau der nachfolgenden Gefühle reicht bis zum Solarplexus.

Der Blockadepunkt liegt etwas unterhalb des rechten Schulterblattes. Die Massage dieser Stelle hilft bei den körperlichen Beschwerden. Gleichzeitig sollte versucht werden, die Unfallkreuzung insgesamt in den Griff zu kriegen. Was nutzt die Beseitigung der Trümmer, wenn es zwei Minuten später wieder kracht? Deshalb bitte ich den Betroffenen während der Reiki-Massage, sich vorzustellen, wie seine Gedanken und Gefühle nach unten in die Fußsohlen und dann nach außen fließen. Eine schöne Visualisierungsübung ist auch die Vorstellung einer weißen Lichtkugel über dem Kopf. Sie fließt durch den Scheitel in den Körper hinein und fällt langsam nach unten. An den Beinen teilt sich das Licht und fließt aus den Fußsohlen hinaus.

Eine solche Meditationsübung, täglich durchgeführt, hilft bei derartigen Erkrankungen mehr als Medikamente. Wenn der Seele die Tür geöffnet wird, braucht sie nicht mehr anzuklopfen.

Es ist keine Frage, dass Medikamente die Heilung unterstützen. Aber wie bei den schädlichen Zigaretten verhält es sich auch bei den heilenden Tropfen: Bei den einen helfen sie, und bei anderen helfen sie nicht. Ohne Veränderung der Seele keine Veränderung des Körpers. Wenn im Inneren alles beim Alten bleibt, bleibt auch im Außen alles beim Alten. Die Veränderung des Glaubens ist notwendig.

Der Glaube ist das Fundament der Seele. Wie sagte Jesus? »Dein Glaube hat dir geholfen.«

JJ zu Sünde, Gott und einem erhängten Pferdedieb

Jesus heilte mit den Worten »Steh auf, deine Sünden sind dir vergeben«. Mit diesem Satz löste er die Blockade auf.

»Heilung durch Erlösung von Sünde und Schuld. Ist das die ursprüngliche Erklärung dafür, warum Jesus als der Erlöser unserer Sünden gilt?«, fragte ich.

Jesus kämpfte nicht gegen Sünde und Schuld, er kämpfte gegen den *Glauben* an Sünde und Schuld. Einzig in diesem Sinne ist er der Erlöser unserer Sünden. Der Glaube an die Sünde ist die schlimmste Krankheit der Menschen. Der Glaube an Schuld und Sünde hindert die Menschen daran, glücklich zu sein. Der Glaube an Schuld und Sünde hindert die Menschen daran, sich total auf Freude einzulassen. Immer dann, wenn sie Freude spüren, kommt die Angst, sie könnten sündigen und Schuld auf sich laden. Weil man in ausgelassener Freude keinen Gedanken an Gebote und Regeln verschwendet.

Wahrhaftig gibt es keine Sünde, gibt es keine Schuld. Das Göttliche umfasst alles; und deshalb kann nur zum Göttlichen gelangen, wer allumfassend gelebt hat. Allumfassend zu leben, ist der Weg zu Gott. Wie könnte ein Teil des Weges, der zu Gott führt, Sünde sein? Jesus brachte den Menschen die Botschaft der Freiheit. Die Botschaft der Freiheit von Sünde und Schuld. Denn erst, wenn wir den Glauben an unsere Schuld verlieren, haben wir sie überwunden. Jesus glaubte nicht an Sünde und Schuld. Aber er glaubte an Verantwortung. Er nahm die Verantwortung für sein Leben an, so sehr, dass die Menschen später glaubten, er habe damit auch die Verantwortung für das Leben aller übernommen.

»Das ist für manche schwer zu begreifen«, erwiderte ich. »Keine Sünde, keine Schuld? Was ist mit all dem Unrecht auf der Welt? Was ist mit den Mördern von Kindern, mit den Sexualtätern?«

All das ist Gott. Es gibt keine Trennung. Gott wird der Allmächtige genannt. Wenn Gott also nicht in der Lage wäre, zu morden und zu foltern, wäre er ja nicht allmächtig.

»Für die Christen ist Gott ein Gott der Liebe. Und auch für mich ist Gott nichts anderes als Liebe. Mit einem Gott, der foltert und mordet, kann man sich nur schwer anfreunden. Den würde ich auch nicht gern zu meinem Skatabend einladen«, bemerkte ich.

Du kannst dich nicht drücken. Denn auch du bist Gott. Wenn du es begriffen hast, wirst du wirklich ein Gott der Liebe sein. Solange du es nicht begriffen hast, läufst du Gefahr, der Gott zu sein, mit dem du nichts zu tun haben willst.

Alles im Universum ist Teil des Göttlichen. In diesem Sinne ist jeder Gott. Nun gibt es einige, die es wissen, und andere, die es nicht wissen. Die es wissen, fühlen sich eins mit Gott; die es nicht wissen, fühlen sich von Gott getrennt. Wer

Gott für jemand anderen hält, kann sich nicht eins mit ihm fühlen. Wer in Einheit mit Gott lebt, wird von sich selbst total begeistert sein. Egal, was er tut. Denn er weiß: Alles, was er tut, tut Gott. Jesus nannte diese Begeisterung den Heiligen Geist. Die Begeisterung ist der Geist, der ganz, der heilig macht. Diese Begeisterung lässt dich den Gott in dir ganz spüren. Da die Liebe in der Tat die Essenz des Göttlichen ist, spürst du dann nichts als Liebe in dir. Solange du noch Gott für jemand anderen hältst, wirst du die Liebe nicht so absolut in dir spüren können. Wer die Liebe nicht vollkommen in sich spürt, kann auch anderen gegenüber nicht vollkommen liebevoll sein. So kommt es zu dem Schuh, den du dir nicht anziehen willst.

»Und was ist mit den Opfern? Den misshandelten Kindern, den trauernden Eltern?«, setzte ich nach.

Auch sie sind Gott. Da gibt es keinen Unterschied zwischen den Menschen, die du Täter, und den Menschen, die du Opfer nennst. Wenn Gott allmächtig ist, wie könnte er da Opfer sein?

»Man hat schwer daran zu schlucken, dass kleine Kinder selbst schuld sein sollen, wenn ihnen etwas Schlimmes zustößt.«

Siehst du, du kommst von der Schuld nicht los. Verbanne erst mal diesen Richter in dir, der immer beurteilen will, wer schuld ist. Erst mit deinem Denken erschaffst du die Schuld. Entweder sind wir selbst schuld oder andere, das ist der Glaube, an dem du noch festhältst. Es gibt keine Trennung zwischen dem einzelnen Menschen und Gott. Somit gibt es auch keine Trennung zwischen den Menschen untereinander und daraus folgend auch keine Trennung zwischen Täter und Opfer.

Sich selbst gegenüber nicht voller Liebe sein, von sich selbst nicht begeistert sein, ist immer darauf zurückzuführen, dass man sich selbst nicht als genügend wertvoll empfindet. Man hat in sich ein Idealbild des genügend Wertvollen. Solange man dem Idealbild nicht entspricht, spürt man das Gefühl des genügend Wertvollen in sich nicht. Gott aber hat kein Idealbild, das er anstreben müsste. Er ist alles. Mit der Auflösung des Idealbildes verschwindet das Gefühl der Wertlosigkeit. Darin liegt der Sinn des Satzes »Mache dir kein Bild von deinem Gott«.

»Was hat das mit den unschuldigen Kindern zu tun?«, fragte ich.

Wenn es keine Schuld gibt, kann es auch keine Unschuld geben. Der Glaube an Sünde und Schuld verursacht in der Folge den Glauben an Buße und Strafe; und manchmal manifestiert sich dieser Glaube in Form von Vergewaltigung und Mord. Täter und Opfer sind zwei Rollen in einem Drama. Sie sehen sich voneinander getrennt. Glaubst du nicht mehr an diese Trennung, ist das Spiel beendet.

»Dann werfe ich den Kasten mit den Holzbauklötzen in die Ecke meines Kinderzimmers und spiele etwas anderes«, sagte ich.

Das Holzspielzeug ist langweilig geworden; du hast alles erlebt, was man damit erleben kann. Du hast die notwendigen Erfahrungen damit gemacht und gehst jetzt weiter. So ist es auch im Spiel der Seele. Eine Zeit lang spielst du das Spiel der Trennung. Wenn du alle Erfahrungen darin gesammelt hast, es durch und durch begriffen hast, möchtest du es nicht mehr weiterspielen und suchst dir etwas Neues. Wenn du also auf der Seelenebene die Schnauze voll hast von den sich ständig wiederholenden Reinkarnationswestern mit guten Sheriffs und bösen Pferdedieben, wenn du als Sheriff keinen Spaß mehr an den Schießereien hast und als Pferdedieb schon so oft erhängt wurdest, dass dir buchstäblich die Zunge zum Hals raushängt, hörst du auf und kaufst dir im Laden das Spiel ab sechzehn Jahre, das Spiel der Liebe und des Mitgefühls.

»So habe ich also im himmlischen Spielzeugladen den Kasten meiner vergangenen Leben mit den Utensilien für Mord und Totschlag gegen den Spielzeugkasten eines Reiki-Lehrers mit heilenden Händen eingetauscht.«

Tatsächlich ist Reiki eine Möglichkeit, das Spiel der Trennung zu verlassen und in das Spiel der Liebe und des Mitgefühls zu gelangen. Reiki bedeutet »universelle Lebensenergie«. Dieser Begriff ist gleichzusetzen mit dem, was wir damals den »Heiligen Geist« nannten. »Heilig« bedeutet »ganz«. »Universell« bedeutet »allumfassend«. Und etwas Ganzes hat alles beieinander, nichts fehlt, nichts ist getrennt. Das Einströmen des Heiligen Geistes ist zu vergleichen mit den Einweihungen des Reiki.

»Wenn Gott mit allem eins ist, wir also alle Gott und demnach eins sind, was soll dann der ganze Zirkus mit den vielen einzelnen Wesen, den Menschen und den Tieren, die sich alle als voneinander getrennt empfinden?«, fragte ich.

Die Vielfalt von allem, was ist, wird erst durch die Einzigartigkeit erkennbar. Das Einzigartige wiederum hebt sich nur dann hervor, wenn es scheinbar noch etwas anderes gibt. Das Einzigartige ist also Voraussetzung für die Vielfalt von allem, was ist. Du kannst die Schönheit einer Blume nur im Vergleich mit anderen Blumen erkennen. Die Trennung macht die Einzigartigkeit erst sichtbar. Die Einzigartigkeit ist der Ausdruck der Vielfalt, der Ausdruck der unbegrenzten Schöpferkraft Gottes. Gott jubelte, als er erkannte, dass er da war. Er hatte das Bedürfnis, seine Existenz mitzuteilen. Mitteilung setzt Teilung voraus.

Sieh einmal: Wenn du voller Liebe bist, hast du das Bedürfnis, diese Liebe mitzuteilen. Du willst deine Liebe sichtbar machen. Und das kannst du nur dann, wenn du einen Adressaten hast, der scheinbar von dir getrennt ist. Du brauchst eine Katze, einen Hund, einen Stein, ein Pflanze, einen Mann, eine Frau oder einen Gott, dem du deine Liebe schenken kannst. Das Gefühl der Trennung potenziert dein Gefühl der Liebe, ja, macht deine Liebe sogar erst möglich. Es liegt kein Widerspruch in der Wirklichkeit der Einheit und der Erfahrung der Trennung. Beides gehört zusammen. Die Einheit erfährt sich durch die Vielfalt.

Gott hat das Bedürfnis, zu sprechen und zuzuhören, er hat das Bedürfnis, zu schenken und etwas geschenkt zu bekommen. Er hat das Bedürfnis, zu singen und mitzusummen. Er hat das Bedürfnis, im Chor zu singen. Und wenn Gott einen Walzer tanzen will, dann hat er gern jemanden in seinem Arm. Ist deine Frage damit beantwortet?

Ich nickte. Während JJ sprach, musste ich an Fußball denken. Ein paar Leute braucht man schon dazu. Allein kann man nur den Ball hochhalten. Und wer jemals bei einem Pokalendspiel mit siebzigtausend Zuschauern war; wagt sich kaum auszudenken, wie die Stimmung wäre, wenn er als Einziger auf der Tribüne säße.

Ich erkläre es dir mit einem Gedicht. Ich hatte Spaß, es zu kreieren. Und ich habe Spaß, es vorzutragen. Doch wäre ich in dem Gefühl der Einheit, wem sollte ich es dann vortragen? Ich könnte mich nicht an einer Reaktion erfreuen. Diese Freude erfahre ich nur in dem Gefühl der Trennung. Deshalb hat Gott, der wir beide sind, sich in ein Ich und ein Du getrennt. Das Gedicht heißt »Am Tag, als der Gedanke aufwachte …«. Möchtest du es hören?

»Wie könnte ich als Gott mir selbst diese Bitte abschlagen?«, antwortete ich.

Am Tag, als der Gedanke aufwachte ...

... schaute er sich um und sah:
Nichts! Er konnte nichts sehen, weil es nichts gab, außer ihm selbst.
Er hörte aufmerksam in die Stille hinein und hörte:
Nichts, da es nichts gab, außer ihm selbst.
Kein Wunder, dass ich bis jetzt geschlafen habe, dachte er.

Wenn es nichts gibt, außer mir selbst, dann bin ich alles, was es gibt.
Und wenn ich alles bin, kann ich auch alles sein.
Alles, was ich denken kann.
Und er beschloss, es zu probieren.

Er dachte an Raum und wurde zu Raum, er dachte an Wasser und wurde zu Wasser.
Er dachte an Licht und wurde zu Licht, er dachte an Erde und wurde zu Erde.
Er wurde zu allem, an das er dachte.

Er, der Gedanke, war nun mehr als vorher,
und doch gab es weiterhin nichts, außer ihm selbst.
Er war alles und eines, er war all-ein.

Und er dachte an Pflanzen, die das Wasser und die Erde und das Licht fühlen konnten.
Er dachte an Tiere, die sich im Raum bewegen und im Wasser schwimmen konnten.
Er dachte an Menschen, die denken konnten wie er selbst.
Denn all das war er selbst, da es nichts anderes gab, außer ihm, dem Gedanken.

Nun konnte der Gedanke sich selbst erkennen.
Er erkannte sich im Raum, im Wasser und im Licht, er erkannte sich in den Pflanzen,
in den Tieren und in den Menschen, und doch war er weiterhin nur der Gedanke.
Und es gab nichts, außer ihm selbst.

Er war die Ursache, und er war die Wirkung.
Er war der Schöpfer und die Schöpfung in einem.
Denn alles Erdachte war der Gedanke selbst.

Und so bemerkte er, dass er nicht Gedanke, sondern Denken war.
Er war das, was er tat, er war die Tätigkeit selbst.

Er war kein Jemand, und er war kein Etwas.
Er war das Erschaffen selbst.

Am Tag, an dem das Denken begann, Gedanken über sich selbst zu machen, wachte es auf.
Es wurde, als ihm einfiel, dass es da war.
Denn alles Erdachte entstand durch das Denken, und nun dachte es an sich.

Und plötzlich wusste es, dass es sich selbst erschuf.
Es erschuf sich in jedem Augenblick, immerfort und immer neu und unaufhörlich.
Es konnte nicht aufhören, zu denken, denn es war das Denken selbst.

Und es fragte sich, wie lange dieser wunderbare Zustand wohl anhalten würde.
Als es darüber nachdachte, erkannte es, dass kein Gedanke jemals rückgängig zu machen war.
Jeder Gedanke, einmal gedacht, war unwiderruflich.

Es konnte denken, was es wollte, es konnte das eine denken und dann das andere,
aber niemals einmal Gedachtes zum Nichtgedachten erklären.
So war auch die Selbsterkenntnis unumkehrbar.

Auch wenn es sich vornahm, an etwas nicht zu denken,
war es dadurch schon gedacht.
Nichts konnte dazu bestimmt sein, niemals gedacht
zu werden.
Und nichts konnte gedacht werden, ohne an das
Gegenteil mitzudenken.

Es hatte das Licht erdacht und mit ihm die Dunkelheit.
Es hatte die Geburt erdacht und mit ihm den Tod.
Nichts war zu trennen, nichts war teilbar, alles war eins.

Doch jetzt konnte es lachen und weinen, jubeln und
trauern,
essen und trinken und schmecken und fühlen,
es konnte tanzen und singen und fliegen und
schwimmen.

Das Göttliche begann, seine Existenz zu feiern,
am Tag, als der Gedanke erwachte.

JJ über verankerte Boote, verlorene Söhne und überflüssige Wegweiser

Die einzige Bestimmung des Lebens ist die Kreativität. Kreativität ist nicht zu stoppen. Du siehst es am körperlichen Alterungsprozess. Das Altern des Körpers ist nicht aufzuhalten. Altern ist nichts anderes als ständiges Erschaffen. Doch wie viele Leute versuchen, das Leben aufzuhalten. Wie viele Leute wehren sich gegen das Altern. Aber sie schaffen es nicht. Das Leben ist unaufhaltbar. Das Leben endet nie. Keiner kann es aufhalten.

Wenn der Mensch seine Kreativität lebt, *Ja* zu seinem Leben sagt, dann lebt er seine Göttlichkeit. Er lebt das, wozu er bestimmt ist. Der Versuch, nicht kreativ zu sein, ist die Verleugnung seiner Göttlichkeit. Zwar kann der Mensch seine Göttlichkeit verleugnen, er kann sie damit aber nicht aus der Welt schaffen. Jeder Versuch, Kreativität zu verhindern, ist unweigerlich zum Scheitern verurteilt. Du hast nur die Wahl, die Kreativität zu deinem Wohl oder zu deinem Schaden einzusetzen.

Das meinte der Meister, als er sagte: »Wenn ihr hervorbringt, was in euch ist, wird es euch retten. Wenn ihr aber nicht hervorbringt, was in euch ist, wird es euch zerstören.«

In der Körperlichkeit erfährst du dein Leben auf drei Ebenen: Die erste Ebene ist der Körper selbst. Die zweite Ebene ist die Partnerschaft, der Kontakt zu anderen. Die dritte Ebene ist der Beruf und der Alltag. Richtest du deine Kreativität gegen den Körper, erfährst du Krankheit. Richtest du sie in der Partnerschaft gegen dich, erfährst du Einsamkeit oder spielst ständig die Hauptrolle in diversen Beziehungsdramen. Richtest du sie im Beruf und Alltag gegen dich, hast du Probleme mit der Miete oder bekommst auf andere Weise deine Plörren nicht geregelt. Da die Ebenen ineinander übergreifen, macht sich die entgegengesetzte Kreativität oft auf zwei, manchmal auch auf allen drei Ebenen bemerkbar. Dann hörst du dich sagen: »Es kommt ja immer alles auf einmal.« Drehst du es um, setzt die Kreativität zu deinem Wohle ein, lösen sich die Probleme wie magisch auf. Plötzlich fließt alles, plötzlich klappt alles, es geht dir gut.

Mit dem Gedicht sind alle Fragen beantwortet. Die Frage nach der Trennung, die Frage nach Gott. Damit ist auch die Frage nach dem Sinn des Lebens beantwortet. Und zugleich hat sie sich aufgelöst. Beantwortet ist die Frage mit der Aussage, der Sinn des Lebens ist das Erschaffen. Jedoch kennt das Erschaffen kein Ziel. Es geht unaufhörlich weiter. Ist etwas erschaffen, wird es schon wieder verändert. Alles ist ständige Neugeburt und damit einhergehend ständiges Sterben. Ein Ziel im Sinne einer zu erreichenden Endstufe gibt es nicht. Damit hat sich die Frage aufgelöst. Nun weißt du, was der ganze Zirkus soll.

»Wäre ich ein Zen-Meister, würde ich jetzt sagen: Das Leben ist ein Koan, eine nicht zu beantwortende Frage, ein unlösbares Rätsel«, sagte ich.

Das Leben ist ein Prozess, der nur gelebt werden kann. Es ist kein Problem, das man lösen könnte.

»Ich kenne noch einen Zen-Spruch: ›Der Weg ist das Ziel.‹«

Ein sehr strapazierter Zen-Spruch.

»Und du widersprichst dem Spruch. Du sagst, es gäbe kein Ziel.«

Es ist eine Frage der Definition. Zumeist wird der Begriff im Sinne einer Erwartung benutzt. Ich habe das Ziel, ein berühmter Maler zu werden. Es soll etwas geschehen, was noch nicht in meiner jetzigen Erfahrung liegt. Das Ziel ist außerhalb von mir. Es kommt auf das Ergebnis an. Koppelst du den Begriff aber nicht an ein erhofftes Ergebnis, sondern an dein derzeitiges Handeln, verändert sich die Bedeutung. Du verwendest dann das Wort im Sinne von zielorientiertem Handeln. Es geht nicht mehr um ein Ergebnis in der Zukunft, sondern um Intensität in der Gegenwart. Du handelst zielstrebig, verzettelst dich nicht. Du schwankst nicht hin und her zwischen Malen und Schreiben, sondern richtest für den Moment deine Energie auf das Malen. Und wenn dir danach ist, bündelst du deine Energie erneut, zielst auf das Buch und schreibst. Es geht dabei nicht darum, das eine für immer zu tun und das andere für immer zu lassen, das wäre der Tod einer jeden Kreativität. Aber du spürst im Augenblick, worauf sich deine Energie konzentrieren will. Was will die Kraft, die durch dich wirkt, worauf zielt sie momentan ab? Und diesem Impuls folgst du dann. Du stellst es nicht infrage, nach dem Motto »Eigentlich wollte ich ein Buch schreiben, da kann ich doch meine Zeit nicht mit Malen verschwenden!«.

»Es gibt auch Malbücher«, warf ich ein. JJ überging meinen Hinweis.

Du beginnst zu malen und richtest deine ganze Energie darauf. Du malst nicht des Bildes wegen, du malst des Malens wegen. Das Bild will aus dir heraus. Darum malst du. Wenn dann das Buch aus dir herauswill, spürst du den Impuls, zu schreiben. Dann nimmst du dein Energiegewehr und zielst auf das Schreiben.

»Dann nehme ich das Gewehr und knall das Buch ab«, bemerkte ich.

In manchen Ländern knallt man die Autoren unliebsamer Bücher ab. Wenn Stephen King nicht schriebe, wäre er krank. Der Inhalt seiner Bücher brächte ihn auf Dauer um. Wenn Picasso nicht gemalt hätte, wäre er krank geworden. Die Bilder in seinem Inneren hätten ihn auf Dauer umgebracht.

»Und wenn Beethoven nicht komponiert hätte, wäre er taub geworden«, sagte ich ironisch.

Was ist der Unterschied zwischen einem Ziel und einer Perspektive? Was meinst du?

»Das Ziel ist eine konkrete Vorstellung, die Perspektive eine von vielen Möglichkeiten.«

So ist es. Eine Vorstellung ist etwas, was vor dir steht. Du hast Bilder von dem, was du erreichen willst, vor dich gestellt. Nun versperren sie dir die Sicht und manchmal auch den Weg. Wenn du es nicht allein schaffst, sie aus dem Weg zu räumen, hilft dir das Schicksal dabei. Je nach Laune hebt das Schicksal die Vor-Stellungen behutsam zur Seite, oder es nimmt einen Hammer und haut sie klein. Die Zerstörung deiner Vor-Stellung spürst du zunächst als Enttäuschung, später aber als Befreiung. Denn jetzt hast du freie Sicht und freie Bahn. Die Enttäuschung ist das Ende einer Täuschung, das Ende deiner Selbsttäuschung, und damit bist du befreit davon.

»Nicht jedes Ziel, das ich habe, wird zwangsläufig zu einer Enttäuschung. Viele Ziele werden auch erreicht. Habe ich kein Ziel, kann ich auch nichts erreichen«, belehrte ich JJ.

Hast du ein Ziel, so wirfst du vom Boot der Gegenwart einen Anker in die Zukunft. Das Boot wird fixiert. Hast du eine Perspektive, stehst du mit dem Fernglas am Steuer des fahrenden Schiffes. Fixierung will Sicherheit. Solange du fährst, genügt dir die Hoffnung.

»›Aber dreierlei bleibt, und wenn alles vergeht: Glaube, Hoffnung, Liebe. Die Liebe aber ist die Größte unter ihnen.‹ Dieser Spruch zieht sich durch mein Leben. Er wurde mir von meinen Eltern zur Taufe verpasst, und Karin und ich haben ihn anlässlich unserer Hochzeit als Trauspruch ausgewählt.«

Vertrauen ist das, was Jesus »Glaube« nannte, Perspektive ist das, was Jesus »Hoffnung« nannte. Und für die Liebe gibt es kein anderes Wort. Sie ist wahrlich die Größte.

»Dennoch scheint mir der Grad zwischen Ziel und Perspektive ziemlich schmal. Beides liegt nah beieinander.«

Ich gebe dir Recht. Letztendlich ist alles eine Frage der Definition. Doch mach dir bewusst: Die Fixierung ist für dich schädlich, Perspektiven sind für dich notwendig. Ein Mensch ohne Perspektive kann nicht mehr leben. Jeder Selbstmörder sieht für sich keine Perspektive mehr. Ich gebe dir ein Beispiel: Ein Ehepaar will unbedingt ein Kind. Es glaubt, ohne Kinder nicht glücklich sein zu können. Das Paar fixiert sich auf eine Möglichkeit. Es wirft den Anker. Es will sicher sein, nicht kinderlos zu bleiben. Ein anderes Ehepaar lässt beide Möglichkeiten zu. Es ist gespannt, wie ihr gemeinsames Leben verlaufen wird. Ihm genügt die Hoffnung auf ein glückliches Leben, wie immer es sich gestalten mag.

»Das trifft auf Karin und mich zu.«

Ich weiß.

»Wir wollten auch ein Kind, eine Zeit lang sogar sehr. Dennoch haben wir uns nicht fixiert. Wir haben uns keine Hormone spritzen lassen, haben künstliche Befruchtung nicht in Erwägung gezogen. Wir wollten ein Kind, aber nicht um jeden Preis. Heute lassen wir es offen. Trotzdem bin ich manchmal ein wenig enttäuscht, wenn ich daran denke, die Chance vielleicht verpasst zu haben. Ich bin enttäuscht, obwohl ich weiß, dass Enttäuschung immer nur die Folge einer falschen Erwartungshaltung ist.«

Auch das Gefühl der Enttäuschung will gelebt werden. Es hat keinen Sinn, sich immer den Knüppel der Erkenntnis auf den Kopf zu schlagen, nur weil man enttäuscht ist. Davon verschwindet das Gefühl nicht. Auch bei dem Gefühl der Enttäuschung gilt: Es gibt nur einen Weg raus, und der heißt durch. Das Ende der Täuschung erfährst du durch das Gefühl der Enttäuschung.

Nimm auch die Enttäuschung als Teil deines Lebens an. Alle Gefühle gehören dazu. Nichts ist auszuschließen. Aber gewinn immer mehr die Gewissheit, dass alles in deinem Leben in Ordnung ist. Nichts passiert, was nicht passieren soll. Hab Vertrauen. Sieh mal: Die Menschen kommen nicht zur Ruhe, weil sie glauben, sie müssten sich bewegen. Dabei ist das gar nicht notwendig. Alles geschieht von allein. Du siehst es an den großen Dingen: Der Wechsel von Tag und Nacht, von Ebbe und Flut, der Wechsel der Jahreszeiten, alles geschieht, ohne dass du dich bewegen müsstest. Du kannst dabei ruhig im Sessel sitzen bleiben. Auch die Zukunft kommt auf dich zu. Deshalb heißt sie auch so. Das Hauptwort von »ankommen« ist »die Ankunft«, das Hauptwort von »zukommen« ist »die Zukunft«. Der Mensch ist kein Planet, der sich um die Sonne dreht, er ist die Sonne selbst. Du bist der Fixstern, um den sich die Ereignisse drehen. Das eine Ereignis ziehst du in deine Erfahrungswelt hinein, das andere lässt du weiter über dir kreisen. Jedes Ereignis existiert zunächst als Gedanke. Du erinnerst dich: Am Tag, als der Gedanke erwachte …

Aus all dem Denkbaren wählst du einen Gedanken aus, der sich dann vor dir als Bild manifestiert.

»Dennoch erlebe ich immer noch Sachen, die ich mir in dieser Form nicht ausgedacht habe. Zumindest nicht bewusst«, warf ich ein.

Verwechsle die Auswahl der Gedanken nicht mit deinen Wünschen. Erinnere dich weiter: Nichts konnte gedacht werden, ohne das Gegenteil mitzudenken … Wenn du das eine erhoffst, befürchtest du zugleich das Gegenteil. Unsere Gedanken sind uns nicht immer vollkommen klar. Sie beruhen häufig auf Glaubenssätzen, die uns noch unbewusst sind. Je bewusster du dir selbst wirst, desto klarer werden dir deine Gedanken. Du erkennst die Glaubenssätze, die dir bislang wenig Freude bereitet haben, und kannst sie gegen andere eintauschen. Du verwandelst dich vom unbewussten Schöpfer deiner Realität zum bewussten Schöpfer deiner Realität. Spiritualität ist nicht die Loslösung vom Körper, die Forcierung der Feinstofflichkeit oder was auch immer manche anstreben, die sich selbst als besonders spirituell bezeichnen, es ist der Weg zur Erkenntnis. Und eines Tages ist dir sonnenklar, dass es keinen Unterschied zwischen dir und deinen Gedanken, zwischen dir und den Ereignissen in deinem Leben gibt. »Und doch gab es nichts außer ihm, dem Gedanken.« Deine Erfahrungswelt ist mehr ein *Du bist* als ein *Es geschieht*.

»›Die Zukunft kommt auf dich zu, ohne dass du dich bewegen müsstest‹, das kann von vielen auch missverstanden werden. Es klingt nach einer Entschuldigung für Leute, die nicht aus dem Quark kommen. Eine Erweiterung des Standardsatzes aller esoterischen Phlegmatiker: ›Soll so sein. Bin ein wenig spät dran; hab den Bus verpasst, weil ich meinen Hintern nicht rechtzeitig aus dem Sessel bekommen habe, aber, egal, soll so sein.‹«

Es gibt zwei Arten von Menschen, die sich in seelischer Gefangenschaft befinden: diejenigen, die sich nicht entscheiden können, und diejenigen, die sich einmal für immer entschieden haben.

Die ersten können sich nicht aufraffen, weil sie keine Entscheidung treffen. Ihre bevorzugte Geste ist das Achselzucken, und ihre Antwort auf die Frage, was sie möchten, lautet: »Ist mir egal.« Die zweiten haben sich einmal entschieden und klammern sich an diese Entscheidung. Sie erlauben sich nicht, eine neue Wahl zu treffen. Man nennt sie »Menschen mit Prinzipien«. Sie haben einmal für sich beschlossen, was richtig und was falsch ist, und laufen ab dann in einer Ritterrüstung aus Dogmen umher.

Woher kommt der Begriff »richtig«, was glaubst du?

»Von ›Richtung‹, nehme ich an.«

Richtig.

»Ein Wortspiel«, bemerkte ich.

Wenn du von Duisburg nach München willst und gehst nach Norden, spazierst du in die falsche Richtung. Willst du aber nach Hamburg, bist du auf dem richtigen Weg. Es gibt kein Richtig und Falsch im absoluten Sinne. Alles ist immer gleich gültig. Es kommt darauf an, was du willst und was du wählst. Wenn du es warm haben möchtest, solltest du den Süden wählen, wenn du es kalt haben möchtest, den Norden. Regeln und Gebote sind Wegweiser. Du kannst sie als Orientierung für den Weg aufstellen, den du einschlagen möchtest. Wenn du aber angekommen bist, brauchst du die Orientierung nicht mehr. Du kannst den Wegweiser vergessen, er liegt hinter dir.

Die Frommen jedoch haben immer den gleichen Wegweiser, schleppen ihn immer mit. Zuerst wollen sie nach Hamburg und stellen den Wegweiser Richtung Norden auf. Dann sind sie in Hamburg und stellen wieder den gleichen Wegweiser auf. Und eines Tages wundern sie sich, dass sie für den Nordpol zu dünn angezogen sind. Regeln nutzen dir nur so lange, wie du sie benötigst. Hältst du länger an Regeln fest, ohne dass du sie brauchst, wenden sie sich gegen dich. Du sperrst dich selbst in ein Gefängnis aus Regeln.

Jede Regel wird ursprünglich zu einem bestimmten Zweck aufgestellt. Ist der Zweck erfüllt, kann man die Regel wieder abschaffen. Der Verzicht auf Alkohol, Zigaretten und andere Dinge ist eine gute Übung, sich wieder zu zentrieren und sich auf das Einfache, das Wesentliche, zu besinnen. Wenn daraus aber eine dauerhafte Askese entsteht, mit der man sich identifiziert, klebt man an der gleichen Mauer wie der kettenrauchende Alkoholiker, nur auf der anderen Seite. Die Übung, am Sabbat nicht mehr als hundert Schritte zu gehen, ist eine sinnvolle Therapie für Volksgruppen, die unter akutem Hyperaktivismus leiden. Nun stellen die Leute fest: »Wunderbar, das funktioniert, wir sind ein wenig zur Ruhe gekommen.« Und erlassen ein Gesetz für ewig und drei Tage, machen ein göttliches Gebot daraus.

Eines Tages wird das Volk phlegmatisch. Keiner kommt mehr aus dem Kreuz. Das Medikament wendet sich gegen den Patienten. Dann kommt ein Prophet und sagt: »Freunde, lasst uns am Sabbat joggen gehen.«

»Warum das?«, fragt das Volk, das es sich auf dem Sofa gemütlich gemacht hat.

»Weil es euch gut tut«, antwortet der Prophet.

»Wir sollen gegen Gottes Gebot verstoßen, weil es uns gut tut …?«, fragt das Volk empört und beschimpft den Propheten als Ketzer.

Alle Propheten beschimpfte man zunächst. Einige wurden verfolgt, manche sogar getötet. Doch falls sie lange und laut genug gepredigt hatten, zeigten ihre Worte Wirkung. Wenn also einer ständig predigt, Gottes Wille sei das Joggen, beginnt irgendwann ein Glaubenskrieg. Menschen, die es immer für Blödsinn gehalten haben, jede Woche zur gleichen Zeit die Füße hochzulegen, werden zu Jüngern des neuen Propheten. Sie haben ihren Messias gefunden. Tief in ihrem Herzen haben sie immer gewusst, dass Gott ein Läufer ist. Die Gegner des Propheten halten an dem alten Glauben fest und verfolgen die Abtrünnigen. Zumindest an sechs Tagen in der Woche, man will ja nicht sündigen.

Da aber das Neue immer attraktiver als das Alte ist, frisches Obst ist irgendwie saftiger und riecht nicht so streng, werden die Anhänger immer mehr und die Gegner immer weniger. Eines Tages sind die Läufer in der Mehrzahl. Dann wird der Spieß umgedreht. Jeden Samstag nach dem wöchentlichen Marathonlauf werden die Sünder mitsamt ihrer Ledercouch im Stadion verbrannt. Und das wieder im Namen Gottes. Die schwachsinnigsten Regeln brauchen die höchsten Autoritäten. Und welche Autorität ist größer als Gott?

»Der ja nach deinen Worten niemand anderes als ich selber bin«, sagte ich. »Jedoch muss ich zugeben, dass ich momentan noch weit davon entfernt bin, meine Visitenkarte zu ändern.«

Woraus sollte Gott die Welt erschaffen haben, wenn es am Anfang nur ihn allein gab? Woher sollte er das Material genommen haben, wenn es nur ihn allein gab? Hätte es am Anfang neben Gott noch Material zum Bauen gegeben, stellt sich die Frage: »Woher stammt das Material?«

»Vielleicht haben ja die Eltern des lieben Gott ihm einen Baukasten zum Spielen in den Laufstall gelegt«, bemerkte ich.

Wenn Gott Eltern hätte, wäre nicht er Gott, sondern seine Eltern. Aber Gott hatte keine Eltern. Er hatte nur einen Sohn. Jesus mit Namen, vielleicht hast du schon mal von ihm gehört.

»Sicher«, antwortete ich. »Du redest ja ständig von diesem Typen.«

Wenn Gott nichts anderes zur Verfügung hatte als sich selbst, dann ist alles, was er erschaffen hat, Teil seiner selbst. Also kannst du mit Fug und Recht behaupten, du seiest Gott.

»Mir wäre die Formulierung ›Ich bin Teil des Göttlichen‹ lieber«, sagte ich. »Ansonsten wäre es so, als wenn mein Arm, der ein Teil von mir ist, behaupten würde, er sei ich. Wenn er das täte, würde ich ihn wegen Hochstapelei anzeigen.«

Wenn dein Arm ein Hochstapler ist, bist du es auch. Wie könnte dein Arm etwas anderes sein als du? Ein Teil des Ganzen kann nicht das Gegenteil des Ganzen sein.

»Der Motor eines Autos ist nicht das ganze Auto«, sagte ich. So schnell wollte ich nicht aufgeben.

Ohne den Motor ist das Auto kein Auto, sondern nur eine Attrappe, ein Blechhaufen.

»Aber ohne meinen Arm bin ich immer noch ich.« Jetzt hatte ich gewonnen, glaubte ich.

Könntest du dich jetzt mal für ein Gleichnis entscheiden? Worüber reden wir, über Autos oder Körperteile?

Ein rhetorisches Ablenkungsmanöver, dachte ich. Will einfach nicht zugeben, dass er diesmal verloren hat. Aber so sind sie nun mal, die ehemaligen Apostel. Wollen immer Recht haben. Ständig gab es Streit zwischen Petrus und Paulus. Beide wussten immer alles besser. Konnten sich nie zusammenraufen, waren fast verfeindet. Dafür müssen sie seitdem einen gemeinsamen Namenstag erdulden. Das ist Karma!

Wenn dir dein Arm abfällt, bleibt er immer noch dein Arm. Nur weil er nicht mehr an deinem Körper weilt, heißt das nicht, dass er nicht mehr zu dir gehört. Kennst du die Geschichte vom verlorenen Sohn?

Was theologische Streitgespräche anging, hatte JJ zweitausend Jahre Vorsprung. Jetzt haut er mir seine Routine um die Ohren, dachte ich.

Der verlorene Sohn brach mit seinem Vater. Er verließ das Elternhaus, wollte nichts mehr damit zu tun haben. Der verlorene Sohn ist das Symbol für die Menschen, die das Haus Gottes verlassen haben. Auch heute glauben die Menschen, sie hätten nichts mit Gott zu tun.

»Wie kann Gott all das Leid in der Welt zulassen?«, fragen sie. Die Frage kann nur aus dem Glauben heraus gestellt werden, dass Gott jemand anders ist als man selbst.

»Wenn ich Gott wäre, ja, ich würde all das Leid nicht zulassen. Aber dieser liebe Gott, nun ja, die Wege des Herrn sind unergründlich.« Mit anderen Worten: »Es ist unverständlich, was der Typ da oben anrichtet. Hat vielleicht Alzheimer, der Alte, weiß nicht mehr, was er tut. Wenn er all das Leid in der Welt zulässt, ohne es zu ändern, sind die verhungernden Kinder auf der Erde auf seinem Mist gewachsen.«

Wenn man das Haus verlassen hat, kann man von außen mit dem Finger darauf zeigen. Die Rückkehr des verlorenen Sohnes ist die Zurücknahme der Verantwortung. Sobald du das Haus wieder betrittst, bist du mitverantwortlich dafür, was darin geschieht. Und sobald du es betreten hast, kannst du wieder mitentscheiden über das, was innerhalb seiner Mauern passiert. Mit der Verantwortung erhältst du auch die Macht zurück. Die Rückkehr des verlorenen Sohnes steht für die Erkenntnis, dass es keinen Unterschied zwischen dir und diesem »alten Herrn da oben« gibt. Dieser alte Herr lässt all das Leid in der Welt zu, weil du es zulässt.

Wenn sich also dein Arm aus dem Staub macht, weil er nicht mehr »du« sein will, dann lass ihn gehen. Er ist auf dem Weg, den wir alle gehen. Erst die Trennung lässt uns die Einheit erkennen. Eines Tages wird auch dein Arm in der Meditation die Erleuchtung erfahren und dann zu dir zurückkehren.

»Fragt sich nur, in welchem Zustand«, bemerkte ich.

Als Polizist wusste ich, wie Arme aussahen, die sich vor längerer Zeit vom Rumpf verabschiedet hatten. Wenn man da nicht schnell genug einen Eisbeutel zur Hand hat …, dachte ich.

Blind Date

Jedes körperliche Leben ist eine Reise, die in der geistigen Welt beginnt und dort auch wieder endet. Eine Rundreise, sozusagen. Für jeden Kunden wird exklusiv eine eigene Reise zusammengestellt, die seinen Wünschen, Bedürfnissen und Möglichkeiten voll entspricht. Pauschalreisen kennt man in der geistigen Welt nicht. Gemeinsam mit den Beratern im Reisebüro arbeitet jeder seine persönliche Route aus. Doch sobald der Kunde sich auf den Weg gemacht hat, wird er vergessen, was vor ihm liegt. Er reist vermeintlich ins Unbekannte, weiß nicht, was ihn erwartet. Das ist das Besondere an den Touren, die in den Reisebüros der geistigen Welt angeboten werden. Es handelt sich allesamt um Blind-Date-Reisen. Kaum gebucht, schon vergessen.

Das hat durchaus seinen Reiz. Immer zu wissen, was einen erwartet, kann auf Dauer langweilig werden. Aber noch ungewöhnlicher an diesen Blind-Date-Reisen ist der Umstand, dass man sich mit der Unterschrift unter den Reisevertrag einverstanden erklärt, auch alles zu vergessen, was hinter einem liegt. Man vergisst, wo sein zu Hause ist, und man vergisst, wen und was man dort zurückgelassen hat. Die einzige Sicherheit, die man auf seiner Reise hat, ist die, dass man wieder nach Hause zurückkehren wird.

Jeder wird auf der Reise denjenigen seiner alten Freunde und Angehörigen begegnen, die zur gleichen Zeit ebenfalls unterwegs sind. Man trifft zuvor Verabredungen, die immer eingehalten werden. Alle wissen: Wir werden uns nicht erinnern, aber wir werden uns erkennen!

Der Reiseveranstalter sagt, dass man jetzt wieder einmal die Gelegenheit hat, alles Unangenehme und Sorgenbehaftete hinter sich zu lassen. So weit hinter sich, dass man sich noch nicht einmal daran erinnern kann. Aber als Preis dafür muss man auch all das Schöne und Angenehme, alles, was man lieb gewonnen hat, hinter sich lassen. So weit hinter sich, dass man sich noch nicht einmal daran erinnern kann.

Manche sagen: »Für mich darf es eine lange Reise sein. Mir reicht die Gewissheit, dass ich auf jeden Fall wieder nach Hause zurückkehre. Ich bin gespannt auf das, was ich erleben werde. Ich freue mich auf das, was ich nach meiner Rückkehr alles zu erzählen habe.«

Diejenigen werden alt, verbringen viele Jahre auf der Reise.

Andere sagen: »So gern gehe ich nicht. Ich erschrecke bei dem Gedanken, mich an nichts erinnern zu können. Ich erinnere mich auch gern an die unangenehmen Dinge zurück; schließlich gehört all das zu mir, es ist Teil meines Zuhauses. Also bitte, lasst meine Reise so kurz wie möglich sein.«

»Gut«, antwortet der Reiseveranstalter, »machen wir ein verlängertes Wochenende daraus. Dann kommt dir ein Auto auf deiner Spur entgegen, ein schneller Unfall … und zack – bist du wieder zu Hause. Oder wir schicken dir einen Herzinfarkt, mal sehen, was gerade frei ist.«

»Okay«, sagen solche Kunden dann, »wenn ich mich darauf verlassen kann, trete ich die Reise an.«

Diejenigen sterben jung und manchmal unerwartet. Ihre

Reise ins körperliche Leben ist nur kurz. Und alle ihre Mitmenschen stehen am Grab und fragen sich: »Warum gerade er, warum ausgerechnet sie? Er war doch noch so jung, sie hatte doch noch so viel vor …?«

Esoterische Erlebnisse

Die Trunkenheitsfahrt im Sommer 1997 war eine meiner Lektionen. Die geistige Welt hatte für genügend Alkohol und Streifenwagen gesorgt. Ohne dieses Ereignis hätte ich mich nicht auf den Weg begeben.

Einen Monat später verbrachten wir, wie jedes Jahr, unseren Urlaub in Friesland. Ich war ziemlich durch den Wind und lief täglich wie ein verfolgter Hund am Strand hin und her. Ich musste mein Leben neu organisieren. Der Verlust meines Führerscheins hatte zwangsläufig einige Änderungen in meinem Tagesablauf zur Folge. Statt dreißig Minuten Fahrzeit mit dem Auto würde ich nun neunzig Minuten mit Bus und Bahn für den Weg zur Arbeit einplanen müssen. Ich musste mir Gedanken darüber machen, wann ich morgens aufstehe, ob ich die Zeitung im Bus oder abends zu Hause lesen würde, ob ich vor der mühsamen Tour oder erst nach meiner Ankunft im Büro frühstücken sollte, ob ich weiterhin in der Woche ins Fitnessstudio gehen oder mein Training besser auf das Wochenende verschieben sollte. Und so weiter.

Während meiner Dauerspaziergänge den Strand rauf und wieder runter schmiedete ich also Pläne. An einem Nachmittag stand ich an meinem Kraftpunkt an der südlichsten Spitze der Nordseeküste und schaute auf das Meer oder, besser gesagt, auf das Watt hinaus. Es war Ebbe, und das Wasser hatte sich weit zurückgezogen. Schönes Wetter, klare Sicht und Wochenende. Viele liefen barfuß oder mit Gummistiefeln im Watt herum. Einige waren so weit draußen, dass ich sie vom Strand aus nur als kleine Punkte wahrnehmen konnte.

Während ich so dastand und mich von meinen Gedanken foltern ließ, erinnerte ich mich an eine Geschichte, die ich irgendwann einmal in einem esoterischen Buch gelesen hatte. Darin wurde beschrieben, dass jeder Mensch, dem man im Leben begegnet, ein göttlicher Bote sei. Es läge an jedem selbst, ob man die Botschaft abfragt oder nicht.

Ich beschloss, es einmal auszuprobieren. Ich suchte mir einen der Punkte im Watt aus und ernannte ihn zu meinem persönlichen Boten. Ich fixierte meinen Blick und wartete ab. Nach einiger Zeit stellte mein kriminalistisch geschultes Adlerauge fest, dass der Punkt größer wurde. Mein Engel hatte offensichtlich den Rückweg aus dem Watt angetreten. Es dauerte etwa zehn Minuten, dann sah ich ihn näher kommen. Ich hatte zwar keine großen Erwartungen gehegt, muss aber zugeben, dass ich schon ein wenig enttäuscht war. Dass er keine Flügel haben würde, war mir klar, aber ein wenig geheimnisvoll hätte der Typ, der da auf mich zukam, schon aussehen können.

Es war ein kleiner Mann mittleren Alters. Unscheinbar. Einer von Millionen. Ein normaler Mensch, der von einem normalen Wattspaziergang zurückkam. Das Wunder aber bestand darin, dass er tatsächlich direkt auf mich zusteuerte. Schließlich hätte er weit links oder rechts an mir vorbeigehen können. Offenbar nahm mein Bote seinen Job ernst. Er kam wirklich auf mich zu, sah mich und blieb vor mir stehen.

»Heute auch schon im Watt gewesen?«, fragte er.

»Nein«, antwortete ich wahrheitsgemäß. »Aber ich habe gestern in der Kneipe einen gesprochen, der jeden Tag ins Watt geht«, fuhr ich fort. Ich war überrascht, dass die esoterische Geschichte klappte, und wollte mich nicht kurz angebunden zeigen und meinen Engel dadurch vertreiben. Kurz angebunden zu sein, war sonst eine Spezialität von mir.

»Jeden Tag ins Watt? Das ist gefährlich!«, sagte der Mann.

»Nein, nicht für ihn, der kommt von hier«, erwiderte ich.

»Das spielt keine Rolle. Das Wasser ist unberechenbar. Die Prile verlaufen bei Flut immer anders. Man kann sich nicht auskennen, auch als Einheimischer nicht«, erklärte der Mann und ging weiter. Er wartete meine Antwort gar nicht mehr ab und ließ mich verdattert stehen.

In diesem Moment fiel es mir wie Schuppen aus den Haaren. Ich brauchte nicht mehr groß nachzudenken, die Botschaft war zu offensichtlich. Da renne ich hier den ganzen Tag am Strand herum und plane, was das Zeug hält. Dabei ist das Leben immer neu, immer anders, dachte ich.

Dann fiel mir die zweite Botschaft ein: Der Mann hatte mich gefragt, ob ich heute schon im Watt gewesen sei. In all den Jahren, in denen wir hier unseren Urlaub verbrachten, war ich noch nie ins Watt gegangen. Ich zog Schuhe und Socken aus und machte mich auf den Weg. Meine Seele jubilierte, Gefühle stiegen in mir hoch, Tränen kamen. Weinend lief ich durch das Watt.

Im Mai des darauf folgenden Jahres sollte ich meinen Führerschein wiederbekommen. Dann hätte ich neun Monate Straßenbahnknast abgesessen. Da wir im Mai wieder nach Friesland fahren wollten, machte ich mich im April auf zum Straßenverkehrsamt.

Ich traf dort auf einen sehr netten Sachgebietsleiter, der

mir Hoffnungen machte, mir den Führerschein noch vor dem Urlaub aushändigen zu können. Voraussetzung sei allerdings, dass bis dahin aus Berlin das Führungszeugnis und aus Flensburg der Auszug aus der Verkehrssünderkartei mit für mich jeweils positivem Vermerk vorlägen. Montags und donnerstags käme immer die Post, sagte der freundliche Beamte. Sobald die beiden Unterlagen da seien, könnte ich mir den Lappen abholen.

Um das Führungszeugnis machte ich mir keinen Kopf, ich war Polizist und nicht vorbestraft. Bei der Verkehrssünderkartei war ich mir nicht so sicher. Ein paar Mal hatte man mich geblitzt, aber eigentlich dürfte nichts Negatives gegen mich vorliegen. Dennoch machte ich mich verrückt. Ich hatte Angst, so kurz vor dem Ziel könnte noch etwas dazwischenkommen.

Jeden Montag und Donnerstag rief ich im Straßenverkehrsamt an und fragte, ob in meiner Sache Post aus Berlin und Flensburg gekommen sei. In der ersten Woche nichts. In der zweiten Woche nichts. Der Urlaub kam näher, und die ersehnte Post ließ auf sich warten. Ich wollte unbedingt vorher den positiven Bescheid haben. Ich wollte die Ungewissheit nicht mit in den Urlaub nehmen.

Doch mein Wunsch wurde nicht erfüllt. Ein zweites Mal musste Karin die unliebsame Autobahnfahrt auf sich nehmen. Ich beschloss, zu kapitulieren. Auf keinen Fall wollte ich jeden Montag und Donnerstag von Friesland aus das Straßenverkehrsamt anrufen. Daher lief ich wie neun Monate vorher am Strand herum und bemühte mich, gelassen zu sein. So auch am 6. Mai, meinem Geburtstag.

Irgendwann am Nachmittag kam mir der Gedanke, mir am Strandkiosk eine Zeitschrift zu besorgen und mich in ein Café zu setzen. Ich ging in den Kiosk und sah mir das Angebot an.

Ein Mann stand an der Kasse und unterhielt sich mit der Verkäuferin. Dem Gespräch konnte ich entnehmen, dass er als Psychologe beim TÜV arbeitete und dort für den so genannten Idiotentest zuständig war, den jeder Alkoholsünder ab 1,6 Promille bestehen musste, um seinen Führerschein wiederzubekommen. Die Frau an der Kasse schilderte lang und breit, wie sie aus Ärger über ihren Chef eine Pulle Asbach in sich hineingekippt hätte und dann in Schlangenlinien über die Landstraße nach Jever gebrettert sei. Die Polizei habe nicht lange auf sich warten lassen, und vorbei war es mit der Fahrerlaubnis. Den ersten Idiotentest hätte sie nicht bestanden, wohl aber den zweiten, obwohl sie alle Fragen genau wie beim ersten Mal beantwortet hätte. »Reine Willkür«, beschwerte sie sich bei dem Fachmann.

Ich stutzte. Das Gespräch ist für mich bestimmt, schoss es mir durch den Kopf. Mir fiel ein, dass heute Donnerstag war. Ich sah auf die Uhr: Fünfzehn Minuten vor vier, das Straßenverkehrsamt in Duisburg hatte noch eine Viertelstunde auf. Sofort rannte ich los. Außer Atem kam ich im Hotel an. Noch in der Halle ließ ich mir ein Telefon reichen. Voller Erwartung rief ich meinen Sachgebietsleiter an.

»Immer noch nichts«, sagte er.

Bevor ich einen seelischen Zusammenbruch erleiden konnte, fuhr er fort: »Aber ich habe die Nachmittagspost noch nicht durchgesehen, bleiben Sie am Apparat.«

Nach einigen endlosen Minuten teilte er mir mit, dass ich mir meinen Führerschein abholen könne. »Alles da, alles in Ordnung.«

Jubilierend rannte ich nach oben ins Zimmer, holte Karin aus ihrem Nachmittagstiefschlaf und erzählte ihr von dem Geburtstagsgeschenk, das mir die Jungs aus der geistigen Welt überbracht hatten.

Angenehme Aspekte

Jede Blockade führt zur Unzufriedenheit. In dem betroffenen Lebensbereich, im Körper, in der Partnerschaft oder im Beruf geht es irgendwie nicht weiter. Das Problem erweist sich als dauerhaft.

Manche Aspekte einer Blockade werden jedoch durchaus als angenehm empfunden. Sie sind der Preis, der für die Überwindung der Blockade bezahlt werden muss. Denn mit der Auflösung der Blockade fallen neben den unangenehmen auch die angenehmen Aspekte weg.

Ein Beispiel: Ein Mann hat Rheuma. Er muss mit seiner Arbeit pausieren. Er darf nicht mehr morgens um vier aufstehen und mit dem Fahrrad kilometerweit zur Firma fahren. Stattdessen muss er im Sessel sitzen und in die Glotze gucken.

»Glaubt man ja nicht, dass mir das Spaß macht …«, sagt der Mann zu seiner Familie, die für den Nahrungsmittelnachschub auf dem Couchtisch sorgen muss.

Wenn es abends ans Abräumen des Tisches geht, sagt die Familie zu dem Mann: »Bleib du mit deinem Rheuma mal sitzen …«

Und der Mann haucht mit schmerzverzerrtem Gesicht ein »Danke, ihr seid so lieb« zurück.

Unabhängig von den sonstigen unbearbeiteten Themen, die für das Rheuma des Mannes ursächlich sind, kann es sein, dass der Gedanke an die Arbeit den Heilungsprozess nachhaltig blockiert. Er würde es sich niemals eingestehen (»Was gäbe ich alles, um wieder ohne Schmerzen laufen zu können«), aber die Krankheit hat durchaus angenehme Seiten, die der Mann nun nicht mehr missen möchte. Er kann sich nicht mit ganzem Herzen dazu durchringen, gesund zu werden. Er will Gesundheit nicht um jeden Preis. Er will nicht alle Aspekte der Blockade investieren. Sein Angebot an die Heilungszentrale seiner Seele ist somit halbherzig.

Entscheidungen haben immer eine gewisse Endgültigkeit. Halbherzige Entscheidungen gibt es nicht. Das Ja zu dem einen ist immer gleichzeitig ein Nein zu dem anderen. Solange man sich nicht für das Neue entscheiden kann, bleibt alles beim Alten. Und letztendlich ist auch das eine Entscheidung. In dem Fall des Mannes eine Entscheidung für das Rheuma.

Nun möchte ich mir keinen Ärger mit der Rheuma-Liga einhandeln (auch wenn ich nicht weiß, wie viele Mannschaften da mitspielen). Das Beispiel war willkürlich gewählt, ich hätte ebenso gut ein anderes nehmen können.

Etwa das hier: Im Laufe eines jeden Reiki-Seminars gehe ich mit der Gruppe am Samstagabend in die katholische Kirche in Friesland. Dort meditieren und tanzen wir, auch eine Einweihung findet statt. Zu diesem Zweck bekomme ich von meinem Freund, dem amtierenden Priester der Gemeinde, den Schlüssel für die Kirche. Sie ist zwar bis dreiundzwanzig Uhr offen, aber da ich bei der Gruppenarbeit nicht gestört werden will, schließe ich hinter uns die Tür zu.

Während eines dritten Grades gab ich der Gruppe eine Übung vor: Mit den einleitenden Worten »Hiermit verkünde ich vor Gott und der Welt« sollte jeder Einzelne nacheinander laut erklären, was er für sich beschlossen oder erkannt hat.

Eine Teilnehmerin kündigte an, sich zukünftig nicht mehr von ihrem Ehemann dominieren zu lassen. Dreißig Jahre habe sie bis heute in Angst vor seinen Reaktionen gelebt. Jetzt sei endgültig Schluss damit. Sie werde ab jetzt ihre Wünsche und Bedürfnisse durchsetzen.

Sie machte die Übung mit Inbrunst. Sie verkündete ihren Entschluss laut und feierlich. Dann stieß sie mit dem Fuß versehentlich gegen eine teure Blumenschale, die auf einer meterhohen Säule vor dem Altar stand, nun hinunterfiel und in tausend Teile zerbrach.

Zusammen mit der Schale zerbrach in der Frau jedoch auch das Gefühl der Entschlossenheit. Ihr Mann hatte die Kontrolle über alles, was es zu kontrollieren gab, also auch Versicherungsverträge. Bei dem Gedanken, zu Hause von dem Schaden zu erzählen und ihn zu bitten, dass er die Angelegenheit der Versicherung meldet, wurde ihr fast übel.

Sie hatte ihren inneren Meister gerufen, und der war schneller gekommen, als sie geglaubt hatte. So funktionieren Wünsche: Wir erhalten nicht das fertige Ergebnis, sondern die Gelegenheiten, sie uns selbst zu erfüllen.

Wir holten den Priester und beichteten. Er war freilich nicht sehr begeistert. Ich versprach ihm, dass er den finanziellen Schaden so schnell wie möglich erstattet bekäme. Ich bat also die Teilnehmerin, das Geld in den nächsten Tagen an die Gemeinde zu überweisen. Gleichzeitig versprach mir der Priester, ihr eine Rechnung zur Vorlage bei der Versicherung zu übersenden.

Das Geld wurde überwiesen, die Rechnung kam nicht. Ich rief tausendmal in Friesland an, schickte Faxe, doch nichts geschah. Die Frau hatte das Geld überwiesen und keine

Chance, es von der Versicherung zurückzubekommen. Die Sache zog sich hin wie Kaugummi und belastete mich. Währenddessen hatte die Frau Theater mit ihrem Mann, der ihr Vorwürfe machte. Das Thema für die Frau war klar. Warum aber die Blockade für mich?

Als der Schaden passierte, galt mein erster Gedanke den nächsten Seminaren. Ich befürchtete, in Zukunft nicht mehr mit einer Gruppe in die Kirche zu dürfen. Deshalb wollte ich nicht, dass mein Freund, der Priester, allzu lange auf das Geld für eine neue Schale warten musste. Es dauert mindestens sechs Wochen, bis die Versicherung mit der Kohle rüberkommt, dachte ich. Deshalb bat ich meine Reiki-Schülerin, das Geld sofort zu überweisen, das ihr dann von der Versicherung zurückerstattet würde. Doch nun war genau das geschehen, was ich befürchtet hatte: Mittlerweile dauerte das Drama tatsächlich sechs Wochen an. Es war nichts daran zu deuten, ich hatte eine Lektion zu lernen.

Mir wurde klar, dass ich mich bislang gescheut hatte, für die Änderung der unbefriedigenden Situation einen Preis zu bezahlen. Weder wollte ich riskieren, dass die Teilnehmerin böse auf mich war, weil ich mich aus der Sache heraushielt (»Was habe ich eigentlich damit zu tun, schließlich habe ich den Schaden nicht verursacht …?«), noch wollte ich riskieren, meinen Freund zu verärgern, weil ich mein Anliegen entschlossen durchsetzte.

Es gab nur einen Weg, die Blockade zu lösen: Ich musste mich entscheiden. Ich entschied mich für die zweite Alternative. Notfalls würde ich meinen Freund verärgern und bei den nächsten Seminaren auf die Kirche verzichten müssen. Das war der Preis, der angenehme Aspekt, den ich jetzt zu zahlen bereit war.

Also machte ich mich auf die Socken und fuhr dreihundertzwanzig Kilometer von Duisburg nach Friesland, um den Priester zur Rede zu stellen. Er freute sich sehr, mich zu sehen, bedankte sich für meine Anrufe und Faxe und bat um Verständnis, dass er nun einmal so ein nachlässiger Schlunz sei, der eben manche Dinge auf die lange Bank schöbe.

»Sei mal ehrlich«, sagte er zu mir im Brustton der Überzeugung, »so was erledigt man doch nicht sofort.«

Dafür hatte ich Verständnis. Diese Einstellung bevorzuge auch ich in manchen Dingen. »Verschiebe nie auf morgen, was du auch noch nächste Woche kannst besorgen ...«

Ein inneres Programm, alles auf morgen zu verschieben, verhindert, dass man es überhaupt erledigt. Das Morgen kommt nie, denn wenn es eintritt, ist es kein Morgen mehr, sondern ein Heute.

Die angenehmen Aspekte einer Blockade sind nicht immer offensichtlich. Sie halten sich oft im Keller des Unterbewussten versteckt. Und der Engel der Selbsttäuschung sorgt dafür, dass sie nicht nach oben kommen. Kaum vorstellbar, dass ein hoffnungslos Blockierter plötzlich in Jubel ausbrechen würde. Stellt man fest, dass man den angenehmen Aspekt nicht aufgeben will, ist das auch in Ordnung. Der Preis ist zu hoch, nicht alles ist eben ein Schnäppchen. Aber dann wird man sich leichter mit der gegenwärtigen Situation abfinden können. Es ist einem klar geworden, dass man eine Veränderung eigentlich gar nicht will. Zumindest im Moment noch nicht. Keine Entscheidung ist für immer in Zement gegossen. Manchmal ist man einfach nur auf der Suche nach dem richtigen Zeitpunkt. Aber für diesen Moment ist aus einer unbewussten Entscheidung eine bewusste geworden. Das Universum liebt bewusste Entscheidungen und wird uns dafür belohnen!

JJ über Heilung und Salzsäulen

Stell dir einmal die folgende Situation vor: Auf dem Boden von Jerusalem liegt ein gelähmter Mann. Jesus, der gerade mit seinen Jüngern des Weges kommt, sieht den Armen und kniet sich vor ihn. Er schaut ihm in die Augen und fragt: »Guter Mann, warum hast du dir die Blockade in den Beinen erschaffen? Was meinst du?«

Der Gelähmte schüttelt den Kopf. Er weiß es nicht.

Jesus bohrt nach. »Deine körperlichen Beschwerden sind Ausdruck deines seelischen Zustands«, erklärt er ihm und fordert ihn auf: »Geh einmal nach innen und frag dich: ›Was ist die seelische Ursache meiner körperlichen Unbeweglichkeit? Welche Glaubenssätze stecken dahinter?‹«

Der Gelähmte blickt sprachlos nach oben.

Jesus lässt nicht locker. »Was ist der angenehme Aspekt deiner Blockade? Was ist der Vorteil deiner Unbeweglichkeit?«

In diesem Fall hätte nur Jesus einen Vorteil von der Unbeweglichkeit des Angesprochenen gehabt. Denn ansonsten wäre jener aufgestanden und dem Meister an die Gurgel gesprungen.

Wer hört schon gern, dass er selbst schuld an seiner Krankheit ist? Mit dieser Aussage ist also vorsichtig umzugehen. Sie kann leicht missverstanden werden. Viele Schuldgefühle sind in den Menschen verursacht worden von denen, die sagten, die Kranken selbst seien die Verursacher ihres Leidens: »Du bist schuld an deiner Krankheit, weil du sündig bist. Bist sonntags nicht zur Kirche gegangen, hast sündige Gedanken gehabt, kein Wunder, dass Gott dich mit der Krankheit straft.« Das war früher allgemeiner Volksglauben. Auch heute noch vertreten manche die Meinung, Aids sei eine Strafe Gottes für die Homosexuellen und Drogensüchtigen.

»Der Mensch ist nicht schuldig, er ist verantwortlich für seine Krankheit. Das ist ein Unterschied.« Mir lag es fern, JJ zu belehren, doch diesmal ging es nicht anders. Aber siehe da: Es war gar nicht nötig. Er stimmte mir zu.

Du hast Recht. Schuld ist etwas anderes als Verantwortung. Der Begriff »Schuld« setzt Trennung voraus. Da ist einer, der Schuld auf sich geladen hat, und ein anderer, der das Urteil darüber spricht. Das Vergehen ist die Schuld, die Krankheit ist das Urteil. Verantwortung hingegen benötigt nur einen. Dieser eine ist für sich verantwortlich. Der Schöpfer ist dazu verdammt, inmitten seiner Schöpfung zu leben.

»Das ist Strafe genug«, warf ich ein. »Du willst dir eine schöne Berglandschaft erschaffen, sagst deinen Zauberspruch, und vor dir erscheint eine Müllhalde.«

Du bist nicht fit darin, dir das zu schaffen, was du in Wahrheit erfahren willst. Du musst also noch üben.

Doch zurück zu den Blockaden. Das Wissen darüber ist gut und nützlich. Es kann einem Menschen helfen, der glaubt, er sei Opfer eines unberechenbaren Schicksals. Er fühlt sich einfach hilflos. Er kann nichts tun. Bei der Erkenntnis, dass er selbst der Schöpfer seiner Erfahrung ist, wird ihm klar: »Wenn ich in der Lage bin, mir diese Krankheit zu erschaffen, bin ich verdammt nochmal auch in der Lage, sie wieder ab-zu-schaffen.« Diese Erkenntnis allein aber heilt nicht! Erkenntnis hilft, zu verstehen. Mehr nicht. Oft ist es sogar umgekehrt: Mit der Heilung kommt die Erkenntnis.

Ist das nicht eigentlich vollkommen egal?, dachte ich. Hauptsache Heilung und Erkenntnis. Ob das eine durch das andere oder umgekehrt, was spielt das für eine Rolle? Was war zuerst da – das Huhn oder das Ei? Das mag am Anfang der Schöpfung eine wichtige Frage gewesen sein, doch heute interessiert das keinen Menschen mehr. Jeder weiß: Ohne die Henne gibt's kein Ei und umgekehrt. Da JJ sich aber nicht für landwirtschaftliche Themen interessierte, sprach ich es nicht an.

In der Geschichte, die ich erzählte, hat Jesus sich vor den Mann hingekniet, seine Hände berührt, ihm dabei in die Augen geschaut und gesagt: »Steh auf, deine Sünden sind dir vergeben.« So hat er den Mann geheilt. Es war ein Schwall der Energie, der durch die Präsenz des Meisters ausgelöst wurde. Dieser Schwall der Energie hat die Blockaden durchbrochen, nicht ein Gespräch über die Ursache. Der Mann war möglicherweise tatsächlich inflexibel …

»Bestimmt sogar. Doch habe Verständnis: Er war gelähmt, was sollte er machen? Viele kommen trotz gesunder Beine nicht vom Fleck.«

… Und konnte sich nicht vollends lieben. Er hatte schwer zu tragen an seinen vermeintlichen Sünden, den schwarzen Punkten seiner Seele. Und nun kommt der Meister der Liebe. Eine Quelle des weißen Lichts. Ein Christus. Und sagt, dass seine Sünden vergeben sind. In diesem Moment lässt er die Liebe in sich zu. Er meint, seine Liebe gälte nur dem Meister, doch in Wahrheit spürt er sie in sich.

Es ist nicht Erkenntnis, sondern Liebe, die heilt. Der Fluss der Liebe geschieht in der Gegenwart. Mit der Frage nach der Ursache richtest du deinen Blick auf die Vergangenheit. Du bleibst an Altem hängen, kommst dadurch nicht weiter. Das ist das Problem der dauerhaften Gesprächstherapien. Immer suhlt man sich im Schlamm der Vergangenheit. Die Zukunft aber ist neu. Keiner weiß, wie sie sich gestaltet. Wenn du über Altes nachsinnst, kannst du nicht zu Neuem gelangen.

»Aber die Ursache der Blockade liegt doch in der Vergangenheit. Wenn ich vor ihr weglaufe, rennt sie hinter mir her. Wer nicht den Mut hat, der Blockade ins Gesicht zu sehen, kann sie auch nicht auflösen. Es bleibt mir nichts anderes übrig, als in die Vergangenheit zu blicken. Sieh dir die ganzen ›Inneren-Kind-Therapien‹ an. Sie sind mit das Wirkungsvollste, was ich kenne. Und soviel ich weiß, hat die Kindheit der meisten Erwachsenen in der Vergangenheit stattgefunden.«

Die Arbeit mit dem inneren Kind beruht auf dem Wissen, dass das Kind immer noch existiert. Die Kindheit ist vergangen. Das Kind aber ist noch da. Es ist nicht verschwunden, es kann gar nicht verschwinden, schließlich ist jede Existenz unendlich.

»Das leuchtet mir ein. Was für Erwachsene gilt, gilt auch für Kinder. Es wäre eine zum Himmel schreiende Ungerechtigkeit, wenn es die Ewigkeit nur für Erwachsene gäbe. Was mir aber nicht einleuchtet, ist der Widerspruch zwischen der unendlichen Existenz eines jeden Wesens und der Veränderung. Das Kind hat sich verändert, es ist nun erwachsen. Also ist es kein Kind mehr. Wieso ist es dann immer noch da?«

Wenn eine Raupe zum Schmetterling wird, gibt es dann die Raupe nicht mehr? Wenn aus einem kleinen Baum ein großer wird, gibt es dann den kleinen Baum nicht mehr? Wie kann der große Baum ein großer Baum sein, wenn es den kleinen Baum nicht gäbe? Wie kann ein Schmetterling ein Schmetterling sein, wenn es die Raupe nicht gäbe?

»Nicht gegeben hätte. In der Vergangenheit war sie eine Raupe. In der Gegenwart ist sie ein Schmetterling. Der große Baum war in der Vergangenheit ein kleiner Baum. In der Gegenwart ist es ein großer Baum. Das eine hat sich zum anderen verändert.«

Verändern kann sich nur etwas, was da ist. Wenn etwas verschwunden ist, kann es sich nicht mehr verändern. Nur das Existente kann sich verändern. Wie soll sich etwas verändern, was nicht existiert? Veränderung bedeutet Wachstum. Eine Schicht kommt auf die andere. Und so weiter. Wenn die erste Schicht nicht existent wäre, könnte es auch die darüber liegenden nicht geben. In diesem Sinne ist Veränderung und ewiges Bestehen kein Widerspruch. Das eine beruht auf dem anderen.

Wenn du dich mit der Kindheit beschäftigst, verharrst du

in der Vergangenheit. Wenn du dich mit dir als Kind beschäftigst, bist du in der Gegenwart. Deine Kindheit kannst du nicht heilen. Aber du kannst das Kind heilen. Dem Kind wurde in der Vergangenheit eine Wunde zugefügt. Die Wunde ist nicht verheilt. Das Kind hat sich nicht gestattet, zu trauern. Bis heute nicht. Es wollte verdrängen, nicht trauern. Das wird jetzt in der Gegenwart nachgeholt. Der Erwachsene entwickelt nun Mitgefühl für das Kind in sich. Mitgefühl ist die Medizin, die dem Kind bislang verweigert wurde. Im Augenblick des Mitgefühls setzt die Heilung ein.

»›Mitgefühl‹ ist ein anderes Wort für ›Liebe‹«, fügte ich hinzu.

Richtig. Je größer die Liebe in dir, desto weiter strahlt sie aus. Je größer die Liebe in dir, desto mehr Wesen beziehst du mit ein. Ein liebender Mensch ist immer ein mitfühlender Mensch. Ein liebender Mensch verbindet die Gefühle der anderen mit seinen eigenen. Viele Menschen verurteilen sich selbst für die Wunden der Vergangenheit. Viele missbrauchte Kinder fühlen sich schuldig. Sie verurteilen sich für das, was ihnen angetan wurde. Und solange sie das tun, kann Heilung nicht erfolgen.

Wie du weißt, sind »Teil« und »Heil« konträre Begriffe. Wer über sich ur-teilt, verpasst also die Heil-ung. Ein Richter muss das Mitgefühl für diejenigen unterdrücken, die er verurteilt. Erst wenn du die Richterrobe ausziehst, kannst du Mitgefühl entwickeln. Und fühlen kannst du nur in der Gegenwart. Wer in der Vergangenheit verharrt, blockiert das Gefühl und somit auch das Mitgefühl.

Das ist die Bedeutung der Geschichte von Frau Lot, die zur Salzsäule erstarrte, weil sie auf ihrer Flucht aus Sodom zurückblickte. Dreh dich nicht mehr um, wenn du aus deinem persönlichen Sodom und Gomorrha hinausgehst. Wenn du dich umdrehst, wirst du zur Salzsäule. Frage Frau Lot. Sie hat es erlebt.

Die Story von Sodom und Gomorrha liegt meines Wissens verdammt lang zurück. Deshalb entschied ich, auf die Befragung von Frau Lot zu verzichten. Was sollen die Kollegen denken: »Zwei Salzsäulen sitzen sich im Vernehmungszimmer gegenüber ...«?

Als Jesus sagte: »Lasset die Toten die Toten begraben«, meinte er dasselbe. Er forderte nicht dazu auf, die Verstorbenen auf der Straße liegen zu lassen. Auch Jesus wusste es zu schätzen, dass Leichen unter und nicht über der Erde verwesten. »Lasset die Toten die Toten begraben« bedeutet: »Verharre nicht in der Vergangenheit. Werde nicht wie Frau Lot. Salzsäulen können nicht fühlen. Bleibe in der Gegenwart. Nur dort ist Liebe möglich.«

Heilung und Wandlung

Heilung ist die Wandlung von Krankheit in Gesundheit. Voraussetzung für Heilung ist deshalb die Bereitschaft, Wandlung anzunehmen. Die Bereitschaft zur Veränderung muss für alle Bereiche des Lebens gelten. Es geht nicht, zu sagen: »Ich lasse Veränderung in diesem Bereich meines Lebens zu und in den anderen nicht.« Das Leben ist nicht teilbar. Es gibt nur die Wahl zwischen zulassen oder blockieren.

Das Leben ist ein Geschenk, das sich ständig wandelt ...

Aus Mangel an Bereitschaft zum Wandel werden viele kranke Menschen nicht gesund. Sie wollen lediglich die Veränderung ihres körperlichen Zustands. Andere Veränderungen werden nicht gewünscht. Die Ablehnung von Veränderung beruht auf der Furcht vor dem Neuen. Ängstliche halten es für böse: Sie haben Angst vor bösen Überraschungen. Deshalb schließen sie die Tür.

Überrascht kann ich nur sein, wenn Neues geschieht. Bin ich verliebt, ist jeder Augenblick neu. Dann bin ich gespannt auf das, was kommt. Bleibt alles beim Alten, *weiß* ich, was kommt. Deshalb ist Liebe ein heilendes Mittel, ein Medikament.

Ein Medikament kann aber nur wirken, wenn es eingenommen wird. Mich können tausend Menschen lieben, und ich könnte die Liebe dennoch nicht in mir spüren. Ich muss bereit sein, die Liebe in mir zuzulassen. Ich muss offen dafür sein, die Überraschungen, die sie mit sich bringt, anzunehmen. Ich muss gespannt sein auf die Wandlung, die mir durch die Liebe widerfährt. Der Wille, das (vermeintlich) Gute festzuhalten, keine Veränderung zu dulden, behindert meine Liebe. Liebe braucht weichen Boden. An Steinen prallt sie ab. Solange ich hart und fest bin, an meinen Ansichten, Meinungen und Urteilen fest-halte, kann die heilende Liebe in mir nicht wachsen.

Veränderung kommt ganz von allein. Ich brauche nicht viel zu tun. Wenn ich den Himmel betrachte, sehe ich die Wolken vorüberziehen. Ich muss nichts unternehmen, es geschieht ganz von selbst. Mein Körper verändert sich. Langsam, aber stetig. Auch dafür brauche ich nichts zu machen. Es geschieht von ganz allein. Die Jahreszeiten wechseln. Ich brauche nichts dafür zu tun. Jeder Tag vergeht, die Nacht kommt. Jede Nacht vergeht, ein neuer Tag beginnt. Ich brauche nichts dafür zu tun. Es geschieht ganz von selbst. Energie muss ich nur aufbringen, wenn ich versuche, die ewigen Veränderungen um mich herum aufzuhalten. Jeder, der das versucht, wird scheitern. Und viele, die es versuchen, zerbrechen an ihrem Scheitern.

Jede Veränderung ist unaufhaltsam. Wer sich dagegenstemmt, verliert seine Kräfte. Wer es allzu lange probiert, wird krank.

Bei all den unaufhaltsamen Veränderungen spüre ich immer dieses »Ich bin«. Das »Ich bin« hat mich nie verlassen. Das »Ich bin« wird mich nie verlassen.

Eines Tages werde ich sterben. Auch dafür brauche ich nichts zu tun, und dagegen kann ich nichts tun. Doch mein Tod ist nicht das Ende des ständigen Wandels. Auch der Tod ist voller Überraschungen. Der Tod ist meine Abwesenheit für andere. Sie bleiben dort, wo ich nicht mehr bin. Ich selbst bin immer anwesend. Egal, wo ich bin.

Denn ohne mich gäbe es das Universum nicht!

Ohne dich …

Wie anders als durch dich
könnte das Leben leben?

Wie anders als durch dich
könnte die Liebe lieben?

Wie anders als durch dich
könnte sich Heilung zeigen?

Wie anders als durch dich
könnte das Universum sein?

JJ zu Gottesfurcht und Gottvertrauen

Seit Millionen von Jahren geht die Sonne auf und unter. Das eine geschieht morgens, das andere abends. Seit Urzeiten drehen sich Planeten um die Sonne. Auch Ebbe und Flut sind absolut verlässlich. Alles ist berechenbar, funktioniert nach einem gigantischen Plan.

Viele Menschen aber glauben, sie stolperten willkürlich von einem Ereignis in das nächste. Begreife, dass hinter allem eine Absicht steckt, unabhängig davon, ob dir diese Intention verborgen oder offensichtlich ist. Hinter jedem Gedanken, hinter jedem Wort, hinter jeder Handlung steckt ein Plan. Nichts wird ohne Vorsatz gedacht, gesprochen oder getan, ob du dir der Absicht bewusst bist oder nicht. Und du als Mensch hast das Privileg, dein Vorhaben zu erkennen. Du hast auf deiner Reise durch die Existenz gelernt, dir deine Absicht bewusst zu machen, wenn du es willst. Du kannst anklopfen, wenn du eine Frage hast.

Das Leben in den Körpern von Tieren und Pflanzen ist genauso absichts-voll. Nur haben sie nicht die Möglichkeit, die Intention zu erkennen. Sie können nicht unterscheiden zwischen erkannter und unerkannter Absicht, sie trennen nicht zwischen »Es ist mir bewusst« und »Es ist mir nicht bewusst«. In diesem Sinne klopfen sie nicht an. Sie haben nicht das Bedürfnis, zu fragen. Sie spüren in sich das Urvertrauen.

Das Urvertrauen ist die Geborgenheit in sich. Je mehr ein Wesen nun anfängt, zu fragen, desto mehr entfernt es sich davon. Im Augenblick der Frage beginnt die Vertreibung aus dem Paradies. Der Weg zurück führt über die Akzeptanz, dass Fragen sinnlos sind, weil es keine Antworten gibt. Es gibt nur Absichten, aber keine Antworten.

»Wenn ich die Absicht kenne, habe ich doch die Antwort auf meine Frage?!«, widersprach ich.

Verstehe den Unterschied. Die Frage »Wozu? Warum?« kann nicht beantwortet werden. Absicht braucht keinen tieferen Sinn. Wenn es überhaupt eine Antwort gibt, dann die, dass es mit Absicht geschehen ist. Aber die Antwort ist müßig, weil ja hinter allem ein Vorsatz steckt. Die Frage wäre ja nur dann berechtigt, wenn es auch etwas Absichtsloses gäbe. Dann könnte ich fragen: »War das Absicht oder nicht?«

»Es tut mir Leid, aber ich verstehe es immer noch nicht. Die Frage, welche Intention hinter meinen Worten und Taten steckt, ist doch berechtigt. Welches Ziel verfolge ich denn? Außerdem gibt es doch auch Gründe für meine Absicht. Was hat mich bewogen, diese Entscheidung zu treffen? Es ist die Frage nach dem Beweggrund für meine Absicht.«

Die Frage nach dem Beweggrund setzt einen Grund außerhalb von dir voraus. Du kannst gar nichts verfolgen, weil du nicht vor dir selbst weglaufen kannst. Ein Angehöriger stirbt. Du trauerst und fragst: »Warum musste er sterben?«

Die Antwort ist: »Weil er das so wollte. Es war seine Absicht.«

Nun fragst du: »Warum war das seine Absicht? Welches Ziel verfolgte er damit?«

Begreife die Sinnlosigkeit der Frage: Er verfolgte damit das Ziel, zu sterben. Ganz einfach.

Auch wenn du sagst: »Die Zeit war reif«, schiebst du den Grund auf die Zeit. Stimmt aber nicht. Immer steckt eine Absicht hinter allem. Eine Absicht drängt aus dir heraus. Sie hat keinen Grund. Sie will einfach leben. Das Ziel ist stets das, was sie bewirkt. Die Akzeptanz, dass es keine Antwort gibt, weil es keine Frage gibt, ist der Schlüssel zum absoluten Vertrauen. Angst müsste man nur vor dem Absichtslosen haben, niemals vor dem Willkürlichen.

»Der Begriff ›willkürlich‹ ist nicht gerade Vertrauen erweckend.«

»Willkürlich« hat so einen negativen Touch. Aber zu Unrecht. Die Kür des Willens ist die Ausübung des freien Willens. Das ist nichts Schlechtes. Das Leben wurde mir geschenkt. Der freie Wille wurde mir geschenkt. Nun packe ich das Geschenk aus, freue mich darüber und spiele damit. Was, bitte schön, soll daran schlecht sein?

Das Gegenteil davon ist schlecht: Ich bekomme ein Geschenk – zu meinem Geburtstag oder zu Weihnachten –, packe es aus, verziehe das Gesicht und schmeiß es in die Ecke … du hast dir die Mühe gemacht, dir zu überlegen, was mich erfreuen könnte, hast dir einen halben Tag freigenommen, bist in die Stadt gefahren und hast Geld ausgegeben. Voller Freude gibst du es mir, und ich verschmähe es.

»So hab ich das noch nicht gesehen«, gab ich zu. »Ein Hosianna also auf die Willkür!«, sagte ich in einem Anflug von Ironie.

Feierlich stand ich auf und hob meine Hand zum Schwur: »Hiermit verspreche ich hoch und heilig, alle Diktatoren dieser Welt zu achten und zu ehren, weil sie ihr Volk mit ihrer von Gott gegebenen Willkür tyrannisieren. Sie sind die Meister des freien Willens, verdammt nochmal, wie konnte ich nur so blind sein?«

Demonstrativ schlug ich mit der flachen Hand gegen meine Stirn und setzte mich wieder.

Sei nicht so streng mit dir selbst.

Ich wartete. Doch mehr kam nicht. Nur dieser Satz. Jetzt war auch ich sprachlos. Meint er das ernst? Meint er das auch ironisch? Ich beschloss, seinen Rat zu befolgen und zu akzeptieren, dass es keine Antwort auf meine Frage gibt. Es genügt, zu wissen, dass JJ die Worte mit Absicht gesprochen hat. Doch dann sprach er weiter.

Verknüpfe nichts an irgendetwas außerhalb von dir. Dann verläufst du dich. Und eines Tages hast du dich so verirrt, dass du Schwierigkeiten hast, wieder zu dir zurückzufinden. Streich die Fragen nach dem »Warum« aus deinem Wortschatz.

»Herr, dein Wille geschehe«, das ist die Erkenntnis der Absicht, die allumfassend ist. Und darüber existiert nichts. Es gibt keinen Gott über Gott. Keine Absicht über der Absicht. Knüpf auch dein Vertrauen nicht an etwas außerhalb von dir. Mach dein Vertrauen an nichts fest. Sag nicht mehr: »Ich vertraue *auf* …« Sag nur noch: »Ich vertraue.«

»Wie du vorhin selbst sagtest, gibt es aber genug Dinge, auf die ich vertrauen kann. Ich kann mich darauf verlassen, dass die Sonne aufgeht. Auf Ebbe und Flut kann ich mich verlassen. Und da ich das Gottesbild des Vaters verinnerlicht habe, kann ich mich auch auf Gott verlassen«, widersprach ich.

Das sind Dinge, die du weißt. Das hat mit Vertrauen nichts zu tun. Es ist keine Kunst, sich darauf zu verlassen, dass nach der Nacht der Tag kommt. Das ist Wissen. Wissen braucht kein Vertrauen. Wenn du beim Pferderennen alle Teilnehmer bestochen hast, weißt du, wie es ausgeht. Du hast sie geschmiert, weil du verhindern willst, zu vertrauen. Du willst wissen, nicht vertrauen. Wenn du aber keinen bestochen hast, bleibt dir nichts anderes übrig, als sich auf sie zu verlassen. Also ist Wissen das Gegenteil von Vertrauen. Du willst sicher sein. Dann sagst du: »Jetzt kann ich vertrauen.« Dann geht es anders aus, als du dachtest. Obwohl du alle korrumpiert hast, halten sie sich nicht an die Zusage und schieben einen anderen Gaul als ersten über die Ziellinie.

»Und zeigen mir ihren erhobenen Mittelfinger«, warf ich ein.

Und du bist gefrustet. Du hast dich darauf verlassen, dass sich alle an den Deal halten. Und damit hattest *du dich wirklich verlassen.*

Mach dir einmal die Bedeutung dieser Worte klar: »Ich verlasse mich (auf) …« Wenn du dich verlässt, entfernst du dich von dir. Also bleibe immer bei dir. Verbinde nicht Vertrauen mit irgendetwas außerhalb von dir. Setz dich einmal in enger Körperhaltung hin. Verschränk die Arme. Halt den

Atem an, solange du kannst. Wenn es nicht mehr geht, atme weiter und löse die enge Körperhaltung.

Ich tat, wie mir geheißen. Kurz vor dem Eintreten des Herzstillstands atmete ich weiter.

Diese Übung machst du öfters. In Krisenzeiten hält die Welt den Atem an. Sie verschanzt sich in der Mitte zwischen Ein- und Ausatmen. Du machst es unbewusst. Es ist eine Vertrauensübung des Un(ter)bewussten.

Schutz sucht man im Hause derjenigen, denen man vertraut. Vertrauen ist die Voraussetzung für Geborgenheit. Von der ersten bis zur letzten Sekunde deines Lebens auf der Erde begleiten dich dein Atem und dein Körper. Sie waren von Anfang an bei dir, haben dich seitdem nie verlassen. Deshalb vertraust du ihnen. Und wenn es brenzlig wird, kehrst du ein in das Haus deines Atems und deines Körpers. Menschen in Angst suchen den Kontakt zum eigenen Körper. Je mehr Fläche des Körpers sie spüren, desto sicherer glauben sie zu sein.

Nun dreh die Übung um. Mach eine bewusste Vertrauensübung: Schließ die Augen. Halt die Arme locker nach vorn vom Körper weg. Öffne deine Hände so, dass die Handflächen nach oben zeigen. Nun atme fließend. Mach keine Pause zwischen Ein- und Ausatmen. Aber streng dich auch nicht an.

Na, klasse, streng dich nicht an, dachte ich. Sag einem Kind: »Schau niemals hinter diese Tür.« Das ist genauso blödsinnig wie die Aufforderung, nicht an einen Elefanten zu denken. »Streng dich nicht an«, sagte er.

Außerdem ist es schwierig, mitten in einem Gespräch eine Meditation einzuschieben. Auch begann ich zu prü-

fen, ob die Übung wirkt, ich tatsächlich vertrauensseliger werde.

Dann kam mir der Gedanke, dass JJ mich nur ablenken will, damit ich nicht einen Widerspruch in seinen Ausführungen bemerke. Gibt es jetzt eigentlich Vertrauen? Kann ich mich auf meinen Atem und meinen Körper wirklich verlassen? Vorhin hat er noch gesagt, Wissen sei das Gegenteil von Vertrauen. Ich weiß, dass ich atme, ich weiß von meinem Körper. Also ist das doch kein richtiges Vertrauen – nach JJs Worten.

Dann fiel mir ein, dass ich mich ja nicht anstrengen soll. Ich soll meinen Atem und meinen Körper bei dieser Übung ja gerade nicht *festhalten. Also erteilte ich mir den Befehl: »Streng dich nicht an!« Und denk an keinen Elefanten, dachte ich.*

Wie lange sitze ich eigentlich schon in dieser Haltung? Wann ist die Übung vorbei? Soll ich auf JJs Aufforderung warten oder soll ich selbst bestimmen, wann es vorbei ist? Fragen über Fragen. Irgendwie hört das Geplapper in meinem Kopf nicht auf, dachte ich.

Doch plötzlich ging es, ich kam hinein in die Übung. Ich wurde ruhiger, mein Atem wurde langsamer. Beinahe genoss ich es. Und dann öffneten sich meine Augen wieder. Wie von selbst. Hoffentlich habe ich jetzt keinen verklärten Blick, dachte ich.

Nun, wie war die Übung?

»Gut«, sagte ich. »Aber ob ich jetzt mehr Vertrauen habe, kann ich nicht sagen.«

Die Wirkung von Übungen zeigt sich erst auf Dauer. Einmal meditieren reicht nicht aus. Täglich meditieren ist schon besser.

»Vielleicht sollte man den ganzen Tag über meditieren.«

Wenn du meinst, den ganzen Tag über in der meditativen Energierichtung zu leben, stimme ich dir zu. Wenn du aber meinst, den ganzen Tag über Übungen zu machen, muss ich dir widersprechen. Das ist Flucht aus der Welt. Das habe ich zur Genüge getan in meinen früheren Verkörperungen. Oft genug war ich im Kloster, wollte Gott mein Leben widmen. Ich wollte nicht glauben, dass Gott in mir ist und er deshalb auch überall dort ist, wo ich bin.

»Dann war er doch auch bei dir im Kloster. Wenn es egal ist, wo man sein Leben verbringt, kann man es auch im Kloster verbringen. So sei beruhigt«, tröstete ich JJ.

Nur – die Erfahrungen sind auf Dauer ziemlich einseitig. Immer nur Rückzug, immer nur beten, vom täglichen frühen Aufstehen ganz zu schweigen.

»Und das ständige Fasten«, fügte ich nachdenklich hinzu.

JJ unterbrach mich. Offenbar wollte er in seinem Anfall von Selbstmitleid nicht gestört werden.

Gefastet haben wir nicht gerade. Da hörte der Spaß auf!

»Schließlich kann man es auch übertreiben mit der Gottesfurcht«, stimmte ich zu. »Und wie man hört, werden in vielen Klöstern sogar Bier und Wein produziert.«

Ein Leben ohne Sex ist halbwegs erträglich. Ein Leben ohne Alkohol nicht.

»Stimmt. Jede Freude ohne Alkohol ist künstlich.« Den Spruch hatte ich einmal von einem Kollegen gehört.

Ich kann auch Alkohol trinken, ohne lustig zu werden. Aber du hast Recht. Früher lebte ich in Gottesfurcht. Heute in Gottvertrauen. Kennst du den Unterschied?

»Ich denke schon. Gottesfurcht bedeutet ja wohl, dass man Gott fürchtet. Angst ist nicht gerade eine Basis für Vertrauen. Obwohl man den Begriff ›Furcht‹ auch im Sinne von ›Respekt‹ verstehen könnte.«

Keiner braucht Respekt. Jeder braucht Akzeptanz. Jeder braucht Liebe. Akzeptanz und Liebe sind sanft. Respekt hingegen ist hart. Zumindest verbinde ich Respekt mit Härte. Gottesfurcht beruht auf dem Glauben an Hierarchie. Es gibt jemanden über dir: Gott. Wenn es ein »Oben« gibt, muss es auch ein »Unten« geben. Das ist der Glaubenssatz der Hierarchie.

Mit diesem Glaubenssatz als Basis kannst du nun dein Leben auf drei Stufen verbringen: Auf der ersten Stufe fühlst du dich oben. Du hast das Gefühl, Gott ist ganz oben und direkt danach kommst du. So haben sich die Jungs der Inquisition gefühlt. Auf die Dauer wirst du übermütig.

Und dann passiert irgendetwas, was dich Demut lehrt. Du wirst quasi von der Leiter geschmissen. Das andere Extrem ist das Leben auf der untersten Stufe. Du fühlst dich allen anderen gegenüber minderwertig, bist ständig verletzt. Irgendwann kannst du die permanenten Verletzungen nicht mehr ertragen; und je nachdem, wem du die Schuld gibst, bringst du dich selbst oder jemand anderen um.

Der Großteil der Hierarchiegläubigen lebt auf der mittleren Stufe. Es gibt Gott ganz oben, dann kommen der Papst und der König und der Chef. Aber dafür gibt es Gott sei Dank auch welche unten, auf die man herabschaut. Es gibt den Teufel ganz unten und darüber dann die Sünder und die Asylanten und den Lehrling im Betrieb.

Gottvertrauen ist ohne Hierarchie. Es ist ein Leben auf gleicher Höhe mit allen anderen. Du fühlst dich mit jedem gleichberechtigt. Du achtest dich und gleichwohl die anderen. Auch Gott ist für dich nicht oben, sondern bei dir auf gleicher Höhe. Und eines Tages wirst du erkennen, dass es keinen Unterschied zwischen euch beiden gibt. In diesem Moment wird dein Gottvertrauen zu deinem Selbstvertrauen.

Als die Zeit gekommen war – eine Meditation

Als die Zeit gekommen war,
sagte die Quelle zum Tropfen:
Fließe hinaus in die Welt, lerne, helfe und habe Spaß dabei.

Stell dir einen kleinen Tropfen in einer großen schwarzen Regenwolke vor.
Er ist in der Wolke mit vielen anderen Tropfen,
aber dein Tropfen fühlt sich von all den anderen getrennt.

Er hat ein *Ich*, so wie all die anderen Tropfen auch.
Dein Tropfen ist unteilbar, er ist ein Individuum.
Er kann niemals zerstört werden, er kann sich nur verbinden.
Aber dein Tropfen in der Wolke weiß das nicht.
Er fühlt es zwar, ahnt es, aber ganz sicher ist er sich nicht.

Und nun erhältst du einen göttlichen Auftrag:
die Begleitung und Führung des kleinen Tropfens,
der sich auf die Reise durch das Leben machen muss.

Er muss sich mit anderen Tropfen zu Regen verbinden,
er muss sich mit anderen Tropfen zu einem Bach verbinden,
er muss in einen Fluss einfließen,
und schließlich muss er hinaus in den Ozean.

Vor jeder dieser Veränderungen hat dein Tropfen Angst.
Er hat Angst, zu fließen, er hat Angst, sich zu verbinden, er hat Angst, sich zu verändern.
Deine Aufgabe ist, dem kleinen Tropfen die Angst zu nehmen.
Du weißt, dass es seine Bestimmung ist, zu fließen und zu wachsen.

Und dein Tropfen spricht dich an, wenn er wieder die Angst verspürt,
wenn er nicht weiß, wie es weitergeht mit ihm.
Wenn er sich wohl fühlt, bittet er dich darum, dass es so bleibt,
aber du weißt, dass es nicht so bleibt,

dass es immer weitergeht und dein Tropfen eines Tages zurück zur Quelle finden wird.

Und du sagst ihm, dass er eines Tages begreifen wird,
dass er nicht ein kleiner Tropfen,
sondern selbst die Quelle ist.

JJ über Werbung, Flugblätter und Menschenfischer

Nachdem ich in den dritten Grad des Reiki eingeweiht worden war, dachte ich: Das war's nun mit den Seminaren. Ich wollte Reiki ausschließlich für mich anwenden. Lehrer wollte ich nicht werden. Die Ausbildung war mir zu teuer, und ich sah mich auch nicht in dieser Rolle.

Als wir einige Wochen später wie in jedem Jahr nach Friesland fuhren, dachte ich, wenn ich Seminare gäbe, dann nur hier. Ich sprach die Direktorin des Hotels auf das Thema Reiki an. Sie kannte den Begriff, wusste, was Reiki war, und zeigte sich sehr aufgeschlossen.

In dem Ort selbst gibt es die schönste Kirche der Welt. Ebenjene, von der weiter oben schon die Rede war: eine katholische Kirche, außen weiß und lila, innen blau. Ich dachte, wenn ich Seminare gäbe, dann ginge ich mit den Gruppen zum Meditieren in diese Kirche. Ich sprach den Priester an, ob er sich vorstellen könne, seinen Schuppen für außerkirchliche Veranstaltungen zur Verfügung zu stellen.

»Wozu?«, fragte er.

Ich erklärte ihm, dass ich mit dem Gedanken spiele, Reiki-Seminare zu veranstalten. Er war offen dafür und bat um Prospekte, die er in dem Vorraum auslegen wollte.

Die Zeichen waren eindeutig. Im Grunde hatte ich keine Wahl. Ich machte drei Monate später meine Lehrerausbildung und beauftragte gleichzeitig eine Werbeagentur mit der Herstellung eines Prospekts. Der Mann leistete ganze Arbeit und meldete sich selbst für mein erstes Seminar an, das vier Wochen später in Friesland stattfand.

Du hattest die Botschaft verstanden und durch dein Handeln Energie freigesetzt.

»Zuerst hatte ich Bedenken, Werbung für ein spirituelles Seminar zu machen.«

Warum?

»Ich dachte, Werbung macht man, um etwas zu verkaufen, zum Beispiel Waschpulver oder so.«

Worin liegt der Unterschied?

»Ich bitte dich: Reiki unterscheidet sich ziemlich von Waschpulver. Reiki ist ein spiritueller Weg. Ein Mensch, der diesen Weg gehen möchte, muss bereit dafür sein. Bei Waschpulver kann dem Händler egal sein, wer es kauft. Reiki-Einweihungen jedoch sind nur etwas für Menschen, die sich dafür öffnen. Außerdem sollte man es aus eigenem Antrieb machen und nicht, weil man es sich von einem Verkäufer hat aufquatschen lassen.«

Im Grunde ist Reiki auch nichts anderes als Waschpulver. Schwarze Punkte in der Aura werden wieder weiß. In diesem Sinne ist es Waschpulver für die Seele. Und außerdem:

Glaubst du etwa, es würden sich Menschen für ein Reiki-Seminar anmelden, die dafür nicht offen sind? Sie müssen bereit sein, aufgrund deiner Werbung mit dir in Kontakt zu treten, dich anzurufen oder dir zu schreiben, sich dann ein Wochenende freizunehmen, einen Babysitter für die Kinder zu beschaffen, sich auf den Weg an die Nordsee zu machen und dafür Geld zu bezahlen. Was in Gottes Namen sollen diese Menschen noch tun, um dir zu zeigen, dass sie offen für Reiki sind? Was zum Teufel verlangst du?

Er ist wirklich nicht wählerisch, dachte ich, beschwört Himmel und Hölle zugleich.

»Ich glaubte eben, dass Werbung nicht zu Reiki passt«, sagte ich ein wenig kleinlaut.

Du hast in Hinsicht auf Werbung einen eingeschränkten Glaubenssatz. Du meinst, Werbung sei Rattenfängerei. Du glaubst, Werbung verführe den Menschen, schwatzte ihm etwas auf, was er sich nie kaufen würde. Doch was ist schlecht an Werbung für Obst? Die Menschen essen gern Obst, Obst ist gesund, warum sollte man dafür nicht Werbung machen?

»Weil die Menschen auch ohne Werbung Obst kaufen«, gab ich als Antwort.

Woher sollen sie wissen, wo sie Obst bekommen können? Es ist es ganz nützlich, wenn in dem Fenster eines Ladens ein Plakat hängt, das verkündet, dort könne man Obst kaufen. Es mag ja recht spannend sein, durch finstere Keller und Katakomben zu laufen und im Flüsterton Verbündete für den Handel mit Obst zu suchen, aber Sinn macht das nur, wenn das Produkt verboten ist. So wie wir uns damals als so genannte Urchristen in Rom unter dem Zeichen des Fisches versammelt haben, um die verbotene Lehre des Meisters zu verkünden. Der besondere Reiz lag in der Gefahr, entdeckt zu werden – mit der Folge, im Zirkus vor dem römischen Mob auftreten zu müssen. Heute aber führt der Kauf von Obst nur noch in ganz seltenen Fällen dazu, dass man mit dem Kopf nach unten gekreuzigt wird. Wie anders als durch Werbung sollten die Menschen also erfahren, dass du Reiki-Lehrer bist?

»Jesus hat auch keine Werbung gemacht, und dennoch haben sich Hunderte von Menschen um ihn geschart«, warf ich meinen letzten Trumpf auf den Tisch.

Wie bitte? Jesus hat keine Werbung gemacht, sagst du? Er hat die wirkungsvollste und direkteste Werbung gemacht, die nur möglich ist. Er hat die Menschen einzeln angesprochen. »Komm mit mir«, hat er gesagt. »Folge mir nach.« Wie ein Vertreter ist er Klinken putzen gegangen. Er hat den Leuten den Himmel versprochen: »Nur durch mich kannst du in das Paradies gelangen …« Jesus wäre als Dozent der Renner auf jedem Verkäuferseminar. Und außerdem, woher willst du wissen, dass die Bergpredigt nicht eine groß angelegte Flugblattaktion gewesen ist? Im Laufe der Jahrhunderte ist die Bibel oft verfälscht worden, manches wurde einfach ausradiert.

»Bis jetzt hatte ich immer noch ein latent schlechtes Gefühl, wenn ich Leute fragte, ob sie an einem meiner Seminare teilnehmen wollten. Ich kam mir immer wie ein Vertreter vor, der nicht an dem Menschen selbst interessiert ist, sondern Geld verdienen will. Und wahrlich geht es mir nicht ums Geld. Ich habe einfach unglaublich viel Spaß daran, Reiki-Seminare zu geben.«

Weißt du, wozu uns der Meister vor seinem Weggang aufgefordert hat?

»Ich belausche nicht die Gespräche anderer Leute. Außerdem war ich zu dem Zeitpunkt nicht in der Nähe.«

Er forderte uns auf, Menschenfischer zu werden.

»Du hast den Auftrag offensichtlich sehr ernst genommen.«

Wie kommst du darauf?

»Weil du den Job immer noch machst. Schließlich ist dein Einsatzbefehl schon zweitausend Jahre alt. Und heute habe ich mich in deinem Netz verfangen.«

Die Aufforderung des Meisters galt nicht nur für die unmittelbare Zeit nach seinem Fortgang. Es war kein Auftrag für nur ein Leben. Es war ein Auftrag für alle Zeiten.

»Ich bin bei euch alle Tage …«

Es verging kein Jahrhundert, in dem nicht einer von uns Jüngern auf Erden war. Immer wieder haben sich Teile unserer Seelen inkarniert, ohne sich ihrer früheren Identität bewusst zu sein. Die Erinnerung an das alte Leben ist nicht immer erforderlich. Für das neue Leben wäre sie oft sogar hinderlich. Doch wie gesagt: Reinkarnation ist immer nur die Wiederverkörperung von Seelenanteilen. Niemals wird ein Mensch, so wie er war, zu einer anderen Zeit wiedergeboren. Die Zusammensetzung der Seelenanteile in einem Körper ist immer neu und unverbraucht. Sie ist abhängig von den Lektionen, die gelernt werden sollen, und damit verbunden auch abhängig von der Zeit und dem Ort der Verkörperung. Jede Zeit erfordert andere Fähigkeiten. Die Umstände sind immer anders, die Herausforderungen immer neu. Käme ich so, wie ich vor zweitausend Jahren war, in die heutige Zeit, würde ich bei der ersten Autofahrt an einem Geschwindigkeitsschock sterben.

Ja und Nein

Es spielt keine Rolle, ob man an ein Leben nach dem Tod, an Reinkarnation, an die Seele, an Gott glaubt oder nicht. Es spielt keine Rolle, ob man die Aura sehen kann oder nicht. Einzig und allein kommt es darauf an, sein Leben intensiv zu leben. Intensität ist der einzige Weg in die Bewusstheit. Daher sorgt das Leben dafür, dass der Mensch immer wieder mit der Intensität des Lebens konfrontiert wird. Wenn die Oberflächlichkeit zu lange regiert, knallt von oben ein Kühlschrank herunter, und man zuckt zusammen. Der Kühlschrank ist ein Ereignis oder Schicksalsschlag, der einen von einer Sekunde auf die andere zurück in die Intensität der Gefühle befördert.

Zu Beginn meiner spirituellen Lehrtätigkeit machte ich mich auf die Suche nach einem Weg in die Bewusstheit. Ich wurde Vegetarier, aß ein Jahr lang weder Fleisch noch Fisch, rauchte nicht und versuchte sogar, nur noch Mineralwasser zu trinken. Eine Zeit lang stand ich morgens um vier Uhr auf und joggte eine halbe Stunde durch die Gegend. Ich suhlte mich im Schlammbad der Askese. Je härter ich mein körperliches Programm betrieb, desto härter wurde meine Seele. Ich hasste meinen Beruf, wollte kein Polizist mehr sein. Ich wollte nichts mehr mit Pistolen, Handschellen, Telefonüberwachungen und dergleichen zu tun haben. Ich wollte nicht mehr tun, was ich tun musste, um meine Miete zu bezahlen. Ich wollte aussteigen, wusste aber nicht, wie. Alle Berufe, zu denen ich mich nun hingezogen fühlte, setzten einen sozialpädagogischen Studienabschluss voraus. Ich erinnerte mich an das Gespräch mit meinem Vater zwanzig Jahre zuvor und bereute meine Entscheidung, zur Polizei gegangen zu sein. Ich empfand eine Abneigung gegen Autos, weil sie mit ihren Abgasen die Luft verschmutzten und Straßen benötigten, für die Bäume sterben mussten.

Ich sagte nur noch Nein. Nein zu meinem Beruf. Nein zum Essen, Trinken, Rauchen. Nein zu Autos. Je mehr ich Nein sagte, desto mehr verneinte ich mich selbst.

Gott sei Dank hielt dieser Zustand nicht allzu lange an. Noch bevor der Schicksalskühlschrank auf mein Haupt herunterdonnerte, hatte der Rebell in mir mit allen Regeln und Prinzipien aufgeräumt. Als ich nach einem Jahr vegetarischer Kost zum ersten Mal wieder einen Fischteller bestellte, fühlte ich mich wie ein kleiner Junge, der mit seinem Kommunionsanzug in eine dreckige Pfütze springt.

Ein Schüler fragte einmal seinen Meister, was er tun könne, um bewusst zu werden. Er bat um ein Rezept, eine Technik, er bat um Regeln, die er einhalten könne, um erleuchtet zu werden. Der Meister antwortete: »Lebe einfach dein Leben. Esse, trinke, koche, putze, schlafe. Mach, was du bislang auch gemacht hast. Aber beginne, es zu genießen.«

Indem wir uns an allem erfreuen, was uns im Leben begegnet, erfahren wir unser Recht als göttliches Wesen. Wir dürfen uns über alles freuen, müssen uns keine Gedanken machen, ob es gut oder schlecht, richtig oder falsch ist. Wir haben uns zu dieser Zeit auf den Planeten Erde begeben, um genau das in Anspruch zu nehmen, was dort vorhanden ist. Wir haben die Reise an diesen Ort angetreten, um genau die Möglichkeiten zu nutzen, die wir hier vorfinden.

Das heißt nicht, dass wir verpflichtet sind, alles zu nutzen. Man muss nicht jeden Kram mitmachen, nur weil es dem Zeitgeist entspricht. Aber wenn man etwas nutzt, darf man es ohne schlechtes Gewissen tun. So, wie die Hürden da sind, um sie zu überwinden, sind auch die Hilfen da, um sie in Anspruch zu nehmen.

Mittlerweile habe ich mich auch wieder mit meinem Beruf angefreundet. Ich habe innerhalb des Landeskriminalamtes die Stelle gewechselt und arbeite nun im Innendienst einer Auswertungsabteilung. Montags bis freitags von halb sieben bis drei Uhr gebe ich dem Kaiser, was des Kaisers ist. Ab dem Nachmittag und an den Wochenenden kümmere ich mich um Gott und das Universum.

Und ab und zu macht sogar das Autofahren wieder Spaß. Zwar plädiere ich jetzt nicht dafür, seinen Körper durch Alkohol und Nikotin zu versauen und aus Wäldern sechsspurige Autobahnen zu machen, aber ich habe verstanden, dass es etwas anderes ist, ob ich Ja zu gesunder Ernährung und Ja zu der Schönheit der Natur sage oder Nein zu dem Gegenteil. Das Ja führt in die Freude, das Nein in den Zorn.

JJ über suchende Schüler und schweigende Meister

Immer wieder fliehen Menschen auf der Suche nach Gott vor dem Leben. Sie suchen ihn nicht in der sichtbaren Schöpfung, sondern irgendwo im Unsichtbaren. Sie schauen suchend nach oben und wissen nicht, dass sie nach innen schauen müssen, um ihn zu finden.

Und genau das ist auch mein Lebensthema. Ich habe immer Gott gesucht und bin deshalb immer wieder einen kirchlichen Weg gegangen. Ich war Jude, Christ, Buddhist und habe manches Leben im Kloster verbracht. Und jedes Mal wurde mir nach dem Tod meines jeweils geläuterten und enthaltsam gebliebenen Körpers bewusst, dass ich auf meinem Seelenweg immer noch keinen Meter weitergekommen war, das Klassenziel immer noch nicht erreicht hatte, weil ich wieder einmal an der Schultür des Lebens die Nase gerümpft und kehrtgemacht hatte. Weil ich immer noch nicht wusste, wie es ist, sich zu verlieben, wie es ist, sich zu verbinden, wie es ist, sich wieder zu trennen, wie es ist, zu zeugen, wie es ist, zu gebären, wie es ist, gemeinsam zu lachen und allein zu trauern, hatte ich den Lehrstoff auch diesmal nicht bewältigt. Immer wieder suchte ich die Heiligkeit in der Enthaltung.

Ich fastete und betete und erkannte nicht, dass ich Gott nur beim Feiern entdecken konnte. Ich erkannte nicht, dass

Gott alles umfasst und deshalb nur der zum Göttlichen gelangt, der bereit ist, allumfassend zu leben. Und vor jedem neuen körperlichen Leben habe ich mir vorgenommen, es dieses Mal anders zu machen, mich einzulassen und nicht zurückzuscheuen aus Angst, den Heiligenschein zu verpassen. Und dann, schöne Kindheit, Schulabschluss, latente theologische Interessen (»Woher hat der Junge das bloß?«), Studium und Priesteramt. Zuvor diverse Freundinnen abgeschüttelt, es hätten ja Ehefrauen draus werden können. Dann ab ins Kloster und wieder mal die Chance vertan. Später dann in der Feinstofflichkeit erneut erkannt und brav bereut und sich vorgenommen: Beim nächsten Mal wird alles anders …

Wir leben hier nicht in einem Körper, um ihn so schnell wie möglich wieder loszuwerden. Auch du musst nicht nackt in einer Höhle herumsitzen, weil du ja ach so spirituell bist.

»Könnte vielleicht mal Spaß machen«, bemerkte ich.

Was?

»Nackt in einer Höhle zu sitzen.«

Alle großen Meister predigten die Einfachheit. Doch meinten sie damit nicht, dass man auf alles verzichten sollte. Zwar kann es eine gute Meditationsübung sein, einmal Verzicht zu üben, gerade dann, wenn Gewohnheiten oder Abhängigkeiten entstanden sind. Doch sollte dann nicht die Übung selbst zur Abhängigkeit werden.

»So wie viele Mittvierziger, die ihr Leben lang geraucht und ungesund gegessen haben, auf einmal zum Marathonläufer werden.«

Die Sucht des Marathonläufers ist nichts anderes als die Sucht eines Alkoholikers.

»Nur gesünder. Es gibt auch Marathonläufer, die ihren Sport mit Freude betreiben. Manche lachen sogar noch nach Kilometer dreiunddreißig.«

Das ist eine körperliche Reaktion. Ab Kilometer zweiunddreißigeinhalb setzen Gesichtsverzerrungen ein, die oftmals mit Lachen verwechselt werden. Lachen kommt von innen, Gesichtsmuskelkrämpfe sind rein äußerlichen Ursprungs.

»Du hast was gegen Marathonläufer, stimmt's?«, fragte ich vorsichtig.

Überhaupt nicht. Wir Jünger haben damals Strecken zurückgelegt, vor denen sogar heutige Spitzensportler kapitulieren würden. Manche von uns sind von Jerusalem nach Rom gelaufen. Das schafft man nicht auf einem Bein.

Gott ist in allem, und alles ist Gott. Also lerne, alles zu genießen. Genuss ist Kontaktaufnahme. Wenn ich dich auffordere: »Liebe die Sonne«, hast du keine Chance. Niemand kann auf Kommando lieben. Wenn ich dir aber sage: »Leg dich auf die Wiese und spür die Sonne auf deiner Haut, genieße ihre Wärme«, wird dir das ohne weiteres gelingen. Jetzt bist du in Kontakt mit der Sonne und damit auch in Kontakt mit Gott. Der nächste Schritt, die Sonne zu lieben, ist dann nicht mehr weit.

Und genauso verhält es sich auch mit dir. Wenn du dich selbst nicht genießen kannst, kannst du dich nicht lieben. Wenn du auch nur einen Teil von dir ablehnst, mit irgendwas von dir keinen Kontakt haben möchtest, wird dir Selbstliebe nicht gelingen. Also lehne nichts mehr ab. Fang mit dir selbst an. Lehne nichts mehr an dir selbst ab.

Und der sicherste Weg, Erleuchtung zu verhindern, ist der, nach Erleuchtung zu streben.

Das Universum ist ein Spiegel, durch den Gott sich selbst betrachtet. Glaubst du nicht, dass sich das Universum in dem Augenblick auflösen würde, in dem er sich selbst ganz erkennte?

Warum sollte er weiter vor einem Spiegel herumlungern, wenn er erkannt hat, was er erkennen wollte?

»Dann wollen wir mal hoffen, dass Gott sich nie erkennt.«

Da es keinen Unterschied zwischen dir und Gott gibt, gilt das auch für dich. Was also strebst du nach Selbsterkenntnis? Erleuchtung bedeutet nicht, alles zu kennen und alles zu wissen. Erleuchtung bedeutet, über alles zu staunen. Ein Meister hat erkannt, dass es nichts zu wissen gibt. Mit dieser Erkenntnis kommt das Staunen zurück. Wer alles kennt und alles weiß, kann nicht mehr staunen. Wer staunt, versteht nichts von den Dingen und hält deshalb auch nichts für selbstverständlich. Wer staunt, versteht nichts *vom* Leben, er vertieft sich *in* das Leben.

»Und wird damit zum wahren Insider«, bemerkte ich.

Wissen verführt auch dazu, sich Meinungen zu bilden. Wer zu jedem Thema etwas weiß, hat auch zu jedem Thema eine Meinung. Meinungen sind Standpunkte.

Wer mit dem Leben fließen will, darf nicht mehr versuchen, stehen zu bleiben. Wer am Horizont seines Bewusstseins die Einheit sehen kann, wird immer weniger zwischen

Richtig und Falsch, Gut und Böse unterscheiden. Alles hat seine Gültigkeit, nichts kann ohne das andere sein. Jeder Meister strahlt diese Gleich-Gültigkeit aus. Viele Freunde werden aus seinem Leben verschwinden. Sie können mit ihm nichts mehr anfangen: »Mit dir kann man nicht mehr diskutieren. Dir scheint alles egal zu sein …« Aber weit gefehlt: Sehr wohl interessiert er sich noch. Jedoch ist er Beobachter geworden, wo andere Partei geblieben sind. Kaum einer der alten Bekannten befindet sich unter den Schülern der großen Meister. Auch Jesus musste sich auf Wanderschaft begeben. Kein Prophet hat Geltung im eigenen Dorf.

Ein Meister befreit sich nach und nach von seinen Meinungen. Wie alte Kleider, die er nicht mehr braucht, streift er sie ab. Zum Schluss hat ein erleuchteter Meister nichts mehr zu sagen. Sie machen alle die gleichen Phasen durch: Die erste Phase ist die Suche. Die Suche nach einem Lehrer. Der Lehrer kann ein Mensch, ein Ereignis oder ein Buch sein. Der Lehrer kann ein Fluss, ein Berg, der Wind oder das Meer sein. Eines Tages ist die Suche abgeschlossen. Der Schüler verlässt den Lehrer. Er hat erkannt, dass ihm der Meister nichts mehr beibringen kann. Nun beginnt die zweite Phase: Er kann nur noch lernen, indem er lehrt. Er sucht sich Schüler und wird selbst zum Lehrer. Wenn er seine eigenen Botschaften begriffen hat, beginnt die dritte Phase: Er beginnt zu leben, was er zuvor gelehrt hat. An dieser Stelle setzt das Schweigen ein. Alle erleuchteten Meister haben zuletzt geschwiegen. Kurze Zeit später waren sie verschwunden. Was glaubst du, wie lange hat Jesus gelehrt und geheilt?

»Ein paar Jahre, nehme ich an«, sagte ich mehr fragend als bestimmt.

Zwischen dem Tag, als Jesus den Ersten von uns ansprach, und dem Tag, als er uns verließ, lagen weniger als drei Jahre. Vorher war er Zimmermann. Woher also nimmst du für dich den Anspruch, deinen Beruf nicht mehr ausüben zu wollen, weil du stattdessen heilen und lehren willst? Du kannst nicht die Leute nach deinen Seminaren wieder in ihren Alltag zurückschicken und bleibst selbst für den Rest deines Lebens im Meditationsraum sitzen.

»Das ist mir jetzt klar. Die Phase, in der ich aussteigen und ein Seminarzentrum gründen wollte, habe ich überwunden. Aber diese Phase haben viele, die einen vergleichbaren Weg wie ich gehen.«

Dagegen ist nichts einzuwenden. Die Zukunft ist unbekannt. Alles ist möglich. Also auch ein eigenes Seminarzentrum. Wer weiß? Doch kommt es nicht dadurch zu dir, indem du dem Alltag entfliehst. Die Menschen, die zu deinen Seminaren kommen sollen, findest du in deinem Alltag. Soviel ich weiß, war auch Marina bei der Polizei.

Marina, ja, meine liebe Marina. Ich erinnerte mich an unsere erste Begegnung. Eines Nachmittags saß ich an meinem dienstlichen Schreibtisch, als ein Angehöriger des SEK einer anderen Stadt anrief. Das war nichts Ungewöhnliches. Als Zielfahnder hatte ich öfters Kontakt zu den Jungs von Spezialeinsatzkommandos. Sie wurden immer dann gerufen, wenn eine Festnahme für den Otto Normalpolizisten zu gefährlich schien.

Ungewöhnlich aber war die Frage, die der Spezialagent mir stellte: »Spreche ich da mit dem Reiki-Meister Peter Dieckmann?«

Ich stutzte. Hatte er vielleicht den Lautsprecher seines Telefons angeschaltet?, dachte ich. Machen sich die Kollegen auf der anderen Seite der Leitung einen Jux daraus, einen esoterisch durchgeknallten Hauptkommissar anzurufen? Kennt man ja aus dem Radio, solche Scherzanrufe bei unbedarften Mitmenschen.

»Ja«, antwortete ich also vorsichtig.

»Gut«, sagte der harte Junge. »Eine liebe Freundin von mir, auch eine Polizistin, ist an Krebs erkrankt. Darf sie dich einmal treffen? Sie hat von Reiki gehört und ist auf der Suche nach einem Reiki-Meister.«

So kam Marina in mein Leben. Von ihr zu erzählen, würde den Rahmen dieses Buches sprengen. Vielleicht werde ich eines Tages ausführlicher darüber schreiben, was mir Marina bedeutet hat. Marina, du fehlst mir! Du hast mir gezeigt, wie man das Leben genießt. Du hast getan, wovon ich bisher nur gesprochen und geschrieben habe. Du hast mich an die Hand genommen und mir auf der Erde vieles gezeigt. Und ich weiß, wenn ich eines Tages sterbe, wirst du mich im Himmel wieder an die Hand nehmen und mir dort oben alles zeigen …

In weiter Ferne hörte ich JJ weitersprechen.

Marina hat dich gefunden, weil du an diesem Tag bei der Polizei deinen Job gemacht hast. Mit der Flucht aus deinem Beruf wärst du zugleich vor den Menschen geflohen, denen du Reiki und Meditation vermitteln kannst. Wenn der Zeitpunkt da ist, wird dein Ausstieg unvermeidlich sein. Dann ist es nur noch ein kleiner Schritt, eine Selbstverständlichkeit. Genauso selbstverständlich, wie du zur Tür hinausgehst, wenn du einen Raum verlässt. Damals war da keine Tür. Du wolltest durch die Wand.

Wenn du darauf fixiert bist, etwas erreichen zu wollen, was immer es auch sei, projizierst du ein Bild aus der Vergangenheit in die Zukunft. Du glaubst, das, was du dir wünschst, zu kennen. Du hast davon gehört, hast dir ein Bild davon gemacht. Glaubst, zu wissen, wie es ist, reich zu sein, wie es ist, erleuchtet zu sein. Zumindest glaubst du, zu wissen, dass es dir ein gutes Gefühl verschafft. Das Gleiche gilt für das, wovor du Angst hast, was du vermeiden möchtest. Du glaubst, zu wissen, dass es dir ein schlechtes Gefühl verschafft. Auch dabei hast du ein Bild aus der Vergangenheit und hoffst darauf, dass es dir in der Zukunft nicht begegnet.

Dir wurde in der Vergangenheit das Kommen des Messias vorhergesagt. Von da an machst du dir ein Bild von ihm. Stellst dir vor, wie er aussehen wird, wie er gekleidet ist, was er tun wird, um die Sünder zu bestrafen und die Gläubigen zu retten. Du beginnst, auf ihn zu warten. Und die ganze Zeit, in der du mit deinem Bild aus der Vergangenheit auf den Messias der Zukunft wartest, verpasst du den Augenblick.

Jesus lehrte uns, dass es nichts zu erreichen gibt, da alles immer da ist. Er zeigte auf die Vögel, die ihre Karriereplanung ziemlich vernachlässigen und dennoch immer genug zu essen haben. Er sagte, dass kein König der Welt jemals so schöne Kleider besitzen könnte wie jeder Vogel am Himmel.

»Damals war die Luftverschmutzung noch nicht so weit fortgeschritten«, merkte ich an.

Wenn du glaubst, etwas erreichen zu können, lebst du jetzt den Mangel. Du konzentrierst dich auf etwas, was du noch nicht hast, was nicht in deinem Blickfeld ist. Doch alles, was nicht in deinem Blickfeld ist, ist nur ein Bild in deinem Kopf. Dreh es um, konzentrier dich auf das, was da ist, was um dich herum ist. Der wahre Reichtum ist immer in deinem Blickfeld. Was ist immer da?

»Mein Körper, die Erde unter meinen Füßen, die Luft um mich herum.«

So ist es. Und genauso auch dein Atem, deine Gedanken, deine Gefühle. Sie sind immer da. Jede Meditationstechnik arbeitet mit dem, was da ist. Es gibt unzählige Atemtechniken, andere konzentrieren sich auf eine bestimmte Körperhaltung, wieder andere arbeiten mit einem Gedanken als Mantra. Und so weiter. Deshalb ist Meditation so wirkungsvoll. Sie gibt dir die Gegenwart zurück.

Alle um Jesus herum glaubten an ein Reich, was da kommen wird. Sie wollten es nicht verpassen. Sie wollten es erreichen. Jesus hingegen lebte total in der Gegenwart. Er lebte meditativ. Dadurch unterschied er sich von all den anderen. Der Meister lehrte uns, dass das Wesen des Menschen die Göttlichkeit ist. Deshalb kann den Menschen nichts weniger wahrhaft befriedigen. Jesus sagte: »Mein Reich ist nicht von dieser Welt.« Und dieses Reich ist immer in der Gegenwart. Nur in der Gegenwart kannst du Glück, Erfüllung, Freude finden. Solange du das Paradies in der Zukunft suchst, kommst du dort niemals an.

Selbstliebe – Selbstbewusstsein

Das selbstsichere Auftreten eines Menschen wird oft mit seinem Selbstbewusstsein verwechselt. Manchmal sind es gerade die Unbewusstesten unter uns Irdischen, die selbstsicher auftreten. Man könnte sogar sagen, dass Unbewusstheit die Voraussetzung für selbstsicheres Auftreten ist. Ein »bewusster« Mensch hat sich irgendwann einmal die Frage gestellt, wer er eigentlich ist. Die Unbewussten haben sich noch nicht in*frage gestellt* und sind sicher, wer sie sind.

Diese Sicherheit geht gerade zu Beginn der spirituellen Karriere verloren. Auf dem Weg, sich selbst bewusst zu werden, erkennt man zunächst einmal, wer man alles *nicht* ist. Lange Zeit habe ich geglaubt, ich sei der Polizist. Die anderen Menschen waren entweder Kollegen, Geschädigte, Zeugen oder Täter. Ich war mir selbst und meiner Sache sicher. Mein Weltbild hatte einen festen Rahmen. Dementsprechend trat ich auf. Als ich erkannte, dass ich mehr war als der Polizist, wurde ich unsicher. Schließlich wusste ich nicht, wer oder was dieses »mehr« sein könnte.

Wahrhaft selbstbewusste Menschen sind liebende Menschen. Sie haben ihre Selbstbilder abgelegt und sich getraut, einen Blick hinter die Maske zu werfen. Dabei lernten sie mehr und mehr ihr wahres Selbst kennen und lieben. Diese

Liebe strahlt auf andere aus. Und das kann man von vielen Polizisten nun wirklich nicht behaupten …

Der erste Schritt zur Selbstliebe ist die Beobachtung meiner selbst. Der zweite Schritt ist die Achtung meiner selbst. Beides gehört zusammen. Das Wort »achten« ist in dem Wort »beobachten« enthalten. Indem ich darauf achte, wie ich über mich denke, wie ich über mich selbst spreche und wie ich mich behandle, werde ich mir selbst gegenüber aufmerksamer. Ich werde meiner *selbst bewusst*. Ich achte, was ich möchte, und sage es auch so. Ich führe keine Rechtfertigungsargumente für meine Absichten ins Feld. Ich sage: »Ich möchte …« Und: »Ich möchte nicht …« So offenbare ich meine Bedürfnisse mir selbst und anderen gegenüber.

Ein Beispiel: Ich werde von einem Zeitgenossen zum Tee eingeladen. Er hat zwei alte Katzen. Sie sind nierenkrank oder wie auch immer, auf jeden Fall riecht es in seiner Wohnung so komisch nach alten Katzen. Mit anderen Worten: Ich möchte da nicht hin.

Ich habe nichts gegen den Menschen selbst, er ist ganz nett, aber in seiner Wohnung fühle ich mich nicht wohl. Die bequeme Lösung wäre nun die Behauptung, ich hätte keine Zeit. Ich müsste meinem Bruder beim Umzug helfen oder so. Der Mensch sagt dann, es sei schade, aber aufgeschoben sei schließlich nicht aufgehoben.

Einige Zeit später lädt er mich erneut zu sich nach Hause ein. Er hat sich vielleicht einen tollen Wandschrank gekauft: »Den musst du unbedingt mal sehen.« Mein Kopf rotiert auf der Suche nach der nächsten Ausrede.

Ausreden darf man nicht lieblos erfinden, man muss sich schon ein wenig Mühe geben, schließlich dürfen sie nicht als Ausreden erkannt werden. Doch irgendwann wird es richtig eng. Je öfter ich absage, desto klarer wird dem Menschen, dass ich ihn nicht besuchen möchte. Wenn er offener ist als ich, wird er mich fragen, warum ich ihm nicht einfach sagen würde, dass ich nicht in sein Haus kommen möchte. Und wenn er nicht nur offen, sondern auch noch freundlich ist, zeigt er mir ein Bild von seinem tollen Wandschrank.

Das Aussprechen dessen, was wir wirklich möchten und nicht möchten, ist das Leben der eigenen Wahrheit. Es geht nicht darum, den Menschen zu verletzen, ihm zu sagen, er hätte eine stinkende Katze. Aber ich kann sagen, dass ich mich gern mit ihm treffen möchte (falls es stimmt), aber eben lieber außerhalb seiner Wohnung. Wenn er fragt, was mir denn an seiner Wohnung nicht passt, kann ich darauf eingehen oder nicht. Man kann Wahrheiten auch sanft vermitteln. Und wenn er es mir dennoch übel nehmen sollte – nun denn …

Im Umgang mit Kindern, vor allen mit seinen eigenen, wird es schwieriger. Die Bedürfnisse der Eltern sind oft andere als die der Kinder. Die Mutter möchte sich mit ihrer Freundin in Ruhe unterhalten. Das Kind will toben.

Prägung im negativen Sinn wäre der Satz: »Wenn sich Erwachsene unterhalten, haben Kinder still zu sein.« Die Prägung im positiven Sinn wäre der deutliche Ausdruck der Mutter: »Ich möchte das nicht.« Damit übernimmt sie die Verantwortung, schiebt es nicht auf irgendeine Regel, die irgendwer mal irgendwann erlassen hat. So lernt auch das Kind, Verantwortung für die eigenen Absichten zu übernehmen. Es lernt, zu sagen, was es möchte. Es lernt, dass es keine Angst haben muss, seine Gefühle zum Ausdruck zu bringen. Das ist Anleitung zur Selbstliebe. Und wenn die Mutter sich durchsetzt, lernt auch das Kind, sich durchzusetzen.

Anleitung zur Selbstliebe ist keine Bankrotterklärung für Eltern. Sie hat auch nichts mit antiautoritärer Erziehung zu tun. In der Phase der so genannten antiautoritären Erziehung haben die Eltern ihre eigenen Bedürfnisse total verleugnet. Und damit richteten sie genauso viel Unheil an wie prinzipiell autoritär erziehende Eltern. Es macht keinen Unterschied, aus welcher Einstellung heraus man Kindern beibringt, dass Bedürfnisse keine Bedeutung haben.

Das Kind ist auf Führung und Begleitung angewiesen. Wir sind die Lehrer unserer Kinder. Leben wir die Achtung vor uns selbst, lernen es die Kinder auch.

JJ über Marta, Maria und die Liebe

Wenn du dir vornimmst, jemanden zu lieben, wirst du an diesem Anspruch scheitern. Entweder spürst du den Strom der Liebe in dir oder nicht. Du kannst es nicht erzwingen. Wenn du die Liebe in dir spürst, strahlst du sie aus. Dann sagst du: »Ich liebe dich.« Genauer wäre die Aussage: »Wenn ich an dich denke, fühle ich Liebe in mir.«

Der andere ist nicht Adressat deiner Liebe, er ist vielmehr der Schlüssel zu dem Tor, hinter dem sich dein Gefühl der Liebe verbirgt. Wer versucht, Liebe von anderen zu erhalten, wird sie nicht in sich spüren. Die Liebe eines anderen kann keiner in sich spüren. Jeder kann nur seine eigene Liebe spüren. Das Paradox des Lebens und der Liebe ist, dass nur der bekommt, der gibt. Wer auf das Nehmen aus ist, geht letztendlich leer aus.

»Das zu begreifen, ist die einzige Heilungschance für eifersüchtige Liebhaber«, bemerkte ich.

»Geben ist seliger als Nehmen«, fügte ich einen Spruch hinzu, den ich mal auf einem gehäkelten Topflappen gelesen hatte.

Ein weises Sprichwort.

Ich wusste nicht, dass JJ auch Topflappen liest, dachte ich.

»Es klingt so einfach.«

Es ist so einfach.

»Aber kaum einer macht es.«

Kaum einer glaubt es. Dabei könnten die Menschen von ihrem Atem lernen. Ein- und ausatmen ist der Kreislauf der Lebensenergie im Körper. Durch das Einatmen gelangt die Lebensenergie in den Körper hinein, mit dem Ausatmen gibt der Körper die Lebensenergie an die Aura zurück. Dann kann er wieder einatmen. Du kannst nur einatmen, wenn du zuvor ausgeatmet hast. Ein Baby atmet als Erstes ein. Jetzt stell dir vor, es würde dann, anstatt auszuatmen, noch einmal einatmen wollen. Es liefe Gefahr, zu ersticken. Und doch haben die Menschen Angst vor dem Ausatmen. Sieh mal: Dass die meisten Menschen oberflächlich atmen, liegt daran, dass sie Angst vor dem Ausatmen haben. Sie wollen die Lebensenergie behalten, wollen nichts davon verlieren.

»Nur ausatmen ist aber auch nicht gerade gesund. Soviel ich weiß, sind die Tage eines Menschen, der nur ausatmet, ebenfalls gezählt.«

Nach dem Ausatmen kommt das Einatmen von allein. Die Lunge ist wieder leer. Erst jetzt kann sie erneut gefüllt werden. Es ist ein Kreislauf, der sich nicht stoppen lässt. Versuch einmal, nach dem Ausatmen nicht mehr einzuatmen. Es wird dir nicht gelingen. Irgendwann atmest du automatisch wieder ein.

»Mit einem passenden Hilfsmittel könnte es klappen. Ich habe schon Menschen gesehen, denen es mit einem Seil gelungen ist«, öffnete ich mein kriminalistisches Schatzkästchen.

JJ ging nicht weiter darauf ein. Ich glaube, er sieht sich noch nicht einmal Krimis im Fernsehen an, dachte ich.

Das Leben gibt dir so viel, wie du bereit bist zu geben. Denn letztlich gibt es zwischen euch beiden keinen Unterschied. Du musst viel ausatmen, um viel einatmen zu können.

Mach einmal folgende Übung: Setz dich still hin und achte auf deinen Atem. Konzentriere dich zunächst auf das Einatmen. Nach einigen Minuten drehst du es um. Ab dann konzentrierst du dich auf dein Ausatmen. Du wirst feststellen, dass der zweite Teil leichter ist. Es ist leichter, weil du die Lebensenergie in der natürlichen, der gebenden, der kreativen Richtung durch dich fließen lässt. Das Leben ist ein kreativer Prozess, es freut sich, wenn ihm die Existenz gestattet wird. Das Leben will sich durch dich ja ausdrücken. Also mach dem Leben das Leben nicht schwer. Zwing die Energie nicht in die umgekehrte, die nehmende Richtung. Doch ist es genau das, was die meisten Menschen tun. Es gelingt ihnen auch, ist allerdings sehr mühsam und auf die Dauer schädlich.

»Viele Menschen haben aber das Gefühl, immer nur zu geben. Sie sagen: ›Ständig gebe ich nur, aber an mich denkt kein Mensch. Ich werde ausgenutzt.‹«

Weil sie auf das Bekommen aus sind. Sie tun etwas, um Liebe, Aufmerksamkeit, Dank, Geborgenheit, was auch immer zu bekommen. Ihre Konzentration ist nehmend und somit ihre Erfahrung auch. Sie versuchen, zu nehmen, und fühlen dabei, dass ihnen etwas genommen wird. Würden sie nur auf das Geben achten, erführen sie auch Gaben. Alles zeigt sich immer auf der aktiven und passiven Seite zugleich. Kennst du die Geschichte von Marta und Maria?

»Ich kenne die Geschichte von Maria und Joseph.«

Bei dem von dir angesprochenen und zugegebenermaßen sehr bekannten Ehepaar handelt es sich um die leiblichen Eltern des Meisters.

Übrigens tatsächlich: Der Heilige Geist erfüllte den männlichen Teil seines Auftrags durch den Körper von Joseph. Auch die Mutter habe ich nie was anderes behaupten hören. Die Maria, von der ich jetzt rede, ist Maria Magdalena, eine von den weiblichen Jüngern um Jesus. Es ist in Vergessenheit geraten, aber Jesus hatte weitaus mehr Jünger als nur die besagten zwölf. Viele Frauen waren darunter. Die zwölf waren so etwas wie der innere Zirkel, und die Zahl schwankte. Es waren mal mehr und mal weniger. Viele Symbole sind eingearbeitet in die Geschichten von früher. Die zwölf stehen für die zwölf Stämme Israels. Man hat sich später alle Mühe gegeben, die Juden davon zu überzeugen, dass Jesus doch der Messias war.

»Mit mäßigem Erfolg«, warf ich ein.

Zu dem inneren Kreis zählte Maria. Sie war die Freundin des Meisters, und viele von uns Männern waren deshalb eifersüchtig auf sie.

Jesus kehrte in das Haus der Schwestern ein. Maria setzte sich zu ihm und hörte seinen Worten zu. Marta schwirrte immer um sie herum, deckte den Tisch, räumte wieder ab, fragte nach, ob alle zufrieden wären, und so weiter. Dabei hatte sie ständig das Gefühl, ausgenutzt zu werden, ärgerte sich über ihre Schwester, die ihr nicht half. Und statt dass Jesus nun Maria auffordert, ihrer Schwester zur Hand zu gehen, sagt er Marta, sie solle sich ein Beispiel an Maria nehmen. Diese habe sich den besseren Teil von ihm genommen.

Maria hat Jesus ihre Aufmerksamkeit gegeben, hat ihm Gelegenheit gegeben, zu sprechen. Marta wollte Anerkennung, Aufmerksamkeit haben. Maria hat gegeben, Marta hat versucht, zu nehmen. Maria erfuhr die gebende, meditative Energierichtung, Marta erlebte die umgekehrte. Marta ist ein Beispiel für die Menschen, die glauben, nützlich sein zu müssen, um geliebt und geachtet zu werden.

»Aber es war doch lieb von ihr, den Besuch zu bewirten. Was ist Schlechtes daran? Außerdem, was hätte sich Maria abgebrochen, wenn sie geholfen hätte?«

Maria hat aus ihrem Bedürfnis gehandelt. Sie hatte das Bedürfnis, die Worte des Meisters in sich aufzunehmen. Marta hingegen handelte aus Verpflichtung. Sie hat etwas getan, von dem sie glaubte, es tun zu müssen. Sie befolgte eine Regel, die da lautet: »Besuch wird bewirtet.« An Bewirtung selbst ist nichts Schlechtes. Es ist sogar sehr schön. Doch alles zu seiner Zeit. Jesus war ein sehr meditativer Mensch. Wenn er aß, dann aß er, wenn er trank, dann trank er, wenn er tanzte, dann tanzte er. In diesem Fall sprach er. Marta merkte nicht, dass ihr Herumgewusel zu diesem Zeitpunkt störend war. Essen und Trinken hätte auch nach dem Vortrag des Meisters stattfinden können. Und möglicherweise wäre es zu diesem Zeitpunkt das Bedürfnis von Maria gewesen, den Tisch zu decken und die anderen zu bedienen. Dieses Bedürfnis wäre dann ehrlich, es wäre rein gewesen.

Wenn du etwas nur aus einem Gefühl der Verpflichtung heraus tust, handelst du nicht ehrlich. Du machst, was du eigentlich nicht machen willst. Damit belügst du dich selbst.

Die Menschen sind auf der Suche nach Liebe. Im Laufe der Zeit ändert sich nur der Begriff. Dann wird die Liebe »Anerkennung«, »Geltung« oder »Prestige« genannt.

Es fängt bereits im Säuglingsalter an. Ein Baby ist auf die Liebe der Eltern angewiesen. Es lernt: Wenn ich lächle, dann lächelt die Mutter. Wenn ich weine, dann tröstet mich die Mutter. So entsteht der Glaube, etwas tun zu müssen, um Liebe zu erfahren. Es ist die Programmierung auf das Suchen. Kein Erwachsener bringt dem Kind bei, sich selbst zu lieben. Das wäre eine Programmierung auf das Finden. Ein Mensch, der nur gelernt hat, zu suchen, kann nichts anderes tun. Niemand hat ihm beigebracht, wie man findet. Alle haben nur erklärt, wie man sucht.

»Es ist doch schön, wenn eine Mutter ihr weinendes Kind tröstet. Es gibt viele Beispiele von Kindern, die keine Liebe erfahren haben und deshalb später auf die schiefe Bahn geraten sind.«

Diese Kinder haben ein noch größeres Defizit. Sie suchen noch energischer, weil sie die Liebe nie erfahren haben. Lob und Tadel sind Formen der Zuwendung. Wer allzu lange unter einem Mangel an Zuwendung leidet, dem ist es eines Tages egal, in welcher Form er sie erhält. Ein Kind von liebevollen Eltern hat Liebe erfahren. Es weiß, wonach es sucht.

Ich möchte dir nur erklären, dass jede Seele vom ersten Tag ihrer Inkarnation auf der Erde mit dem Thema der Liebe konfrontiert wird. Es ist sozusagen die Grundlektion, die alle hier lernen wollen und lernen können. Ich habe dir mit dem Beispiel gesagt, wie es anfängt.

Für die Eltern ist es ganz nützlich, dass das Kind glaubt, Vorleistungen für den Erhalt der Liebe bringen zu müssen. Liebe und Liebesentzug werden als Mittel der Erziehung eingesetzt. Es ist keine böse Absicht: Die Eltern wissen es selbst nicht besser. Auch sie haben es nicht anders erfahren. Sie leben selbst in dem Glauben, immer nützlich sein zu müssen, immer Voraussetzungen erfüllen zu müssen, um Liebe und Anerkennung erfahren zu können.

Und ab und an kommen große Lehrer auf die Erde, die den Menschen dabei helfen, die Lektion zu lernen. Einer von ihnen war der Meister, den ich vor zweitausend Jahren im Nahen Osten kennen gelernt habe. Wie du mir vorhin sagtest, kennst du die Vornamen seiner Eltern.

»Ich kenne sogar den Vornamen seines Bruders. Jakobus hieß er.«

Stimmt. Jakobus war ein weiser Mensch. Er hatte den Mut, seinem Bruder zu folgen. Normalerweise gelten die Meister in der eigenen Familie nicht viel. Der Prophet findet im eigenen Dorf keinen vernünftigen Zuhörer. Deshalb müssen sie alle reisen.

Als Jesus damals sagte: »Liebet euren Nächsten«, haben wir ihn gefragt, wie wir das denn anstellen sollten. Schließlich ist es nicht immer einfach, den Nächsten zu lieben. Ich kann dir versichern, auch damals liefen Typen herum, mit denen du heutzutage selbst mit deiner Dienstwaffe in der Hand nicht unbedingt Streit anfangen würdest.

Auf unsere Frage antwortete der Meister: »Liebe deinen

Nächsten wie dich selbst. Liebt euch selbst, dann kommt die Nächstenliebe von ganz allein.« Auch damit konnten wir nicht viel anfangen. Es ist nicht immer einfach, sich selbst zu lieben. Deshalb fragten wir weiter, wie wir es denn schaffen könnten, uns selbst zu lieben. Darauf sagte er: »Liebe deinen Nächsten. Sucht euch jemanden, dem ihr Liebe schenken möchtet. Dann fließt sie wieder in euch.«

»Wenn ein Mensch einsam ist, hilft oft die Anschaffung eines Tiers. Manche Ärzte verordnen depressiven Menschen ein Haustier als Therapie. In Altenheimen, in denen Tiere herumlaufen, sind die Bewohner besser drauf als in den tierfreien Einrichtungen. Zu diesem Thema ist mal eine Studie vorgelegt worden«, ließ ich meine Allgemeinbildung heraushängen.

Nächstenliebe ist eine Technik der Selbstliebe. Es gibt nur eine Liebe. Sie lässt sich nicht unterscheiden in Liebe zu mir selbst oder Liebe zu jemand anderem. Selbstliebe und Nächstenliebe sind ein und dasselbe. Das hat uns der Meister damals beigebracht. Und das wurde ihm angekreidet. Man darf zwar Gott lieben, aber doch nicht sich selbst. Man darf seine Kinder lieben, aber doch nicht sich selbst. Und da kommt einer her, der predigt: »Liebt euch selbst.« Das war damals ein Skandal. Auch heute stößt man damit oft auf Unverständnis.

»Es wird von vielen ›Egoismus‹ genannt.«

Egoismus ist etwas anderes als Selbstliebe. Das Ego ist ein Selbstbild. Selbstbilder sind Rollen, mit denen sich die Menschen identifizieren. Sie identifizieren sich mit einem Arbeiter, mit einem Politiker, manche halten sich für arme Schlucker. Sie haben von sich ein Bild gemacht und halten sich daran.

Aber das Selbstbild ist nicht das wahre Selbst. Das Selbst ist immer größer als das Bild, das man von sich hat. Deshalb ist die Liebe zu seinem Selbst immer größer als die Liebe zu seinem Ego. Das Ego ist die Maske vor dem Selbst. Der freundliche Kollege, der im Beruf seinen Ellenbogen einsetzt, um auf der Karriereleiter höher zu steigen, handelt nicht aus Liebe zu sich selbst, sondern versucht, seinem Bild von sich bestmöglich zu entsprechen. Wenn er ein Bild von sich als Abteilungsleiter hat, wird er alles tun, um Abteilungsleiter zu werden. Das, was er dafür tut, wird von den anderen als egoistisches Handeln empfunden.

Versteh mich nicht falsch: Es ist nichts Schlechtes daran, Abteilungsleiter zu werden. Wenn das Selbst aber andere Pläne hat, kann es einen Akt der Selbstliebe bedeuten, sich das Bild vom Abteilungsleiter im wahrsten Sinne des Wortes abzuschminken. Egoismus ist das Aufpolieren der Maske, die schöner glänzen will als andere Masken.

Egoismus bezieht sich auf andere. Es muss einen geben, der sich benachteiligt fühlt. Egoistisch kannst du nur sein, wenn du dich auf eines deiner Selbstbilder beschränkst. Das Selbstbild steht immer in Beziehung zu anderen. Du bist Sohn und Tochter nur in Beziehung zu deinen Eltern, du bist Vater und Mutter nur in Beziehung zu deinen Kindern, du bist Ausübender deines Berufs nur in Beziehung zu den Menschen, mit denen du beruflich zu tun hast. Aber all das bist du nicht. Du bist nur eines: ein *Ich*. Und damit bist du alles und nichts zugleich. Selbstliebe ist immer die Liebe zu dem ganzen Selbst. Liebende Menschen wirken nicht abstoßend auf andere, sondern anziehend. In der Aura eines solchen Menschen fühlst du dich wohl.

Ich gebe dir ein weiteres Beispiel: Es ist die Geschichte von einer Mutter und ihrer erwachsenen Tochter. Die Mutter wohnt allein in einer anderen Stadt. Die Tochter besucht sie jeden Samstag. An einem Samstag nun hat die Tochter den Drang, den Tag mit sich allein zu verbringen, etwas für sich zu tun. Ein wenig shoppen gehen, vielleicht ins Kino. Wer weiß, was kommt? Doch sie erlaubt es sich nicht. Sie glaubt, es nicht zu dürfen, und fährt wie jede Woche zu ihrer Mutter. In diesem ersten Akt des Dramas agieren zwei Rollen miteinander: die Rolle der Mutter mit der Regieanweisung »Erwartung« und die Rolle der Tochter mit der Regieanweisung »Verpflichtung«.

Im zweiten Akt des Dramas gehen beide im Park spazieren. Plötzlich rutscht die alte Dame aus und droht zu fallen. Die Tochter ist sofort helfend zur Stelle. Es ist ihr ein Bedürfnis. Diesmal erlaubt sie sich, zu tun, was sie möchte: Sie will helfen. In diesem Moment wird das Bühnenstück gegen die Wirklichkeit ausgetauscht. Das Rollenskript aus dem ersten Akt hat keine Bedeutung mehr. Die Rollen sind vergessen. Es begegnen sich zwei Menschen.

»Ein schönes Gleichnis«, lobte ich. »Aber ein Detail hast du vergessen zu erzählen.«

Welches?

»Das große Plakat im Park hast du nicht erwähnt. Darauf stand das Gebot ›Immer schön der Mama helfen‹.«

Das heißt anders: »Du sollst Vater und Mutter ehren.«

»Das ist die alte Fassung«, sagte ich.

Gut gemeinte Lügen

Du hast als Kind den Menschen geglaubt, die dir sagten,
dass man für sich nicht Liebe, sondern nur Stolz empfinden darf.

Du hast als Kind den Menschen geglaubt, die dir sagten,
dass Liebe gleichbedeutend mit Anerkennung von Leistung ist
und nur geliebt wird, wer sich zuvor als liebenswert erwiesen hat.

Und weil du gelernt hast, dass man Liebe nur anderen geben darf,
warst du auf der Suche nach denen, die sie dir zurückgeben würden.

Du hast als Kind den Menschen geglaubt, die dir sagten,
dass du deinem Herzen nicht vertrauen kannst,
weil du ohne Maßstäbe, Kriterien und Prinzipien keine Chance im Leben hättest.

Du hast als Kind den Menschen geglaubt, die dir sagten,
dass dein Innerstes nur Böses ausspuckt, wenn man es nicht mit Geboten im Zaume hält.

Und deshalb hast du dir ein paar Gebote ausgesucht,
einige herausgenommen aus dem Korb der Maßstäbe, den man dir damals vorgesetzt hat.

Du hast sie unter den Pullover geschoben, wolltest deinen Rücken stärken mit diesen festen Stäben und langen Stangen, die dich so prächtig in gerader Haltung gehen, dich aufrecht stehen lassen.

Und dann hast du dich auf den Weg begeben, einer dieser Konsequenten zu werden,
einer dieser »Es-geht-mir-nur-um-die-Gerechtigkeit«-Erzähler.

Einer von denen, die sich so trefflich ärgern können
über andere Menschen,
die nicht denken wie sie selbst.
Einer von denen, die sich Gedanken machen über
all die Ungerechtigkeit in der Welt.

Und plötzlich wunderst du dich, dass du so schlecht
sitzen, so selten entspannen,
bequem liegen, einfach mal ruhen kannst mit diesen
Stangen in deinem Rücken.

Jetzt wird es Zeit, deinen wahren Autoritäten zu
glauben.
Deiner inneren Stimme, deinem Gefühl, das dich
nie verlässt.
Beginne, Vertrauen zu dir selbst zu entwickeln.

Lerne von deinem Atem, dem du bislang vertrauen
konntest,
auch ohne dass du ihn ständig kontrollieren
musstest.
Und je mehr du in Vertrauen zu deinem Atem
lebst,
desto mehr Vertrauen entwickelst du zu dir
selbst.

Beobachte, wie du dich veränderst, wie du dich
entwickelst, woran du wächst.
Fang an, dich selbst zu leben, hör auf, es in den
Augen der anderen zu tun.

Befreie deinen Rücken von den Stangen.
Wirf die Maßstäbe zurück in den Korb und stell ihn
so weit weg,
dass deine Kinder ihn nicht erreichen.

JJ und das Übel der Verpflichtung

Das Leben ist ein Geschenk. Daran sind keine Forderungen gebunden, sonst wäre es kein Geschenk, sondern ein Handel. Ich gebe dir, und du gibst mir. Ein Geschenk ist auch keine Leihgabe. Gott hat dir nicht seinen Hund gegeben und gesagt: »Pass während meines Urlaubs schön auf ihn auf.« Wenn überhaupt, hat er dir den Hund geschenkt. Und mit einem Geschenk kannst du machen, was du willst. Es steht dir frei, damit zu tun, was immer du möchtest. Du bist an keine Verträge gebunden. Hast dich zu nichts verpflichtet.

»Ich bitte dich, Gott schenkt mir seinen Hund, und ich lass ihn verhungern. Wenn ich schon keine Verpflichtung gegenüber dem Schenkenden habe, dann aber verdammt nochmal gegenüber dem Geschenk. Vor allem dann, wenn es ein lebendiges Wesen ist. Und soviel ich weiß, trifft das auf die meisten Hunde zu, die nicht gerade ausgestopft sind.«

Du hast es erfasst. Der Hund steht in diesem Beispiel für dein Leben. Wenn du dich deinem Leben gegenüber verpflichtet fühlst, wunderbar. Dann gibst du dir Nahrung, Liebe, Freiheit …

»Sorge für ausreichend Auslauf, bürste mein Fell …«

Du bist freundlich zu dir selbst, kümmerst dich um dein Wohlergehen, bist sanft zu dir.

»Das volle Selbstliebeprogramm.«

Richtig. Selbstliebe führt zu Selbstbewusstsein. Dem entgegen steht das Pflichtbewusstsein.

Selbstbewusstsein ist nach innen gerichtet, Pflichtbewusstsein richtet sich nach außen. Im Pflichtbewusstsein bist du nicht frei. Du hast dich verpflichtet, hast dich an etwas außerhalb von dir gebunden. Um in dem Gleichnis zu bleiben: Der Hund ist an einen Pfeiler gebunden. Der Pfeiler steht für einen Wert, eine Religion, eine Organisation, was auch immer.

»Ein blödes Gleichnis.«

Ich weiß, Jesus hatte bessere. Aber ich übe ja noch.

»Dafür hast du in anderen Dingen gute Noten: Gleichnisse erfinden: ›mangelhaft‹. Randalieren im Tempel: ›sehr gut‹. Und unter ›Bemerkungen‹: ›Der Jünger hat ein ungepflegtes Erscheinungsbild und neigt dazu, römischen Streitkräften die Ohren abzusemmeln.‹

Aber gibt es nicht Unterschiede bei den Pfeilern? Kommt es nicht darauf an, an welchen Pfeiler man sich bindet? Schließlich gibt es Dinge, für die es sich zu kämpfen lohnt, Werte, für die man sehr wohl eintreten sollte im Leben. Ich kann mich doch einer Organisation anschließen, die sich für die Umwelt einsetzt und gegen die Ausrottung der Tierwelt kämpft, die sich für das Leben und die Liebe einsetzt und gegen die Todesstrafe kämpft. Es ist doch etwas anderes, ob ich mich dem Frieden oder dem Krieg verpflichtet fühle. Ihr habt euch doch damals auch für die Schwachen eingesetzt und Stellung bezogen gegen die vermeintlich Starken, die immer als Erste die Steine warfen. Ihr habt doch auch die Liebe gepredigt und euer Leben mit der Botschaft des Christus verbunden.«

Genau das haben wir getan. Und sieh einmal, was daraus geworden ist: Kreuzzüge, Hexenverbrennung, Zwangsmissionierung bis hin zum Holocaust.

»Das sind doch Auswüchse. Dinge, die passieren, wenn man es übertreibt. Extremisten gibt es immer. Aber viele Menschen finden sehr wohl das rechte Maß. Man kann doch nicht gute Taten verteufeln, nur weil es einige gibt, die über das Ziel hinausschießen.«

Wenn du in dir den Drang verspürst, dich für irgendetwas einzusetzen, dann musst du es tun. Wenn du es nicht tust, wirst du krank. Doch der Drang kommt aus dir heraus, er wird dir nicht von außen vorgegeben. Du orientierst dich an dir selbst. Und damit bleibst du frei.

Das Übel liegt nicht in dem Wert, das Übel liegt immer in dem Glauben, man sei diesem Wert verpflichtet. Dieser Glaube allein züchtet die Extremisten, die Fundamentalisten. Zeig mir einen Fundamentalisten, der predigt, man solle immer seinen Bedürfnissen entsprechend handeln. Du wirst keinen finden. Sie predigen immer eine absolute Wahrheit, die keine andere neben sich duldet. Eine Wahrheit, der man verpflichtet ist. Viele fühlen sich einem Gott verpflichtet und glauben, für diesen Gott den Teufel bekämpfen zu müssen. Und plötzlich bist du in ihren Augen der Teufel, weil du Amerikaner bist, weil du Afghane bist, weil du Jude bist. Die Kriterien, die den Teufel ausmachen, sind genauso viele wie die Kriterien, die auf der anderen Seite Gott ausmachen. Sobald der Glaube an die Pflicht hinzukommt, wird es gefährlich.

Wenn du glaubst, das Leben sei ein Kampf, wird es dich bekämpfen; glaubst du aber, das Leben sei ein Geschenk …

»… wird es mich beschenken«, vollendete ich.

So ist es. Du hast verstanden.

Selbstliebe – Nächstenliebe

Selbstliebe ist, wenn du in deinen Augen
die Schönheit des Lebens erkennen kannst.

Selbstliebe ist, wenn du in deinen Augen
die Ewigkeit erkennen kannst.

Selbstliebe ist, wenn du in deinen Augen
deine Einzigartigkeit erkennen kannst.

Selbstliebe ist, wenn du dich in deinen Augen
so akzeptieren kannst, wie du bist.

Selbstliebe ist, wenn du in deinen Augen
Hoffnung erkennen kannst.

Selbstliebe ist, wenn du in deinen Augen
Sanftheit erkennen kannst.

Selbstliebe ist, wenn du in deinen Augen
Freude erkennen kannst.

Selbstliebe ist, wenn du in deinen Augen
Mitgefühl erkennen kannst.

Selbstliebe ist, wenn du in deinen Augen
das Göttliche erkennen kannst.

Nächstenliebe ist, wenn du in den Augen
eines anderen dich selbst erkennen kannst.

Glaubenssätze

Es gibt befreiende und einschränkende Glaubenssätze. Befreiende Glaubenssätze sind: »Ich will…«, »Ich kann…«, »Ich darf…« Das Wort dahinter spielt keine Rolle. Ich darf alles wollen, ich darf alles können, und ich darf alles dürfen. Was auch immer. Ich unterliege keinen Einschränkungen, bin lebendig und beweglich. Ich kann mich in alle Richtungen entwickeln und erlaube mir, mich zu verändern.

Einschränkende Glaubenssätze sind: »Ich kann nicht…«, »Ich darf nicht…«, »Ich muss…« Sie sind die Waffen in meinem Kampf gegen mich selbst. Mit »Ich kann nicht…« kämpfe ich gegen meine Kreativität.

Wenn jede Idee mit einem »Ich-kann-nicht«-Glaubenssatz blockiert worden wäre, hätte sich die Menschheit nicht weiterentwickeln können. So haben Menschen, die von dem Drang, zu fliegen, beseelt waren, die Flugmaschinen erfunden. Hätten sie wie jeder andere vernünftige Mensch auch die Worte »Ich kann nicht fliegen« für eine Tatsache gehalten, wäre uns die Plage der Düsenjets über der Nordsee erspart geblieben.

Mit »Ich darf nicht…« kämpfe ich gegen meine Freude, und mit »Ich muss…« kämpfe ich für das, was ich gar nicht will. Der Anspruch an mich, alle zu mögen, immer gelassen zu sein und so weiter, ist der Kampf des »Ich muss …« gegen mein Gefühl.

… Da gibt der Peter Dieckmann Kurse mit dem tollen Titel »Inneres Gleichgewicht durch Meditation« und regt sich jetzt über den notorischen Linksfahrer auf der Autobahn auf! Man stelle sich vor, der Knabe ist Reiki-Lehrer, hat auf seiner Homepage die Worte »Leben, Liebe, Licht« als Schlagzeile stehen und beschimpft diesen armen ängstlichen Rentner, der nun wirklich mit seinem Daimler nicht schneller als vierzig fahren kann …

»Ich *muss* jeden mögen« ist ein einschränkender Glaubenssatz. »Ich *darf* fluchen« ein befreiender.

Wir brauchen keine Angst davor zu haben, dass wir von heute auf morgen den Drang in uns spüren, Menschen zu töten. Vielleicht haben wir es in einem vergangenen Leben getan, wer weiß? Ein Mensch jedoch, der in sich den Drang verspürt, wird es tun, egal, ob es ihm jemand verbietet oder nicht.

Damit will ich kein Plädoyer gegen Gesetze halten. Gesetze sorgen dafür, dass ein Mensch vor seinen Handlungen nicht weglaufen kann. Der Täter wird zur Verantwortung gezogen. Das Gesetz konfrontiert ihn mit seiner Tat. Er lernt auf diesem Wege, dass seine Handlungen auch Konsequenzen für ihn selbst haben. Der Umgang mit Gesetzen gehört zu den Lernerfahrungen der hier und jetzt inkarnierten Seelen.

Auch dabei gilt: Ich darf Gesetze erlassen. Ich kann gegen Gesetze verstoßen. Gesetze bestimmen nur die Konsequenzen, die auf Taten folgen, sie bestimmen nicht die Tat selbst. Gesetze verhindern Taten nicht.

Die kriminologischen Untersuchungen zeigen, dass sich nur die wenigsten Menschen aus Angst vor einer Strafe von dem abhalten lassen, was sie tun wollen. Das Konzept der Abschreckung funktioniert nicht. So haben Staaten mit Todesstrafe eine höhere Quote an Gewaltdelikten zu verzeichnen als solche, in denen sie abgeschafft wurde.

Strafen mit Endgültigkeit rauben einem Menschen jegliche Perspektive. Ein Mensch ohne Perspektive hat nichts mehr zu verlieren. In Deutschland kann sich ein Ladendieb, der von der Verkäuferin ertappt wird, der Polizei ausliefern lassen. Die Konsequenz ist eine unangenehme Strafe, die aber in absehbarer Zeit überstanden sein wird. Der gleiche Täter in einer Gesellschaft, die Ladendiebstahl mit zwanzig Jahren Haft bestraft, neigt dazu, sich mit allen Mitteln der Festnahme zu entziehen. Falls er zuvor von der Verkäuferin erkannt worden ist, bringt er sie möglicherweise um.

Eine Gesellschaft, die selbst bereit ist, den Einzelnen zu töten, aus welchem vermeintlich berechtigten Grund auch immer, muss sich nicht wundern, wenn auch der Einzelne keine Scheu vor dem Töten hat. Die Aura des Staates strahlt auf seine Bürger aus. All diejenigen, die nach härteren Strafen schreien, wissen nicht, dass sie damit letztendlich mehr Kriminalität herbeirufen. Die Gesellschaft wird dadurch nicht sicherer, sondern explosiver. Totalitäre Regime erzeugen auf die Dauer Pulverfässer, auf denen sie sitzen. Wenn der Druck sich entlädt, sind es die Hintern der Herrschenden, die als Erstes brennen.

Glaubenssätze beeinflussen unser Denken und Handeln. Unsere Gedanken und Handlungen wiederum sind verantwortlich für unsere Erfahrungen. Somit erschaffen unsere Glaubenssätze die Realität. Glaubenssätze, die uns selbst betreffen, haben Auswirkung auf unsere persönliche Realität. Glaubenssätze, die eine Gruppe betreffen, haben Auswirkung auf das Erleben der Gruppe. Das gilt für die Gruppe eines Kegelklubs ebenso wie für die »Gruppe« der gesamten Menschheit. Je mehr Menschen die gleichen Glaubenssätze haben, desto stärker ist deren Auswirkung auf das äußere Geschehen. So wie der Einzelne eine Krankheit, kann eine Gruppe eine Katastrophe herbeifürchten.

Die meisten Glaubenssätze entwickeln wir in der Kindheit. Viele ungeliebte Kinder werden später zu ungeliebten Erwachsenen. Ihr Denken und Handeln ist bestimmt von dem Wunsch, gegenüber anderen nicht benachteiligt zu werden. Die Gefühle der Kindheit haben in ihnen den Glaubenssatz geprägt: »Wenn ich auf mich nicht genügend aufmerksam mache, werden nur andere berücksichtigt.«

So führen sie im Alltag einen unbewussten Kampf um die besten Plätze im Zug, im Restaurant, im Beruf und so weiter. Sie haben Angst, so wie früher in der Kindheit zu kurz zu kommen, und entwickeln Strategien, um zu erhalten, was ihnen vermeintlich zusteht. Letztendlich aber bewirken genau diese Strategien eine ständige Fortsetzung der Kindheitserfahrung. Ihr Verhalten wird von den anderen als störend oder egoistisch empfunden. Das innere Programm, das vor einem Mangel an Liebe schützen soll, schützt sie weiterhin nur vor der Liebe selbst.

Viele ungeliebte Kinder kommen später mit dem Gesetz in Konflikt. Ich habe nur wenige Straftäter kennen gelernt, die eine rosige Kindheit hatten.

Nun haben nicht alle Menschen eine schlechte Kindheit. Aber alle haben Glaubenssätze. Man kann kein Kind großziehen, ohne ihm Glaubenssätze einzuprägen. Die Eltern meinen es gut. Sie wollen ihre Kinder vor Unheil bewahren. Jedoch ist vielen Eltern der Unterschied zwischen einschränkenden und befreienden Glaubenssätzen nicht bewusst. Und oft ahnen sie nicht, welche Folgen ihre Pädagogik hat. So erhalten beispielsweise manche Kinder von ihren Eltern mehr Aufmerksamkeit, wenn sie krank sind. Die Mutter ist netter als üblich, der Vater schimpft nicht, und die Oma bringt Süßigkeiten mit. Sogar die Nachbarin, die sich sonst über den Krach im Treppenhaus beschwert, ist freundlich und kommt auf Krankenbesuch.

Das Kind lernt: »Wenn ich krank bin, bekomme ich von meinen Mitmenschen mehr Liebe.« Es ist sich durchaus des Zusammenhangs zwischen seiner Krankheit und der größeren Portion Liebe bewusst.

Später erkennt es den Zusammenhang nicht mehr. Das innere Programm wird im Erwachsenenalter unbewusst fortgesetzt. Um Liebe zu erhalten, werden Krankheiten erschaffen. Ärzte haben keine Chance, weil der Glaubenssatz »Wenn ich gesund bin, hat keiner mehr einen Grund, sich um mich zu kümmern« Heilung verhindert. Also lieber nicht gesund werden. Was habe ich von meiner Gesundheit, wenn mich keiner beachtet?

Eine andere Möglichkeit für die Prägung von Glaubenssätzen bei Kindern zeigt sich in dem folgenden Beispiel: Ein kleiner Junge, nennen wir ihn Udo, kommt nach Hause. Er hat in der Schule ein tolles Bild gemalt und zeigt es nun voller Stolz seiner Mutter. Neben ihm steht der kleine schüchterne Harry und lutscht an seinem Daumen. Udo ist begeistert von seinem Bild. Seines Erachtens ist es das tollste Bild, das je gemalt wurde.

Die Mutter freut sich, hat aber ein wenig Mitleid mit dem kleinen daumenlutschenden Harry, der ohne Bild vor ihr steht. Deshalb sagt sie ihrem Udo, er solle nicht so angeben. Es sei sehr wohl ein schönes Bild, aber schließlich könne Harry auch schön malen.

Die Mutter will ihren Sohn loben und Harry nicht verletzen. Sie geht wie selbstverständlich davon aus, dass Harry todunglücklich ist, weil er kein Bild vorweisen kann. Dabei hat sie gar nicht gemerkt, dass dem kleinen Harry Malerei schnurzpiepegal ist. Er findet Malen doof. Er hat mehr Interesse an Musik. Immer dann, wenn er gerade die Daumen lutscht, komponiert er in Gedanken die schönsten Sinfonien aller Zeiten.

Der Glaubenssatz, den Udo sich nun einprägen könnte, lautet: »Ich muss aufpassen, dass keiner neidisch wird. Je stärker ich mein Licht leuchten lasse, desto mehr stehen all die kleinen Harrys im Dunkeln. Ich muss mich davor hüten, meine Fähigkeiten auszuschöpfen. Mit meiner Kreativität kann ich andere verletzen. Ich muss mich also zurücknehmen.«

Das kann dazu führen, dass Udo Angst vor seiner eigenen Schaffenskraft bekommt und sich nicht mehr traut, die schönsten Bilder zu malen, die die Menschheit je gesehen hat. Udo lernt, in den Köpfen der anderen zu leben. Er wird sich auch später fragen, was die anderen über ihn und sein Verhalten denken. Er lernt, dass man im Leben die Frage stellen muss: »Was wollen die anderen, wie ich denken soll, wie ich sprechen soll, wie ich handeln soll?« Er wird sich nicht zu hundert Prozent leben, weil er zu dreißig Prozent in den Köpfen seiner Mitmenschen herumturnt. Zum Schluss wird er sagen: »Mein Leben hat allen gefallen, nur ich fand's Scheiße …«

Wer nur siebzig Prozent ist, kann auch nur siebzig Prozent geben. Die anderen spüren das und machen sich nun auf die Suche nach den restlichen dreißig Prozent. So wird man selbst nicht glücklich und die anderen auch nicht.

JJ über Richter, Henker, Mitgefühl

Dann hältst du die Zehn Gebote Gottes also für einschränkende Glaubenssätze?

»Im gewissen Sinne ja. ›Du sollst …‹ heißt nichts anderes als ›Du musst …‹, und ›Du sollst nicht …‹ heißt nichts anderes als ›Du darfst nicht …‹.«

Was hältst du von dem Gebot »Du sollst nicht töten«? Ist das auch ein einschränkender Glaubenssatz?

»Nun ja …«, sagte ich und geriet ins Stocken. Worauf will er hinaus?, dachte ich.

Wann hast du zuletzt getötet?

»Weiß ich nicht. Meistens tötet man ja unbewusst. Wenn man zum Beispiel über einen Rasen läuft, kann man wohl kaum verhindern, ein paar Insekten zu zertrampeln.«

Was soll dann das Gebot?

»Damit ist ja wohl das absichtliche Töten gemeint«, erwiderte ich.

Wann hast du zuletzt absichtlich getötet?

»Auch das weiß ich nicht mehr. Als Jugendlicher habe ich Fliegen erschlagen. Aber in letzter Zeit nicht mehr.«

Warum nicht? Wegen des einschränkenden Glaubenssatzes »Du sollst nicht töten«?

»Ich habe den Satz nicht am Badezimmerspiegel hängen, wenn du das meinst. Auch spreche ich nicht ständig Affirmationen: Ich darf nicht töten, ich darf nicht töten, ich darf nicht töten. Ich erschlage keine Fliegen mehr, weil ich heute bewusster bin als damals. Ich achte das Leben mehr als früher.«

Du siehst in den Augen eines Tiers deine Augen? Du siehst in den Augen eines Tiers die Augen Gottes?

»Ja«, sagte ich.

Als Jesus von den Römern gekreuzigt wurde, bat er den Vater um Vergebung für seine Henker. Er sagte: »Vater, vergib ihnen, denn sie wissen nicht, was sie tun.« Die ihn kreuzigten, empfanden für Jesus kein Mitgefühl. Mitgefühl setzt ein, wenn ein Mensch in den Augen eines anderen sich selbst erkennt. Solange die Erkenntnis fehlt, hat er die Absolution.

Ein schlechtes Gewissen setzt Wissen voraus. Damit ist nicht das Wissen des Verstandes gemeint, sondern das Wissen des Herzens, das sich durch Gefühle ausdrückt. Ein Henker, dem das Henken leicht fällt, handelt nicht gegen sein Gewissen. Sein Tun ist in Ordnung. Wenn sich in ihm aber das Mitgefühl entwickelt, darf er es nicht mehr tun. Dann ist es nicht mehr in Ordnung. Wenn er weiter für den Richter mordet, handelt er gegen sein inneres Wissen. Dann hat er nicht mehr die Vergebung per se. Ab dann muss er sich selbst vergeben, um sich von seinen Schuldgefühlen zu befreien.

»Ich stelle mir gerade eine Szene vor Gericht vor: ›Warum haben Sie Ihren Kollegen umgebracht?‹, fragt der Richter.

›Es war mir ein Bedürfnis‹, antwortet der Angeklagte. ›Der Kerl hat seine Zigarettenkippe in meiner Klangschale ausgedrückt. Daraufhin habe ich meine Wut an ihm ausgedrückt. Vater, vergib mir, denn ich wusste nicht, was ich tat. Er hatte eine Brille mit so dicken Gläsern auf, da konnte ich in seinen Augen nur unschwer die meinen entdecken, von denen Gottes ganz zu schweigen.‹

Dann macht ihn der Richter mit dem Gedanken vertraut, dass dieser Blindfisch seine Klangschalen mit seinem Aschenbecher verwechselt haben könnte, und verurteilt ihn zu ›lebenslänglich‹. Eine tolle Perspektive.«

Wut darf nicht unterdrückt werden. Je stärker jemand die Wut in der Gegenwart zulässt, desto kürzer ist der Ausbruch. Und umgekehrt: Je länger jemand seinen Ärger in sich hineinfrisst, desto heftiger der Amoklauf in der Fußgängerzone. Das Bedürfnis, einen Wutausbruch zuzulassen, ist genauso gut wie das Bedürfnis, einen Bettler zum Essen einzuladen. Beides sind Aufträge der Seele. Nichts kann gegen den Willen einer Seele geschehen. Auch nicht ein gewaltsamer Tod. Wenn es dazu kommt, hat die Seele des Opfers vor ihrer Inkarnation dieser Lernerfahrung zugestimmt. Umgekehrt kann niemand einen anderen ohne dessen seelische Einwilligung töten oder verletzen.

Viele Attentate werden vereitelt, weil der Attentäter vorher erkannt und in Gewahrsam genommen wird. Das Seelenkollektiv der Menschen war gegen seinen zweifelhaften Auftrag. Zu dem Seelenkollektiv gehört die Seele des Attentäters übrigens gleichermaßen. Zahlreiche Bomben gehen nicht hoch, weil sie an Orten abgelegt wurden, deren Seelenbewohner noch einige Jährchen inkarniert bleiben wollen. Viele Menschen verpassen die Abflugtermine der Maschinen, die anschließend abstürzen.

All das ist nur schwer zu verstehen. Der brutale Krieg mit vielen Toten und Verletzten im Nahen Osten soll der Wille göttlicher Seelen sein? Aus der Perspektive der Verkörperten, die vor der Geburt den Becher des Vergessens trinken mussten oder durften – wie man es nimmt –, bleibt uns der Sinn verborgen. Und doch ist es so. Alles äußere Geschehen ist immer eine Entsprechung innerer Gedanken und Gefühle.

In dem Wort »Bedürfnis« steckt das Wort »dürfen«. Du darfst, was du bedarfst. Doch musst du lernen, zwischen Wunsch und Bedürfnis zu unterscheiden. Der Wunsch ist ein Bild in deinem Kopf. Bedürfnis ist das Gefühl, das Körper und Seele erfüllt. Gibt die Seele nicht nach, leidet der Körper, gibt der Körper nicht nach, leidet die Seele.

»Ich habe Hunger. Der Hunger ist mein Bedürfnis. Wenn ich weiter hungrig bleibe, weil ich mir vorgenommen habe, durch Fasten heilig zu werden, leide ich. In meinem Kopf entsteht das Bild einer fettigen, schmierigen Schweinehaxe mit ganz viel Senf. Esse ich dann die Haxe, erklären mir meine Magenkrämpfe anschließend den Un-

terschied zwischen Wunsch und Bedürfnis. Ich bedurfte leichterer Kost.«

Ein treffendes Beispiel. Ich habe immer gern und viel gegessen. Essen und Trinken waren meine großen Leidenschaften. In meiner nächsten Inkarnation werde ich beides wieder ausgiebig tun.

»Gut, ich warte hier solange auf dich, und dann gehen wir zusammen essen. Ich kenne da eine gute Imbissbude, die Schweinehaxen dort sind eine Wucht.«

Ich stünde eher auf Italienisch.

Das Zusammenleben mit den alten Römern hat ihn wohl mehr geprägt, als er wahrhaben will, dachte ich. Einmal Pizzataxi zum Garten Gethsemane …

Wille und Streben

Der Glaubenssatz »Ich will …« befreit, weil ich mich für etwas entscheide. Solange ich mich nicht entscheiden kann, bin ich hin und her gerissen und somit gefesselt.

Dabei bezieht sich der Wille immer auf eine Handlung. Ich will singen. Ich will tanzen. Ich will schreiben. Und so weiter. Und es bezieht sich immer auf meine Handlung. »Ich will tanzen« ist Kreativität. »Ich will, dass es regnet«, ist Hoffnung.

Verbinde ich den Willen mit einer Voraussetzung oder einem Ziel, wird aus dem Willen ein Streben. »Ich will tanzen« ist der Ausdruck meines Willens. »Ich will einmal ein berühmter Tänzer werden« ist der Ausdruck meines Strebens. Der Wille nutzt, was da ist, Streben will, was (noch) nicht da ist. Wenn ich tanzen möchte, suche ich eine Gelegenheit, es jetzt zu tun. Ich brauche einen Raum und Musik. Beides wird sich finden lassen. Strebe ich aber danach, eines Tages in einem berühmten Ballett zu tanzen, müssen mehr Voraussetzungen erfüllt sein. Ich muss gut sein, ich muss die richtigen Leute kennen lernen, die mich in das Ballett vermitteln. Wenn ich jahrelang tanze wie ein Wahnsinniger, weil ich Spaß daran habe, werde ich eines Tages vielleicht sogar berühmt. Wenn ich jahrelang erstrebe, was ich nicht bekomme, werde ich eines Tages vielleicht sogar wahnsinnig. »Ich will ...« ist ein befreiender Glaubenssatz. »Ich strebe ...« nicht.

Seit 1997 schreibe ich an diesen Texten. Im Laufe der Zeit kamen immer mehr dazu. Eines Tages entstand in mir der Wunsch, aus meinen Texten ein Buch zu machen. Ich überlegte, wie ich es anstellen sollte, und kam zu dem Ergebnis, dass ich mehr Zeit bräuchte, um mich der Sache vernünftig widmen zu können. Weil ich jedoch jeden Tag zu dieser Firma mit den Typen in den grünen Uniformen muss, fehlte mir die Zeit. Also bemühte ich mich darum, nur noch vier Tage in der Woche zu arbeiten. Doch wer nur vier Tage in der Woche arbeitet, erhält auch nur für vier Tage Geld. Der finanzielle Verlust wäre nicht von schlechten Eltern gewesen, doch hoffte ich, die Differenz mit Meditationskursen in Krankenhäusern auffangen zu können. Zudem machte mir die Leitung von Meditationskursen mehr Spaß als das professionelle Räuber-und-Gendarm-Spiel. Aber mein Wunsch von der Viertagewoche erfüllte sich nicht. Ich konnte zwar die Dienststelle wechseln, musste aber weiterhin fünf Tage in der Woche arbeiten.

Also stand ich jeden Morgen eine Stunde früher auf und begann zu schreiben. Ich tat, was ich wollte, und siehe da, es erfüllte mich. Mein Bild von der Viertagewoche war eine Voraussetzung, die mich letztendlich nicht zum Schreiben brachte, sondern im Gegenteil das Schreiben eher verhinderte: »Wenn ich erst einmal mehr Zeit habe, dann werde ich schreiben, was das Zeug hält« bedeutete nichts anderes als »Jetzt nicht, denn noch habe ich ja keine Zeit dafür«.

Ich hatte die Tätigkeit Schreiben mit einer Voraussetzung verbunden. Der befreiende Glaubenssatz »Ich will ...« verwandelte sich so in einen einschränkenden Glaubenssatz »Ich kann (noch) nicht ...«

JJ über Gebote, den Leibhaftigen und eine verpasste Gelegenheit

Du hast die Einstellung: »Ich habe eine Vollzeitstelle als Polizist. Trotzdem schreibe ich.« Oder anders ausgedrückt: »Obwohl mich mein Beruf zeitlich sehr in Anspruch nimmt, schreibe ich.«

»So ist es«, bestätigte ich.

Sieh einmal, dass du mit dieser Einstellung eine Trennung in dir erschaffst. Dein Beruf gehört momentan zu dir, er ist Teil deines Lebens. Das Schreiben gehört momentan zu dir. Auch das ist Teil deines Lebens. Wenn du das eine tust, obwohl du das andere tun musst, wenn du das eine trotz des anderen tust, baust du eine Mauer, die das eine Leben, das du lebst, in zwei Bereiche trennt. Sage dir: »Ich übe meinen Beruf aus, und ich schreibe.« Mit den Worten »obwohl« und »trotzdem« schaffst du die Trennung. Du musst jedes Mal die Mauer überwinden, wenn du den Bereich wechselst. Mit »und« schaffst du die Verbindung. Mit dieser Einstellung geht es leichter.

Überhaupt ist Trennung die Ursache vieler Probleme. Auch Unzufriedenheit entsteht durch trennende Gedanken. Du trennst zum Beispiel in deinem Denken die angenehmen von den unangenehmen Tätigkeiten. Bei den unangenehmen fühlst du dich unwohl und sinnst darauf, schnell in die andere Rubrik wechseln zu können. Du bist mit dem, was du gerade tust, unzufrieden.

»Aber manche Sachen sind nun einmal unangenehm«, widersprach ich. »Die Wohnung putzen zum Beispiel – oder die Spülmaschine ausräumen, Katzenklos sauber machen, da gibt es einiges, was ich aufzählen könnte. Auf der anderen Seite gibt es genauso viele Dinge, die ich stattdessen wesentlich lieber machen würde.«

Du bestreitest aber nicht, dass es Leute gibt, die gern Hausarbeit machen? Warum haben diese Menschen Spaß daran und du nicht?

»Das sind eben die Unterschiede, die unsere Individualität ausmachen«, sagte ich. »Ich kenne Menschen, die liebend gern handwerken. Die basteln sich einen Wolf und vergessen darüber die Zeit. Für sie wäre aber Schreiben ein Horror. Bei mir ist es umgekehrt. Ich schreibe gern. Dafür kannst du mich mit einem Schraubenzieher bis an den Nordpol jagen. Man hat eben nur Spaß an Dingen, die man beherrscht. Warum soll man sich zu etwas zwingen, was einem keinen Spaß macht, weil man es nicht kann?«

Du kannst kein Katzenklo reinigen? Du kannst keine Spülmaschine ausräumen? Kein Mensch verlangt von einem handwerklich begabten Legastheniker, ein Drehbuch für ein Melodram zu schreiben. Und kein Mensch verlangt von dir als jemandem, dem seine beiden linken Hände als Entschuldigung für seine Faulheit lieb und teuer sind, die Restaurierung von Kirchenfenstern. Ich rede von Tätigkeiten, die zu deinem Leben gehören. Zu einem Leben, das du dir selbst gewählt hast.

Wenn du keine Lust mehr auf Hausarbeit hast, kannst du dich natürlich auch in die Berge zurückziehen und in einer Höhle wohnen. Da besteht keine Gefahr, dass du einen Teppich saugen musst. Wenn du dich aber dafür entscheidest, in einer bequemen Wohnung mit sanitären Einrichtungen zu leben, wirst du nicht umhinkommen, ab und an einen Lappen feucht zu machen.

Sei dankbar für deine Wohnung, sei dankbar für den Luxus, den du genießen darfst. Nicht, weil du dankbar sein müsstest. Dir steht alles zu. Du musst dich für das, was du hast, nicht rechtfertigen. Auch nicht dir selbst gegenüber. Begründe nicht, warum dir etwas zusteht. Rechtfertige und begründe nichts mehr. Verbanne das Wort »weil« aus deinem Wortschatz. Dir steht immer alles zu, aber du hast keinen Anspruch darauf, weil etwas so oder so ist oder aber weil du dies oder jenes getan hast. Du hast ein Recht auf alles, aber niemals einen Anspruch auf irgendetwas.

»Das verstehe ich nicht. Wenn ich ein Recht auf etwas habe, wenn mir alles, was ich möchte, zusteht, dann habe ich doch auch einen Anspruch darauf.«

Anspruch ist verbunden mit einer Verpflichtung. Du hast ein Recht, zu tun, was immer du möchtest. Du hast ein Recht, alles zu besitzen, was immer du möchtest. Aber das Universum ist nicht verpflichtet, dir irgendetwas zu gestatten, und es ist nicht verpflichtet, dir irgendetwas zu schenken.

»Da predigst du laufend die Einheit und wetterst gegen die Trennung, und jetzt trennst du plötzlich mich vom Universum ab. Nach deinen Worten bin ich doch das Universum selbst. Wenn mir also jemand etwas schenkt oder erlaubt, bin ich es selbst.«

Du sagst es. Ersetze also das Wort »Universum« durch das Wort »ich«. Dann heißt es: Ich habe ein Recht, alles zu besitzen, ich habe ein Recht, alles zu tun, aber ich bin nicht verpflichtet, irgendetwas zu besitzen, und ich bin nicht verpflichtet, irgendetwas zu tun.

Sieh einmal, wie viele Menschen sich selbst verpflichten. Sie streben nach Dingen, die sie nicht brauchen, oder arbeiten auf Ziele hin, die sie eher unglücklich als glücklich machen. Sie geben keine Ruhe, bis sie Chef geworden sind, Eigentümer geworden sind, bis sie alle siebentausend Meter hohen Berge bestiegen haben – und so weiter –, weil sie glauben, ansonsten nichts wert zu sein. Sie streben nach Selbstwert durch die Ziele, die sie verfolgen. Sie haben einen Anspruch an sich selbst, der mit Selbstverpflichtung einhergeht.

»Von nichts kommt nun einmal nichts. Um den Blick von einem hohen Berg erleben zu können, muss ich nun erst einmal hinaufklettern. Da eine spontane Mount-Everest-Besteigung in den seltensten Fällen von Erfolg gekrönt ist, bedarf das Klettern einer gewissen Vorbereitung, die schon mal ein paar Tage dauern kann. In der Vorbereitungszeit habe ich ein Ziel, das ich verfolge. Und bevor ich nicht auf dem Mount Everest war, kann ich auch nicht beurteilen, ob mich das glücklich machen wird oder nicht. Und auch Chef einer Firma wird man nicht spon-

tan. Man muss schon vorher etwas dafür tun. Ob mich der Posten dann glücklich macht, weiß ich auch erst, wenn ich ihn habe.«

Du darfst nach allem streben. Auch das ist dein Recht. Aber fühl dich eben nicht verpflichtet, es auch zu schaffen. Mach es in dem Bewusstsein, dass es nicht auf das Gelingen ankommt, sondern nur auf das Tun. Ein Bergsteiger empfindet die Freude nicht erst auf dem Gipfel, er hat schon mächtig Spaß bei der Vorbereitung. Auf dem Gipfel erlebt er dann den Höhepunkt seiner Freude – oder aber das genaue Gegenteil, weil es nun vorbei ist. Handle niemals aus dem Glauben heraus, dass dich das Ergebnis wertvoller machen würde. Kreative Menschen fühlen sich erfüllter, da das Leben selbst kreative Kraft ist. Wertvoll aber sind alle Wesen gleichermaßen, egal, ob sie kreativ sind oder jahrzehntelang nicht von der Couch runterkommen.

Auch kannst du Freude nur dann ungeschminkt empfinden, wenn du dir keine Gedanken darüber machst, warum dir etwas zusteht. Kommst du zu dem Ergebnis, es steht mir eigentlich nicht zu, gesellt sich zu deiner Freude ein Schuldgefühl. Kommst du zu dem Ergebnis, dass es dir zusteht, verkehrt sich die Freude in ein Gefühl der Selbstverständlichkeit. Mach dich also nicht mehr auf die Suche nach dem »Weil«. Von welchem Verb kommt das Wort »Anspruch«?

»Von ›ansprechen‹, nehme ich an.«

Entscheidend ist die Art und Weise, wie du ansprichst. Stell dir vor, dein Wunsch sei eine Person, die du in dein Haus einlädst. Und dann sieh einmal, mit welchen Worten du es tust. Dann frag dich, ob ein Gast der Einladung gern folgen würde.

Wenn du jemanden zu deiner Party einlädst mit den Worten: »Schließlich habe ich einen Anspruch darauf, dass du kommst …«, stellt sich die Frage, ob der Mensch dann tatsächlich erscheinen möchte.

Viele hassen Familienfeiern, weil sie dazu verdonnert werden. »Es ist eine Familienfeier, und das nur einmal im Jahr; da wirst du ja wohl einmal auf dein blödes Fußballspiel verzichten können …« Ein Mensch, der sich verpflichtet fühlt, einer Einladung zu folgen, kommt nicht immer gern. Er spürt, dass es im Grunde nicht um ihn als Mensch, sondern um seine Rolle geht. Er muss dorthin, weil er zur Familie gehört. Die Frau des Chefs auf der Weihnachtsfeier der Firma ist dort, weil sie eben die Frau des Chefs ist. Sie ist nicht dort, weil sie sie selbst ist.

Jesus lehrte uns das Beten. »Beten« ist ein anderes Wort für »bitten«. Wenn du glaubst, auf etwas einen Anspruch zu haben, wird deine Bitte zur Forderung. Beten befreit von Sorgen und Nöten nur dann, wenn das Gebet nicht mit Erwartung verbunden ist. Jesus betete am Tag vor der Verhaftung: »Herr, lass den Kelch an mir vorübergehen. Aber nicht mein Wille, sondern der deine geschehe.«

»Er glaubte an Gott als seinen Vater und fühlte sich geschützt. Er wusste, dass Gott ihn nicht im Stich lassen würde.«

Der Satz »Ich glaube an dich« ist immer mit einer Forderung verbunden im Sinne von »Du wirst es schon schaffen, du wirst mir schon helfen«. So hast du ein Bild von dem, an den du glaubst. Das Bild ist die Vorstellung, dass der, an den du glaubst, dieses oder jenes schaffen wird. Mach dir kein Bild von deinem Gott! Dieser Satz steht sogar im Alten Testament.

»Soviel ich weiß, haute Moses diesen Satz seinem Volk um die Ohren, das gerade um ein goldenes Kalb herumtanzte, während er selbst seine müden Knochen vom Berg Sinai schob. Er trug die schwere Last der Steinplatten mit den Zehn Geboten Gottes, und seine Jungs und Mädels feierten unten die Love Parade. Er soll sich darüber ziemlich aufgeregt haben.«

So war es. Alle Achtung. Du schilderst es so, als wenn du dabei gewesen wärst.

»In meiner Sturm-und-Drang-Zeit habe ich kaum eine Fete ausgelassen«, bemerkte ich beiläufig. »Aber hatte nicht auch Moses ein Bild von seinem Gott? Vielleicht sogar ein besseres als alle anderen, weil er ihm höchstpersönlich begegnet war?«

Moses hat nur Licht gesehen. Deshalb glauben viele, dass Gott das Licht ist. Wenn Gott aber das Licht ist, wer ist dann die Dunkelheit?

»Der Satan vielleicht?«, fragte ich vorsichtig.

Den Leibhaftigen meinst du?

Genau den meinte ich.

Warum nennt man ihn den Leibhaftigen, was glaubst du?

»Der Leibhaftige ist der inkarnierte Teufel. Er hat einen Körper angenommen, kann leibhaftig auftreten und die Leute erschrecken.«

Ich gebe dir eine andere Erklärung.

»Ich dachte es mir.«

Wenn alles eins ist und es keine Trennung gibt, kann es den Teufel als Gegenteil Gottes nicht geben. Gott kann keinen Gegenspieler haben, weil es nur ihn allein gibt. Gott ist alles, was ist, oder andersherum: Alles, was ist, ist Gott. Dieses »Alles« ist in der geistigen Welt die Einheit des »Sowohl-als-auch«. In der körperlichen Welt zeigt es sich als die Trennung im »Entweder-oder«. Alles definiert sich durch sein Gegenteil, alles wird erst durch sein Gegenteil erkennbar. Auch Licht kann ohne Dunkelheit nicht sein.

Im Geistigen ist das Licht das »Bewusste« und die Dunkelheit das »Unbewusste«. Der eine Teil Gottes ist sich seiner Göttlichkeit bewusst, ein anderer eben nicht. Der eine sieht seine Ewigkeit, der andere konzentriert sich auf seine Endlichkeit. Die Seele ist ewig, der Körper ist endlich. Der Bewusste sieht seine Spiritualität, begreift, dass mit dem Ablegen seines Körpers sein Ich weiterexistiert; der Unbewusste glaubt, mit dem Ende des Körpers sei auch das Ende seines Ichs beschlossen und verkündet.

»Der Unbewusste ist mit dem Leib verhaftet«, nahm ich die Pointe vorweg.

So ist es. Christus ist das Symbol des Lichts, der Teufel ist das Symbol der Dunkelheit. Das Bewusste wendet sich dem Licht zu, das Unbewusste der Dunkelheit.

»Der gefallene Engel«, bemerkte ich. »Gefallen in die Grube der Dunkelheit. Da liegt er jetzt mit dem Gesicht nach

unten und hält die Schwärze der Erde für die einzige Wahrheit. Sobald er sich auf den Rücken dreht, erkennt er über sich das Licht. Gesicht nach unten, verwirrter Jünger, Gesicht nach oben, erleuchteter Meister, eine einfache Formel.«

Weißt du, warum Jesus am Kreuz sagte: »Vater, vergib ihnen, denn sie wissen nicht, was sie tun«?

»Weil die Henker sich nicht bewusst waren, dass sie den Christus töteten«, gab ich zur Antwort.

Den Christus kann keiner töten, keiner kann wahrhaft töten. Der Leib kann nur den Leib zerstören, aber niemals die Seele. Die Macht der Henker ist nicht mehr als die Macht eines Metzgers. Es war ein unbewusster Haufen, der da unter dem Kreuz rumgammelte. Herren der Finsternis im wahrsten Sinne des Wortes. Von absoluter Blindheit geschlagen. Hätte gut reingepasst in die Meute, dieser …

Noch bevor er es aussprechen konnte, wusste ich, welcher Name nun fallen würde. George W. Bush war bereits vor seiner Wahl zum amerikanischen Präsidenten in JJs Visier geraten. Mister Bush hatte als Gouverneur von Texas so viele Todesstrafen bestätigt wie kein anderer vor ihm. Im Gegensatz zu seinen Kollegen in anderen Bundesstaaten war »Begnadigung« für ihn ein Fremdwort. Sein Slogan in Wahlkämpfen waren die Begriffe »fromm, treu und aufrecht«.

JJ hatte dazu bemerkt, dass ausgerechnet der Mann, der die Zehn Gebote am lautesten verkündet, doch immer wieder Gründe dafür findet, warum das Gebot des

»Du sollst nicht töten« im Einzelfall keine Gültigkeit besitzt.

»Bitte sag es nicht«, flehte ich JJ an. Vergebens.

George W. Bush.

»Ein paar Jünger waren doch auch dabei«, wechselte ich schnell das Thema. »Also waren nicht alle Leute unbewusst, die dort unter dem Kreuz standen.«

Wir waren in manchen Dingen die Unbewusstesten von allen. Außerdem haben die meisten von uns zuvor das Weite gesucht.

»Und gefunden, nehme ich an.«

Nein, das Thema hat uns niemals losgelassen. Bis heute nicht, wie du siehst. Immer noch sitzen wir hier und erzählen die Geschichten von früher. Immer noch wühlen wir mit unseren Fingern in der Erde eines zweitausend Jahre alten Grabes.

»Es gibt Storys von geringerem Unterhaltungswert«, versuchte ich zu trösten.

Die einzig existierende Sünde ist die Handlung gegen das eigene Gefühl. Die Unbewussten erfahren sozusagen eine Generalamnestie. Ihr Gewissen wird sie nicht plagen, denn sie haben das Wissen nicht. Sie handeln ihren Gefühlen entsprechend. Für sie ist es in Ordnung, Menschen an ein Kreuz aus Holz zu nageln, Menschen auf Stühle mit Strom zu setzen, Menschen auf Pritschen zu binden und ihnen Gift zu spritzen.

Ein Henker aber, dem das Töten heute schwer fällt, weil er anders fühlt als gestern, darf es nicht mehr tun. Bislang war es in Ordnung, er war mit sich im Reinen. Doch seit heute weiß er, sein Mit-Gefühl hat ihm berichtet. Viele verkaufen ihre Seele für Geld, für Macht, für Ansehen, für Bequemlichkeit. Viele wissen und hören doch nicht auf, aus Gründen des persönlichen Profits die Umwelt zu zerstören und Menschen die Nahrung zu verweigern. Und die meisten anderen wollen es nicht wissen. Sie wollen es nicht sehen im Fernsehen, nicht hören im Radio und nicht lesen auf den Titelseiten der Zeitungen. Sie wollen sich vor unangenehmen Fragen ihrer Kinder schützen, weil sie nicht antworten können. Sie können nicht antworten, weil sie mit ihrer Antwort einen Teil der Verantwortung übernehmen würden. Antworten kann nur jemand, der weiß. Und wer weiß, nun denn – also besser nicht wissen. Wer ist heute schon bereit, die Verantwortung zu übernehmen für all den Hunger in der Welt und all die Zerstörung dessen, was der Gedanke erschuf? Das ist der wahre Tanz ums Goldene Kalb.

»Du solltest Politiker werden«, sagte ich bewundernd.

Da halte ich gerade einen Vortrag darüber, dass man seine Seele nicht verkaufen soll, und du forderst mich auf, Politiker zu werden. Ein schöner Freund bist du!

»Du hast Recht, verzeih mir. Ich wusste nicht, was ich tat. Aber vielleicht wäre eine Partei mit den Zehn Geboten als Programm nicht schlecht. Mit Moses als Ehrenvorsitzendem. Er könnte dann deinem Freund George W. die Steinplatten um die Ohren hauen.«

Gott ging zu den Franzosen und fragte: »Möchtet ihr Gebote haben?« Die Franzosen baten um ein Muster. Gott sprach: »Du sollst nicht ehebrechen.« Die Franzosen lehnten dankbar ab. Dann traf Gott Moses und bot auch ihm Gebote an. Moses, der ein guter Jude war, fragte: »Was kosten sie denn?« Gott antwortete: »Nichts.« Daraufhin nahm Moses zehn.

Man braucht keine Gebote, um aus seiner Dunkelheit herauszukommen. Das gilt sogar für die Finsternis des Mister Bush. Wie groß muss die Umnachtung eines Volkes sein, sich freiwillig einen solchen Führer zu wählen? Ein geistiges Kleinkind, das einen Krieg führen will, um seinen Papi zu beeindrucken. Auch die Römer hatten damals den einen oder anderen Wahnsinnigen auf dem Cäsarenstuhl sitzen. Aber das Volk konnte ihn sich nicht aussuchen. Doch sei gewiss: Die Vorherrschaft der Vereinigten Staaten wird genauso von diesem Planeten verschwinden wie die Weltreiche Ägypten, Griechenland und Rom.

Hatte mein alter Geschichtslehrer am Gymnasium doch Recht mit seiner Aussage, die Jünger Jesu seien die ersten Kommunisten gewesen?, dachte ich.

George W. Bush hatte in den Tagen nach dem 11. September die Gelegenheit, ein großer Mann zu werden. Niemals zuvor in der Geschichte hatte der Führer einer Weltmacht die technische Möglichkeit, vor Milliarden von Menschen live zu sprechen. Niemals zuvor in der Geschichte schaute der größte Teil der Menschheit gleichzeitig gebannt auf einen Platz der Erde. Alle wollten wissen, wie die große Weltmacht reagieren würde. In diesen Tagen sah die ganze Welt auf George W. Bush. Er hatte die Chance, zu verkünden, dass die USA nicht zum bewaffneten Gegenschlag ausholen werden, weil sie die

Regeln des seit Menschengedenken stattfindenden Spieles Angriff und Rache durchschaut haben.

»Ist das nicht ein wenig naiv?«, fragte ich. »Man darf sich doch nicht alles gefallen lassen, man muss sich doch wehren, nichts tun ist auch keine Lösung.«

Es wäre kein Nichtstun gewesen, sondern ganz das Gegenteil: Es wäre die größte Aktion gewesen, die eine Weltmacht je begonnen hätte. Wer sagt, dass nur der etwas erreicht, der seinen Willen mit Waffengewalt durchsetzt? Die Namen von Millionen Kriegsgenerälen zu allen Zeiten in allen Nationen sind im Laufe der Zeit verraucht. Die Namen Jesus Christus und Mahatma Gandhi haben eine weitaus längere Haltbarkeit. Und wer wollte behaupten, dass diese beiden nichts erreicht hätten?

Der Kampf gegen den Terrorismus, wie er zurzeit durchgeführt wird, erhöht die Armut und Perspektivenlosigkeit vieler Menschen. Die westlichen Staaten haben das notwendige Potenzial und Wissen, dem Hunger in der Welt ein Ende zu bereiten. Wenn alle Manager, Verwaltungs- und Logistikexperten der High-Tech-Staaten die Sache in die Hand nähmen, würden auf diesem Planeten nicht mehr viertausend Kinder pro Stunde den Hungertod erleiden.

George W. Bush hatte die Macht und die Chance, eine Revolution des Friedens in Gang zu setzen. Er, der so gern kundtut, ein frommer Christ zu sein, ein Anhänger des Meisters der Liebe, hatte die Möglichkeit, der Welt die Wirksamkeit der Worte zu beweisen: Vergebet um der Liebe willen. Er wäre von vielen Menschen bejubelt und von noch mehr beschimpft worden. Doch das mussten alle mutigen Visionäre erleben, die Großes für die Menschheit geleistet haben. Zunächst hätten Amerikas Feinde ihren vermeintlich vernichtenden Sieg gefeiert. Auf die Dauer aber wäre das Feindbild zerbröckelt.

Die Zwillingstürme waren die eine Wange. George W. Bush hatte nicht den Mut, auch die andere hinzuhalten.

Als Jesus die Wiederkehr des Christus für den Tag ankündigte, an dem der Tempel in Jerusalem zerstört wird, meinte er damit nicht das Gebäude selbst, sondern das Gedankengebäude des Menschen. Nur wer sich von dem Gottesbild des Richters und Strafers endgültig verabschiedet hat, kann in sich das Christuslicht in voller Kraft erleuchten lassen.

Jerusalem ist die Hauptstadt der Welt im religiösen Sinne. Doch alle Religionen, die dort zu Hause sind, haben das Bild des richtenden Gottes verinnerlicht. Die Juden glauben an Jehova, die Moslems glauben an Allah, die Christen an Gottvater. Alle drei beanspruchen für sich das Monopol der Wahrhaftigkeit und Gerechtigkeit: »Ich glaube an den allmächtigen und gerechten Gott …« Ein gerechter Gott belohnt die Gerechten und bestraft die Ungerechten.

Solange solchen Göttern gehuldigt wird, kann in Jerusalem kein Friede entstehen. Es wird sich immer ein gläubiger Mensch finden, der bereit ist, sein Leben für den Gott der Gerechtigkeit zu opfern. Als am 11. September ein paar Anhänger Allahs in das World Trade Center in New York flogen, taten sie es in dem Gefühl, für ihren Gott zu sterben. Sie glaubten, gerecht zu handeln. Sie hielten Gott für jemand anderen als die Menschen, die sie entführten und in deren Büros sie flogen.

Wie Jehova den Turm zu Babel zerstörte, zerstörten nun extreme Anhänger Allahs die Türme New Yorks. In beiden Fällen waren die Türme ein Symbol der Einheit. Nach dem Einsturz des Turms zu Babel, der Hauptstadt der Alten Welt, wurden die Menschen, die bis dahin nur eine Sprache kannten, in alle Winde zerstreut. Mit den Zwillingstürmen in New York, der eigentlichen Hauptstadt der Neuen Welt, stürzte das Symbol der wirtschaftlichen Einsprachigkeit, »Globalisierung« genannt, ein. Der Turm zu Babel wurde von den Menschen zum Zeichen ihrer Überlegenheit gegenüber dem Göttlichen gebaut. Sie glaubten, der Geist entstünde aus der Materie. Die Türme in New York zerbrachen zu einer Zeit, als dieser Glaube seine Wiederauferstehung feierte. Mit der Wissenschaft des Klonens glaubten die Menschen erneut, geistiges Leben aus der Materie erschaffen zu können.

Wenn der Priester am Sonntag in der Kirche die Geschichte von Babel erzählt, in der Gott in seinem Zorn den Turm zum Einsturz brachte, nicken die Gläubigen andächtig mit dem Kopf und sagen: »Das war eine gerechte Lektion für diese Ungläubigen.« Wenn in der Gegenwart Türme einstürzen, glauben dieselben Gläubigen, dass nur der Teufel der Verursacher sein kann. Der Gott in der Vergangenheit ist immer der Teufel in der Gegenwart. Und so ist es: Solange die meisten Menschen immer noch zwischen Gott und dem Teufel trennen, so lange wird der Tempel in Jerusalem unzerstörbar sein. Übrigens, weißt du, wo der Ort Babylon liegt?

»Nein«, antwortete ich.

Im Irak. Den Ort selbst gibt es nicht mehr. Babel ist nur noch ein Steinhaufen in der Wüste. Wir leben heute in gefährlichen Zeiten. Aber immer, wenn die Gefahren groß sind, sind die Chancen ebenfalls groß. Was im persönlichen Bereich des Einzelnen gilt, gilt für die Weltpolitik genauso. Wenn du die Gelegenheit bekommst, ein Seminarzentrum an der Nordsee zu übernehmen, hast du eine große Chance. Weil du dafür aber deinen sicheren Job in Duisburg kündigen musst, ist mit der Chance eine Gefahr verbunden. Wenn alles im Lot ist, sich nicht viel tut im Leben, sind die Gefahren klein, aber die Chancen ebenfalls. Die Menschheit hat ihre größten Fortschritte gemacht, nachdem sie zuvor durch die Dunkelheit gegangen war. Die Voraussetzung für glänzende Zeiten sind die schlechten Zeiten. Schlechte Zeiten sind eine Reinigung, eine Katharsis.

Nun denn, lass uns weitermachen. Welches Gefühl überkommt dich, wenn du dich in einem dunklen Wald verirrt hast?

»Das kommt auf die Tageszeit an.«

Dunkel ist dunkel, aber sagen wir: nachts.

»Obwohl ich der harte Bulle bin, muss ich zugeben, dass mich ein leichtes Unbehagen …«

Ich kam nicht weit. JJ ließ mich nicht ausreden.

Nenn das Gefühl, wie du willst. Ich nenne es »Angst«. Und was machst du, wenn du dich – nachts – in einem dunklen Wald verirrt hast?

»Ich suche einen Weg hinaus«, sagte ich und meinte dabei nicht nur den Wald, sondern auch das Verhör, das JJ gerade mit mir veranstaltete.

Wenn du nun in der Ferne eine Lichtung siehst, sagen wir, durch den Mondschein, in welche Richtung gehst du dann?

»Zum Licht hin, nehme ich an.«

Das nehme ich auch an. Warum gehst du zum Licht hin?

»Vielleicht ist dort ein Weg, der zu einer Straße führt, oder ein Hügel, von dem aus ich eine Straße sehen kann.«

So ist es. Und so ist es auch mit deiner Seele, wenn sie sich verirrt hat. Es ist ein göttliches Gesetz, dass du Unbehagen spürst, wenn du von deinem persönlichen rechten Weg abgekommen bist. Du wirst es merken, wenn du falsch liegst. Darauf kannst du dich mit Gewissheit verlassen. Dafür brauchst du keine Kriterien und keine Gebote. Das Gefühl in dir wird immer dafür sorgen, dass du einen Ausweg suchen wirst.

Vordergründig suchst du nach einem Ausweg aus dem Gefühl, willst die Angst oder das Unbehagen in dir loswerden. Dahinter verbirgt sich aber der Wunsch der Seele, wieder auf den eigenen Weg zurückzukehren. Mit dem Wunsch erscheint die Lichtung in der Ferne. Auch das ist ein göttliches Gesetz. Auch dafür brauchst du keine Regeln. Das Einzige, was du brauchst, ist das Licht. Und das Licht ist deine Seele selbst. Die Seele hält also Ausschau nach sich selbst. Vergiss also all deine Regeln und Gesetze und Gebote und Prinzipien, die du dir in deinen persönlichen Rucksack gesteckt hast. Sie blockieren dich nur. Jeder Lebensweg führt zuzeiten in dunkle Wälder. Das wirst du nicht verhindern können. Das ist Teil der Lektion. Ohne Rucksack geht es leichter, mit Rucksack geht es schwerer. Das ist der einzige Unterschied.

»Wie in dem Gleichnis von den Vögeln, die sich keine Sorgen machen und doch von Gott ernährt und beschützt werden, stimmt's?«

Stimmt.

»Und wenn ich es mir recht überlege, habe ich noch keinen Vogel mit Rucksack gesehen.«

Fein beobachtet. Man merkt, dass du ein wahrer Kriminalist bist. Auch der Meister war oft in einem dunklen Wald seiner Seele. In den Aufzeichnungen der antiken Reporter wird seine Begegnung mit dem Satan beschrieben.

»Ich dachte, das Treffen hätte in der Wüste stattgefunden und nicht in einem Wald?«

Den Satan kannst du überall treffen. Auch in der Wüste ist es manchmal dunkel. Vor allem nachts. Der Satan war nichts anderes als eine Lebenskrise. So wie wir alle wusste auch Jesus nicht, wie sein Leben verlaufen würde. Auch er stellte die Frage nach dem Sinn seines Lebens. Sollte er nun zu den Waffen greifen und den Römern den Schädel spalten oder war seine Aufgabe sanfterer Natur? Er zog sich zurück in sein Inneres und meditierte. Dann traf er seine Entscheidung.

»Einige von euch hätten die erste Variante wohl lieber gesehen, habe ich Recht?«

Du meinst die Variante mit dem Schädelspalten?

Genau die meinte ich.

Da liegst du falsch. Wir waren sanft wie die Lämmer. Als Jesus seine Schüler aufsammelte, hatte er sich an den Auftrag seiner Seele erinnert. Als er den ersten von uns traf, war seine Entscheidung bereits gefallen.

Ich verändere die Welt

Während ich dies schreibe, herrscht Krieg im Irak. Neben diesem Krieg werden derzeit siebzig weitere weltweit geführt.

Auf den ersten Blick habe ich mit all diesen Auseinandersetzungen nichts zu tun. Ich bin friedliebend, habe die Kriege nicht gewollt und schon gar nicht angezettelt.

Nun kann ich mich im Kino des Lebens in den Sessel setzen, auf die Leinwand zeigen und rufen: »Was für ein schlechter Film.«

Ich bin frei von Schuld und hilflos.

Ich kann aber auch annehmen, dass ich nicht nur im Kinosessel sitze, sondern selbst in dem Film auf der Leinwand mitspiele. Der Film handelt von Geschehnissen zu dieser Zeit auf diesem Planeten. Und ich lebe zu dieser Zeit auf diesem Planeten. Ich habe eine Rolle in dem Film, eine kleine Nebenrolle nur, aber immerhin. Ich kann mich nicht drücken. Ich nehme teil an den Geschehnissen und habe damit auch meinen Anteil an ihren Ursachen und Folgen. Mit dieser Annahme übernehme ich einen Teil der Verantwortung. Doch damit verbunden erhalte ich einen Teil der Macht zurück. Wenn ich selbst in dem Film mitspiele, kann ich auch die Handlung verändern.

Ich kann mich fragen, was ich persönlich mit den kriegerischen Auseinandersetzungen zu tun habe, in welchen Bereichen meines Lebens ich kriegerisch denke, fühle, handle.

Ich kann Frieden schließen mit einem Menschen, mit dem ich zurzeit noch Streit habe.

Ich kann Frieden schließen mit einer Situation, die ich bislang noch nicht akzeptiere.

Ich kann Frieden schließen mit einem Ereignis, das ich noch nicht überwunden habe.

Ich kann Frieden mit mir selbst schließen.

Jeder Krieg beginnt mit der Idee, ihn zu führen. Alles geschieht zunächst im Geistigen. Die Idee ist ein Gedanke, den zunächst ein Einziger denkt. Viele werden angesteckt. So können auch meine friedlichen Gedanken andere anstecken.

Und ich verändere die Welt.

Habe aber die Liebe nicht ...

Frag dich einmal: Was ist zurzeit mein größtes
Problem?
Und dann frag dich, ob Liebe helfen kann.

Frag dich einmal: Mit wem habe ich momentan
Schwierigkeiten,
mit wem habe ich zurzeit mehr Kummer als Freude?
Und dann frag dich, ob Liebe helfen kann.

Frag dich einmal: Was muss ich derzeit machen,
was ich nicht so gern mache?
Und dann frag dich, ob Liebe helfen kann.

Frag dich einmal: Was würde ich gern verändern
in meinem Leben?
Und dann frag dich, ob Liebe helfen kann.

Frag dich einmal: Wovor habe ich Angst im Leben?
Und dann frag dich, ob Liebe helfen kann.

… wüsste ich alle Geheimnisse und alle Erkenntnis,
hätte aber die Liebe nicht …
… hätte ich allen Glauben, sodass ich Berge versetzen
könnte,
hätte aber die Liebe nicht …,
… gäbe ich all meine Habe den Armen, ließe meinen
Leib verbrennen,
hätte aber die Liebe nicht …

Wenn du in Zukunft eine Frage hast, nicht weißt,
was du tun sollst,
dann frag dich einfach:
Was würde Liebe jetzt tun?

Und jetzt, zum Schluss, frage dich einmal:
Aus welchem Stoff besteht meine Seele?
Und dann frag dich, ob es etwas anderes als Liebe
sein kann.

Reiki, Aura und Chakren

Energie ist Bewusstsein. Bewusstsein heißt, seine Existenz zu spüren. Ich spüre, dass ich da bin. Das ist weder gut noch schlecht. Es gibt kein gutes »Ich spüre, dass ich da bin« und kein schlechtes »Ich spüre, dass ich da bin«. Es gibt keine positive Energie, es gibt keine negative Energie. Bewusstsein ist immer das Gefühl des »Ich bin«.

Gott ist das große Ganze. Das große Ganze besteht aus unsagbar vielen Teilen. Ein Licht, viele Funken. Das Ich eines Teils nimmt sich selbst auch nur als Teil des Ganzen wahr. Im Laufe der Zeit wächst das Bewusstsein des Teils; es hat den Eindruck, es vergrößere sich, es wachse. In Wahrheit erweitert sich seine Wahrnehmung.

Es gibt keinen Unterschied zwischen Schöpfung und Wahrnehmung. Alles wird im Augenblick der Wahrnehmung erschaffen. Die Wahrnehmung ist immer im Fluss. Sie verändert sich ständig.

Veränderung hat zwei Aspekte: das Vergehen des Alten und das Entstehen des Neuen. Das Alte wird zerstört, das Neue kommt. Das eine stirbt, das andere wird geboren. Die Zerstörung empfinde ich negativ, den Aufbau positiv. Beim Tod empfinde ich Traurigkeit, bei der Geburt Freude. Jeder Bewusstseinsfunke entscheidet nun selbst, welchen Aspekt er stärker wahrnehmen möchte. Der eine widmet seine Aufmerksamkeit der Zerstörung des Alten, ein anderer richtet seinen Blick auf den Aufbau des Neuen. Der eine Teil des Göttlichen blickt nach hinten und sieht Zerstörung und Dunkelheit, der andere Teil blickt nach vorn und erblickt Neubeginn und Licht. Jeder Bewusstseinsfunke verfügt über die Macht, die Blickrichtung selbst zu bestimmen.

Wahrnehmung findet auf mehreren Ebenen statt. Ich sehe Bilder, höre Klänge und spüre Gefühle in mir. Wenn ich meinen Blick auf das Zerstörerische richte, fühle ich die Zerstörung. Richte ich meinen Blick auf den Aufbau, fühle ich den Aufbau. Ich erfahre, was ich wähle. Alles ist also eine Frage der Richtung. Die Energie fließt so, wie ich möchte. Ich bin der Boss. In jeder Sekunde bin ich als göttlicher Bewusstseinsfunke in der Lage, die Richtung zu ändern.

Die aufbauende Energierichtung lebt den Aspekt des Gebens, die zerstörerische Energierichtung lebt den Aspekt des Nehmens. Das Neue wird hinzugegeben, das Alte wird weggenommen. Wenn ich also darauf aus bin, zu nehmen, mich auf das »Bekommen« zu konzentrieren, erfahre ich die zerstörerische Richtung. Konzentriere ich mich auf das Geben, erfahre ich die aufbauende Richtung.

Reiki führt in die gebende Richtung. Die Lebensenergie fließt durch das Kronenchakra in mich hinein, und mit den Händen gebe ich sie weiter. Wenn ein Mensch sich behandeln lässt, gelangt auch er wie der Gebende automatisch in die aufbauende Richtung. Er nimmt nicht, er öffnet sich. Er lässt die Energie in sich zu. Er versucht nicht aktiv, sie zu bekommen, er gibt sich ihr hin. Hin-Gabe ist eine Form des Gebens. Es gibt keinen Unterschied zwischen dem Behandler und dem Empfänger. Es gibt beim Reiki keinen aktiven Part und keinen passiven Part. Beide öffnen sich dem Fluss der Energie.

Das Leben selbst ist Energie in höchster Schwingung. Die Erfahrung des Lebens erfolgt in Körpern. Ein Körper ist Energie in niedriger Schwingung. Der Körper mit der niedrigsten Schwingung ist der physische Körper, den ich im Fitnessstudio mit Hanteln quäle. Den physischen Körper brauche ich, um anschließend meinen Muskelkater spüren zu können.

Gefühle haben eine höhere Schwingung als Muskelkater. Emotionen sind feinstofflicher als Muskeln. Deshalb besteht der Mensch nicht nur aus dem physischen, sondern verfügt darüber hinaus über feinstoffliche Körper. Sie umgeben den physischen Körper. Manche können die feinstofflichen Körper sehen und nehmen sie als feines Licht, als die Aura eines Menschen wahr. Man könnte sie auch als übereinander liegende Schichten der Aura erklären. Die erste Schicht, die Basis sozusagen, ist der physische Körper.

Nur hell-sichtige Menschen können die Aura sehen, spüren aber kann sie jeder. Wenn jemand auf leisen Sohlen in den Bereich unserer Aura tritt, merken wir es auch mit geschlossenen Augen und verstopften Ohren, noch bevor er uns berührt. Die meisten von uns leben in dem Bewusstsein des physischen Körpers. Wir identifizieren uns mit ihm. Das liegt daran, dass wir nur ihn sehen und berühren können. Die Augen des physischen Körpers können nur Entsprechendes erkennen, seine Hände können nur Entsprechendes be-greifen. Mit dem Wachstum des Bewusstseins ändert sich die Erfahrung des körperlichen Lebens. Je bewusster ein Mensch ist, desto öfter verbringt er sein Leben in einem Körper höherer Schwingung. Ein Mensch, der das Licht in sich zulässt, hat eine wahrhaft starke Ausstrahlung.

Chakren sind die Tore zwischen den Schichten der Aura. Sind die Tore offen, fließt die Lebensenergie ungehindert durch alle Körper. Ist eines der Tore geschlossen, wird die Lebensenergie blockiert.

Das Wurzelchakra ist das Tor des physischen Körpers. Es liegt im Bereich des Steißes. Durch dieses Tor kommt die Seele in den physischen Körper. Dort wird der Mensch gezeugt, dort wird er geboren.

Das zweite Chakra liegt im Bereich des Bauches. Es ist das Tor der Kraft und Kreativität. Wer voller Tatkraft ist, seine Kreativität lebt, hat niemals Bauchschmerzen.

Das dritte Chakra befindet sich am Sonnengeflecht. Es stellt die Mitte des Oberkörpers dar. Konzentriert man sich beim Atmen auf diese Stelle, gelangt man automatisch in seine Mitte. Man zentriert sich. Wer in seiner Mitte lebt, ist ausgeglichen.

Das vierte Chakra im Bereich des Herzens ist das Tor der Liebe und des Mitgefühls. Die Schwingung des Herzchakras bewirkt die Gänsehaut, wenn im Film »Titanic« Leonardo di Caprio Abschied von seiner Liebsten nehmen muss.

Das fünfte Chakra im Bereich der Kehle ist das Tor der Wahrheit. Alles, was ich ausspreche, sage ich zuerst zu mir. Sage ich Ja, obwohl ich Nein meine, bleibt mir das unausgesprochene Nein im wahrsten Sinne des Wortes im Halse stecken. Gleichzeitig ist es das Tor der Kommunikation, der Mitteilung. Wer sich anderen mitteilt, teilt sich mit anderen. Wer nicht teilen will, darauf bedacht ist, alles zu behalten, hält das Tor geschlossen.

Das sechste Chakra ist der Punkt zwischen den Augenbrauen. Es ist das Tor der Intuition. Durch dieses Tor kommen die Ideen und Geistesblitze. Bei einem Menschen, der viel nachdenkt, ist dieses Tor geschlossen. Die Energie kann nicht nach unten weiterfließen, da sie zum Nachdenken gebraucht wird. Denken schützt vor Fühlen. Also zu das Tor und weg mit dem Schlüssel. So war es bei mir.

Das siebte Chakra ist das Kronenchakra. Es liegt am Scheitelpunkt unseres Kopfes und ist das Tor zur Spiritualität. Dort ist die Telefonzelle zu dem höheren Teil unseres Selbst, der nicht vergessen hat, dass er wahrhaft göttlich ist.

Reiki ist in der Lage, die Tore zu öffnen beziehungsweise offen zu halten. Die Technik des Reiki ist die Übertragung der Lebensenergie über die Handflächen. Es ist nicht notwendig, die Hände auf den Körper aufzulegen, ihn zu berühren. Es reicht aus, nur die Aura zu berühren. Dabei hält man die Hände etwas vom Körper weg. Manchmal ist die Wirkung ohne direkten Körperkontakt sogar stärker. Sinnvollerweise wechselt man zwischen Körperkontakt und reiner Auraberührung.

Durch meine Absicht, Reiki zu geben, werde ich Kanal. Ab dann überlasse ich dem Höheren, was geschieht. Jetzt ist alles, was ich tue, Reiki. Entscheidend ist nun nicht mehr, was ich tue, entscheidend ist allein meine Präsenz. Man sollte sich also während der Behandlung keine Gedanken darüber machen, was man in welcher Reihenfolge tut. Für mich ist Reiki eine Sache der Intuition. Man braucht dafür kein Behandlungskonzept. Nach meiner Erfahrung ist es total unerheblich, ob zuerst das eine oder das andere Chakra behandelt wird. Ich halte nichts von vorher festgelegten Handpositionen, die in einer bestimmten Reihenfolge abgearbeitet werden. Schließlich ist Reiki kein »Malen nach Zahlen«. Meine einzige Regel lautet: Intuition. Und wenn ich auf dem Rücken des Behandelnden spontan ein Butterbrot schmiere, ist das in diesem Moment Reiki!

Dabei spielt es keine Rolle, ob der Behandelnde an Reiki oder an andere außergewöhnliche Behandlungsmethoden glaubt. An Reiki muss man nicht glauben. An die Sonne muss man auch nicht glauben, man kann sie jeden Tag sehen. An das Leben muss man nicht glauben, man kann es jeden Tag spüren. Auch an das Denken muss man nicht glauben, es stört einen oft genug. Meine Katze glaubt auch nicht an Reiki, und bei ihr funktioniert es trotzdem.

Es gibt einen Unterschied zwischen »verschlossenen« Menschen und solchen, die sagen: »Ich weiß nicht recht, aber mal sehen …« Wenn ein Mensch verschlossen ist, passiert bei ihm überhaupt nichts. Jeder aber, der sich unbefangen, vielleicht auch skeptisch, auf Reiki einlässt, wird die Wirkung an sich erfahren.

Einmal hörte ich im Büro einen Schrei aus dem Nebenzimmer. Ein Kollege hatte ihn ausgestoßen. Ein Nerv im Rückenbereich war eingeklemmt. Ich wunderte mich darüber, dass er überhaupt noch Nerven hat. Er war lange Zeit beim SEK. Ausgerüstet mit Helm, Kampfanzug und Gesichtsmaske, ist mit den Angehörigen dieser Truppe nicht gut Kirschen essen. Den meisten von ihnen werden während der Ausbildung die Nerven herausoperiert. Der Kollege ist einer von der harten Sorte. Kurz nach Diensteintritt bei der Zielfahndung teilte er uns sein Selbstverständnis als Polizist mit: »Ich bin gekommen, um lautlos zu töten …« Der Mann hält von Esoterik so viel wie von weinenden Priestern: nichts.

Nun saß er also schreiend und verkrümmt auf seinem Schreibtischstuhl. Ich legte eine Hand auf seinen Rücken und befahl ihm, sich nur noch auf das Ausatmen zu konzentrieren. Heimlich, still und leise stimmte ich mich auf Reiki ein. Es half. Er hatte in der Vergangenheit immer zehn Tage mit diesem ärgerlichen Nerv zu tun, dessen Hobby es war, sich in seinem Rücken zu verklemmen. Diesmal dauerten die Nachwirkungen nicht länger als sechzig Minuten.

Der Kerl war nicht verschlossen. Allerdings hatte ich ihn auch nicht aufgeklärt. Wenn ich ihm vorher gesagt hätte, was ich wollte: »Hör mal, ich bin Reiki-Meister, ich kann mit meinen Händen heilen …«, hätte er sofort dichtgemacht. Passiert wäre nichts. So aber lief er nach einer Stunde wieder fidel auf der Dienststelle herum.

»Danke für deine psychologische Hilfe«, sagte er zu mir.

Ich heile ihn mit meinen esoterischen Fingern, und er dankt mir für »psychologische Hilfe …«, dachte ich.

Als ich am nächsten Tag noch einmal nach seinem Befinden fragte, antwortete er: »Es geht mir gut. Es ist wie ein Wunder. Ich glaube, du hast heilende Hände.«

Na also, dachte ich, geht doch …

Manche lassen sich gern Reiki-Behandlungen geben, auch ohne dass sie körperliche Probleme haben. Im Zuge der Wellness-Welle ist Reiki hoffähig geworden. Reiki in Verbindung mit Massage ist wirklich ein Genuss. Aber Vorsicht: Je mehr man mit den feinstofflichen Körpern in Berührung kommt, desto mehr Veränderungen zeigen sich. Die Lösung innerer Blockaden findet immer ihre Entsprechung im äußeren Leben. Langsam kann losgelassen werden, was zu lange festgehalten wurde. Verhaltensmuster ändern sich. Man traut sich, die Dinge mal aus einem anderen Blickwinkel zu betrachten. Damit einhergehend ändern sich Sichtweisen und Einstellungen. Was früher wichtig war, wird zweitrangig, was früher weggeschoben wurde, wird heute näher herangelassen. Dieser Prozess kommt umso mehr nach einer *Reiki-Einweihung* in Gang. So wie die Blockade selbst zeigt sich auch die Heilung in den drei Bereichen »Körper, Partnerschaft, Beruf«.

Für die Mitmenschen ist das oft schwierig. Die Heilung der eigenen Seele verursacht manchmal Schmerzen bei den anderen. Eine Ehefrau macht plötzlich nach dem Besuch eines Reiki-Seminars mehr und mehr das, was sie möchte. Die Menschen, die bislang im Mittelpunkt ihres Denkens und Handelns gestanden haben, fühlen sich an den Rand gedrängt. Der Ehemann verliert die alten Verhaltensweisen der Frau, die sein Leben bislang bequemer machten. Er befürchtet, sie auf Dauer ganz zu verlieren. Dass mit der Bequemlichkeit auch die Langeweile in die gemeinsame Wohnung gezogen war, *sieht* er so nicht. Dass mit der Veränderung nun mehr Pfeffer in das Leben kommt, *will* er so nicht. Zu der Angst, die Frau zu verlieren, gesellt sich die Abneigung gegen Reiki oder was sonst in seinen Augen verantwortlich ist für das »Durchdrehen« der Partnerin. Was früher als esoterischer Quatsch belächelt wurde, ist nun zur ernsten Gefahr geworden. Da Philosophie und Technik nicht losgelöst sind von den Menschen, die sie vermitteln, ist die Frau in seinen Augen einem Scharlatan ins Netz gegangen. Sie ist verführt worden. Sie ist einem Guru verfallen. Täglich erwartet er im Treppenhaus die Frage der Nachbarn nach dem Namen der Sekte. Er befürchtet, die Frau könnte jetzt, da sie in der Wohnung schon die stinkenden Räucherstäbchen anzündet, als Nächstes nur noch orange Kleidung tragen.

Die Rollenverteilung Frau und Mann in dieser Darstellung ist selbstverständlich umkehrbar. Ich erinnere mich an eine Szene am Nordseestrand, in der meine Frau Karin vor mir weglief und rief: »Du bist nicht mehr der Mann, den ich einmal geheiratet habe.« Das stimmte. Sie hatte einen Polizisten geheiratet. Der Polizist wollte zunächst nicht, hatte Angst vor Bindung im Allgemeinen und seinen Gefühlen im Besonderen. Er flüchtete vor der Ehe, und sie lief hinter ihm her. Nun lief sie davon, und ein zum Heiler mutierter Polizist rannte am Strand hinter ihr her. Gott sei Dank haben wir uns beide eingeholt …

Oft weckt die passive Erfahrung einer Reiki-Behandlung den Wunsch, selbst Reiki zu geben. Nach einer Einweihung oder, ein anderes Wort dafür, Öffnung kann jeder Mensch Reiki übertragen. Die Öffnung kann nicht mehr verschlossen werden. Auch wer zwanzig Jahre oder länger Reiki nicht praktiziert hat, spürt den Fluss der Energie in seinen Handflächen, sobald er es wieder möchte. Ratsam ist es jedoch, Reiki täglich zu praktizieren. Da nicht ständig ein Kollege mit eingeklemmtem Nerv in der Nähe ist, gibt man sich die tägliche Ration eben selbst. Die Reiki-Selbstbehandlung ist eine wunderbare Meditationstechnik. Jede Selbstbehandlung ist ein Schritt auf dem Weg des seelischen Wachstums. Zudem beugt sie Krankheiten vor, da Reiki Blockaden löst, bevor sie vom Körper als Krankheit wahrgenommen werden.

Je öfter Reiki gegeben wird, desto stärker ist die Wirkung. Die Übung, die ich täglich mache und in den Seminaren vermittle, dauert nicht länger als zehn bis fünfzehn Minuten. Selbstverständlich kann man sie verlängern, aber eine Viertelstunde ist ausreichend. Die Chakren werden geöffnet, der Energieausgleich wird hergestellt.

Um es einmal klarzustellen: Reiki ist kein Allheilmittel, wenn eine Krankheit bereits ausgebrochen ist. Es geht nicht um *entweder* Geistheilung *oder* Schulmedizin. Körperliche Symptome erfordern oft auch körperliche Maßnahmen. Dabei kann Reiki sehr gut helfen. Man hat festgestellt, dass Menschen, die sich einer schwierigen Operation unterziehen müssen, wesentlich seltener anfällig für Komplikationen sind, wenn Reiki unterstützend eingesetzt wird. In vielen Ländern außerhalb von Deutschland, wie zum Beispiel England, ist die Kombination schulmedizinischer und geistheilender Methoden nicht Ausnahme, sondern Regel.

Reiki bedeutet »universelle Lebensenergie«. »Reiki« ist somit ein Name für das Leben selbst. Und das Leben steht allen immer zur Verfügung. Eine Einweihung jedoch ermöglicht die Wahrnehmung dieser Lebensenergie in einer höheren Schwingung, auf Wunsch zu jeder Zeit an jedem Ort.

Bei intensiven spirituellen Arbeiten, wie zum Beispiel Reiki-Seminaren, dringt man zu den feinstofflichen Körpern vor. Wer dabei den Kontakt zu seinem physischen Körper verliert, gerät körperlich und seelisch aus dem Gleichgewicht. So wie ich in meiner Reiki-Übung den Chakrenausgleich herstelle, das Wurzelchakra mit dem Kronenchakra verbinde, so verbinde ich auch in meinen Seminaren die intensive spirituelle Arbeit mit den Genüssen, die nur das irdische Leben zu bieten hat. Wer sich um die feinstofflichen Körper kümmert, darf den physischen nicht vernachlässigen. Das ist sozusagen gelebter Chakrenausgleich. Auch deshalb finden meine Seminare in einem komfortablen Hotel am Meer statt, mit gutem Essen und gutem Wein.

Nach einem Reiki-Seminar ist die Schwingung in dem Seminarraum so hoch, dass kranke Hotelgäste, die am gleichen Abend den Raum betreten, geheilt werden, ohne zu wissen, warum. Und für die Gesunden besteht die Gefahr, an chronischen Herzrhythmusstörungen zu erkranken, wenn man die Schwingungen nicht wieder »runterfährt«.

Ab und an habe ich an zwei aufeinander folgenden Wochenenden Seminare in Friesland. Wenn ich Zeit habe und es mir leisten kann, bleibe ich in den Tagen zwischen zwei Seminaren dort. So vor zwei Jahren. Neben meinem Zimmer stand mir über die Wochentage auch der Seminarraum zur Verfügung. Dies nutzte ich aus, um all die Leute zu empfangen, die in der Nähe wohnen. Im Gegensatz zu denen, die in der Nähe von Duisburg leben, können sie nicht zu den monatlichen Meditationsabenden oder Einzelsitzungen außer der Reihe zu mir kommen. So kamen von Montag an täglich drei bis vier Leute zu intensiven Einzelsitzungen.

Am Donnerstagnachmittag war es in dem Seminarraum nicht mehr auszuhalten. Die Schwingung war so hoch, dass ich Herzschmerzen bekam, sobald ich den Raum betrat. Ich musste die Schwingung wieder runterfahren, sonst hätten die Leute, die ich am Freitag zu dem Reiki-Seminar erwartete, auch ohne mein Zutun eine Einweihung erhalten, die sich gewaschen hätte. Ich verließ das Hotel und fuhr mit meinem Wagen in die Waschanlage der nächsten Tankstelle. Ich hatte Sehnsucht nach den profanen Dingen des menschlichen Alltags. Esoterisch ausgedrückt: Ich musste mich wieder erden. Niemals zuvor hatte ich so viel Spaß an der Reinigung einer Blechkiste.

Einer meiner Freunde ist ein großer Heiler. Er hat die Fähigkeit, die Seele der Menschen zu berühren. Wenn er seine Hände auflegt, wird man mit einem Schwall von Energie erfüllt, dass sich sämtliche Blockaden auf einmal lösen. Dieser Heiler lebt sein Leben im Bereich des Kronenchakras. Er ist mehr mit dem Himmel als mit der Erde verbunden. Er schwebt regelrecht in den höheren Sphären. Mein Freund betrachtet seinen physischen Körper oft als Einengung. Er hat manchmal Todessehnsucht, Sehnsucht nach zu Hause.

Das Wurzelchakra, das am Steiß anfängt, hört an den Füßen auf. Darunter ist der Widerstand der Erde. Das Kronenchakra ist am höchsten Punkt des Kopfes. Das Universum darüber ist unbegrenzt. Wenn mein Freund nicht wenigstens seine Zigaretten rauchte, hätte er keine Chance mehr, zu heilen, weil er auf seinem unendlichen Flug ins spirituelle Weltall keinem Menschen mehr begegnen würde, den er heilen könnte. Rauchen ist eine Sache des Körpers. Man braucht mindestens einen Mund dafür. Unabhängig davon, dass es für Lichtpunkte ungemein schwierig ist, Zigaretten zu drehen. Wenn mein Freund den Rat der Ärzte befolgte und sich das Rauchen abgewöhnte, wäre es für seinen physischen Körper das Todesurteil. Seine Seele würde ihn umgehend abstoßen und in die geistige Welt entschwinden.

Genauso wichtig ist der Chakrenausgleich für die umgekehrte Richtung. Wenn der physische Körper sehr beansprucht wird, hilft es, den Ausgleich zu den feinstofflichen Körpern herzustellen. Das gilt für Stress und für Krankheit gleichermaßen. Bei manchen Krankheiten wird der Körper zusätzlich durch die medizinische Behandlung stark belastet. Da hilft es, sich öfters am Tag in den feinstofflichen Körpern aufzuhalten, damit sich der physische erholen kann.

Die folgende Übung kann in speziellen Fällen angewandt werden, wenn man vor einem Problem oder einer schwierigen Aufgabe steht. Dabei wird die Kenntnis über die entsprechende Bedeutung der einzelnen Chakren genutzt. So wie ein Problem in einem selbst liegt, so liegt dort auch die Lösung.

Man fragt sich, welches Chakra für das Problem steht und welches Chakra bei seiner Lösung helfen könnte. Das bevorstehende unangenehme Gespräch mit dem Chef zum Beispiel ist eine Sache der Kommunikation. Man wünscht sich, dass einem die richtigen Worte einfallen. Das Problem ist eine Sache des Kehlchakras. Helfen könnte eine ordentliche Portion

Mut. Für Mut ist das Bauchchakra zuständig. Nun legt man eine Hand auf das Problemchakra und die andere Hand auf das Lösungschakra und lässt Reiki fließen.

Ab und zu findet in mir ein Konflikt zwischen dem inneren Dogmatiker und dem inneren Rebellen statt. Der Dogmatiker will die dauerhafte Lösung, der Rebell die spontane. Dauer ist auf Zukunft ausgerichtet, Spontaneität auf Gegenwart. An die Zukunft kann man nur denken. Fühlen kann man allein im Hier und Jetzt. Kopf und Herz kämpfen um die Lebensenergie. Der Kopf will sie für sich allein, das Herz will seinen Anteil. Der Dogmatiker führt mich in die Denksucht. Der Rebell bemüht sich, mich davon zu befreien.

Ein Beispiel: Ich mache Sport, schreibe und meditiere. All das will ich täglich tun. Also fängt der Dogmatiker in mir an, Tagespläne zu erstellen. Das macht er gern, mit Plänen kann er sich stundenlang beschäftigen. Nach einiger Zeit wird es dem Rebellen zu bunt und schmeißt die Pläne über den Haufen. Er hat genug Vertrauen, den Dingen freien Lauf zu lassen. Das geht dann einige Tag gut, und zwar so lange, bis der Dogmatiker kommt und mir einredet, mit einem guten Plan wäre alles viel einfacher. Dann verlässt mich das Vertrauen, und ich plane wieder, was das Zeug hält.

Ich möchte weder auf den Dogmatiker noch auf den Rebellen in mir verzichten. Beide haben ihre guten Seiten. Der Dogmatiker verhilft mir zu einer gewissen Disziplin, die in mancher Hinsicht recht positive Auswirkungen hat.

Wenn ein Dogmatiker beschließt, täglich seine Übung zu machen, dann tut er das. Seit meiner Einweihung in den ersten Grad des Reiki habe ich bis auf wenige Ausnahmen täglich meditiert.

Auf der anderen Seite hat mich meine Disziplin oft eingeengt. Ich fühlte mich gezwungen, etwas zu tun, was ich mir zwar vorgenommen hatte, aber eigentlich in diesem Moment nicht wollte. Dann hatte ich die Wahl, es entweder zu lassen und die nächsten Stunden mit einem schlechten Gewissen herumzulaufen oder aber den inneren Schweinehund zu überwinden und mir einzureden, dass ich mich hinterher besser fühlen würde.

Bei diesem Problem bieten sich Stirn- und Herzchakra als Positionen für die Zwei-Chakren-Übung an. Die Energie wird durch das Denken im Bereich des Kopfes festgehalten. Da ist die Blockade. Helfen können Vertrauen und Gefühl, die ihren Sitz im Bereich des Herzens haben. Zwischen beiden Chakren wird nun eine Brücke gebaut, in deren Mitte sich meine zwei inneren Freunde treffen und liebevoll umarmen.

JJ und die Akzeptanz des Stillstands

Du analysierst zu sehr. Du setzt dich mit dir selbst auseinander, bist dein eigener Pathologe. Wie kannst du mit dir selbst einig werden, wenn du dich ständig mit dir auseinander setzt? Analysiere nicht mehr, beobachte nur noch. Beobachte mit einem inneren Lächeln.

So nimmst du den Ernst heraus und wirst sanfter. Wenn du zu ernst bist, siehst und spürst du die Dinge härter. Härte bewirkt Abstand. Wenn du verbinden statt trennen willst, ist Sanftheit der Weg. Sieh einmal: Menschen, die sich nicht berühren, halten Abstand zueinander. Viele Kinder geben ihren Eltern zur Begrüßung nur die Hand, anstatt sie zu umarmen. Die Sehnsucht nach Umarmung und Berührung ist bei Eltern wie Kindern vorhanden, jedoch wird jeder Impuls in diese Richtung unterdrückt. So bleibt immer ein wenig Distanz. Durch Berührung wird Distanz aufgehoben. Wenn du also eine Brücke bauen willst, werde sanft.

Betrachte deinen inneren Konflikt auch einmal als ein Geschenk des Lebens an dich. Erfreu dich daran.

»Dieser innere Konflikt stört mich aber. Ich weiß, dass ich ihn überwinden kann, ich weiß auch, dass er momentan zu meinem Leben gehört. Aber ich muss mich bitte schön

nicht daran erfreuen. Wie kann man sich an etwas erfreuen, was einen stört? Wenn mir jemand so ein Geschenk machte, könnte er es gleich wieder mitnehmen.«

Indem du dich daran erfreust, hört er auf, dich zu stören. Nicht jeder hat so viel Glück wie du, sich Gedanken über seine Körperertüchtigung machen zu dürfen. Geh einmal in ein Krankenhaus und frage nach, wer dein Geschenk haben möchte, das du gerade wegwerfen willst.

»Man kann jedes Problem so lange relativieren, bis es einem nicht mehr als Problem erscheint. Immer wird es jemanden geben, dem es schlechter geht als mir. Fehlt mir ein Bein, schaue ich eben auf einen, der beide verloren hat. Das kann es nicht sein. So nach dem Schema: ›Deine Sorgen möchte ich haben … In der Dritten Welt verhungern die Kinder, und du machst dir Gedanken über deine Frisur …‹«

Ich gebe dir Recht: Das Verbot, dich mit einem Aspekt deines Lebens zu beschäftigen, weil dein Problem im Vergleich zu dem Problem eines anderen scheinbar unbedeutend ist, hilft dir nicht weiter. Das wäre Verdrängung, nicht Überwindung. Verdrängung ist immer zerstörerisch. Das Problem schmort dann im Unterbewusstsein weiter. Wenn dir jemand sagt, es sei ungerecht von dir, über deine Einsamkeit zu sprechen, weil es dir doch ansonsten gut geht und anderen viel schlechter, gesellt sich zu dem Gefühl der Einsamkeit ein Schuldgefühl, weil du so ungerecht bist.

Dennoch kannst du ab und an das Relativieren als Technik benutzen, um dich selbst wieder aufzubauen. Wenn du dich in der Enge deines Problems verfangen hast, hilft es, einmal um sich zu schauen. Dann siehst du auch die schönen Dinge wieder, die für dich da sind. Deine Sicht ist nicht mehr so eng, du blickst von einer höheren Warte aus. Und ein Problem nicht als Last, sondern als Geschenk zu betrachten, ist ebenso eine Technik, die du anwenden kannst, aber nicht anwenden musst.

Akzeptiere dich in jedem Augenblick so, als wenn du niemals mehr anders sein möchtest. Mach jetzt einen Punkt. Beschließe, mit allem Wachstum aufzuhören. Sage: Wenn es nun so bliebe, wäre es in Ordnung.

»Das wäre Stillstand«, sagte ich.

Das ist wahre Lebendigkeit.

»Das Leben ist Veränderung«, widersprach ich.

Die Akzeptanz des Stillstands ist die Voraussetzung für Veränderung.

»Darüber muss ich erst einmal nachdenken.«

Du könntest es vielleicht schneller verstehen, wenn du mich nicht dauernd unterbrechen würdest.

»Entschuldigung«, sagte ich und hob dabei abwehrend die Hände.

Entschuldige dich nicht. Schuldgefühle führen zu Blockaden.

Manchmal könnte ich ihm eine reinhauen, dachte ich.

Jedes Streben ist auf die Zukunft ausgerichtet. In der Zukunft kannst du nicht leben. Sie ist noch gar nicht da. Solange du dich dort aufhältst, bist du wirklich tot. Letztendlich kann jedes Streben nirgendwo anders hinführen als in den Tod. Das Jetzt ist immer so, wie es jetzt ist. Du kannst dieses Jetzt nur dann total erfahren, wenn du alles so akzeptierst, wie es jetzt ist. Man kann den Weg nicht vorwärts gehen. Er führt nach innen. Je stiller du wirst, desto revolutionärer sind die Veränderungen.

»Seitdem sich der Kerl jeden Tag für zwei Stunden auf den Boden setzt und ›Om‹ vor sich hermurmelt, hat er sich so verändert, dass wir alten Kumpels nichts mehr mit ihm anfangen können.«

Wie anders könntest du den Stillstand akzeptieren, wenn du nicht bereit bist, in die Stille hineinzugehen?

»Viele können sich nicht allein in einem Raum aufhalten, in dem Stille herrscht. Deshalb schalten sie das Radio oder den Fernseher an. Die absolute Stille wird gescheut. Nur im Schlaf wird sie zugelassen, doch da bekommt man sie, Gott sei's gedankt, nicht so mit.«

Aus den Tiefen der Stille drängen die Dämonen des Unterbewussten an die Oberfläche des Bewusstseins. Das Unterbewusste ist das Bewusstsein der Seele. Das Tagesbewusstsein ist das Bewusstsein des Körpers. Wer sein Ich für den Körper hält, möchte von der Seele nicht gestört werden.

Fernheilung

In unserem physischen Körper erfahren wir das Leben in Zeit und Raum. Das Leben selbst ist unabhängig von Zeit und Raum. Da Reiki nichts anderes als die Lebensenergie ist, kann eine Übertragung der Energie auch über die Grenzen von Zeit und Raum hinweg erfolgen.

Fernheilung im Raum ist die Übertragung von Reiki an einen Körper, der sich nicht in der Nähe des Gebers befindet. Dabei spielt es keine Rolle, ob sich der Empfänger nur ein Zimmer weiter oder aber auf einem anderen Kontinent aufhält. Auch ist unerheblich, welchen esoterischen Schnickschnack der Geber aufführt. Ausschlaggebend für die Übertragung der Energie ist einzig und allein der Wille eines Menschen.

Es werden dafür keine Kerzen, keine Räucherstäbchen und auch keine Symbole oder Mantras benötigt. Diese Dinge helfen, sind aber nicht Voraussetzung für eine Fernheilung. Man kann sie wie Werkzeuge einsetzen. Doch es stimmt nicht, dass es ohne Werkzeug nicht ginge.

Sobald sich ein Mensch mit Reiki verbindet, verändert sich die Atmosphäre im Raum. Die Energie fließt in die meditative, gebende Richtung. Nutze ich die Mittel, die mir zur Verfügung stehen – Klangschalen, Kerzenlicht, Räucherstäbchen,

Aura-Soma und dergleichen –, baue ich quasi eine Autobahn der Fernheilung. Wenn mir jetzt ein Bild des Menschen zur Verfügung steht und er auch noch an Reiki glaubt und von meiner Fernheilung weiß, dann ist es eine Autobahn ohne Geschwindigkeitsbegrenzung. Bin ich jedoch gerade während eines Wochenmarkts in der Fußgängerzone und habe ich außer meinen Händen und meiner Einweihung nichts Esoterisches bei mir, stehen der Energie für die Fahrt zum Empfänger nur Feldwege zur Verfügung. Doch eines steht fest: Sie kommt immer an!

Ich handhabe es so, dass ich meine Selbstbehandlung dem Empfänger widme. Da ich meine Selbstbehandlungsübung in dem Meditationsraum unserer Wohnung durchführe, ist eine verstärkende Atmosphäre von Anfang an vorhanden. Wenn ich ein Bild des Menschen habe, dem ich Reiki schicken möchte, stelle ich es auf. Sofern er aufgeschlossen ist, sage ich ihm vorher Bescheid und frage ihn, ob er mit meiner Fernheilung einverstanden ist. Ist er nicht aufgeschlossen und kenne ich ihn, bitte ich ihn, zu dem Zeitpunkt meiner Übung an mich zu denken. Wenn er fragt, warum, sage ich, ich hätte einen schwierigen Termin und das Wissen, dass er an mich denkt, würde mir helfen, diesen schwierigen Termin zu meistern. Mehr sage ich nicht.

Bis dahin stimmt alles, nichts ist gelogen. Ob er nun an mich denkt, weil er von meiner Absicht weiß, oder aber deswegen, weil er glaubt, ich hätte einen schwierigen Termin bei meinem Chef, ist vollkommen gleich-gültig. Im ersten Fall denkt er, ich helfe ihm, im zweiten Fall denkt er, er hilft mir. Die Verbindung ist in beiden Fällen da.

Auch beim Telefonieren spielt es keine Rolle, wer von den beiden Teilnehmern angerufen hat. Es ist nicht nötig, dass der Empfänger an Reiki glaubt. Wie schon erwähnt, meine

Katze Mary glaubt auch nicht daran, und trotzdem zeigt es Wirkung, wenn ich ihr Reiki gebe. Entscheidend ist allein, ob jemand offen oder verschlossen ist. Es besteht ein Unterschied zwischen »einfach nicht glauben« und »absolut ablehnen«. Ein Skeptiker glaubt nicht an etwas, nur weil es ihm ein anderer erzählt. Aber er lehnt es auch nicht ab, nur weil es ihm erzählt wird. Ein Skeptiker will seine Erfahrung selbst machen, bevor er es glaubt. Er ist nicht gläubig, aber offen. Jemand, der etwas ablehnt, ist gläubig. Nur von der anderen Seite. Er glaubt nämlich, dass es *nicht* so ist.

Negative Folgen sind durch eine Fernheilung nicht zu befürchten. Eine Fernheilung unterscheidet sich diesbezüglich nicht von einer Reiki-Behandlung am Körper. Die Energie kann niemals schaden, auch dann nicht, wenn der Betreffende nicht damit einverstanden ist. Falls jemand nicht einverstanden ist, lehnt er die Behandlung ab und ist damit automatisch verschlossen; die Energie kommt gar nicht an. Reiki ist nichts anderes als die Übertragung von Lebensenergie. Wozu ein Mensch die Lebensenergie einsetzt, was er aus seinem Leben macht, liegt ausschließlich in seiner Macht und Verantwortung. Es gibt kein schlechtes Leben und deshalb auch kein schlechtes Reiki.

Auch eine umgekehrte Übertragung ist nicht möglich. Oft hört man von Heilern, sie hätten durch eine Behandlung die Symptome des Kranken in sich aufgenommen: »Tagelang habe ich mit der negativen Energie gekämpft, die ich aus seiner Aura herausgezogen habe …« Ich weiß nicht, was diese Heiler anwenden. Reiki ist es jedenfalls nicht. Reiki fließt immer vom Geber aus in die Richtung des Empfängers. Und Reiki ist immer neutral. Wenn der Heiler glaubt, negative Energie durch die Behandlung in sich aufgenommen zu haben, erschafft er die entgegengesetzte Energierichtung in sich im Augenblick des Glaubens. Dafür den Kranken verantwortlich zu machen, ist nicht fair. Auch der Heiler ist nicht verantwortlich für die Folgen seiner Behandlung. Nutzt der Empfänger die Lebensenergie zu seiner Heilung, hat er sich selbst geheilt. Nutzt er sie zum Sterben, hat sie ihm den Übergang erleichtert. In beiden Fällen hat die Seele die Energie dankbar angenommen. Und will er sie nicht haben, passiert überhaupt nichts.

Fernheilung in der Zeit ist eine Form der Selbstbehandlung. Ich sende Energie in die Vergangenheit oder Zukunft. Heilung der Vergangenheit ist die Auflösung von Schuldgefühlen. Ich habe damals etwas gemacht, was ich heute nicht mehr tun würde. Wenn ich an das Ereignis denke, tut es mir weh. Alles, was wehtut, ist noch nicht geheilt. Doch bin ich in der Lage, mich mit dem Zeitpunkt des Ereignisses zu verbinden.

Eine solche Übung ist intensiv und erfordert Mut. Im Augenblick der Verbindung spüre ich den Schmerz sehr deutlich, vor dem ich in den letzten Jahren davongelaufen bin. Aber Flucht kann nicht heilen. All das, was noch nicht aufgelöst ist, kommt unweigerlich hinter mir her. Ich traue mich nicht, mich umzublicken, weil ich es nicht mehr sehen möchte. Doch das Wissen um den Schatten in meinem Rücken behindert mich. Ich bin nicht frei, denn ich werde verfolgt. Doch jetzt nehme ich es in Angriff. Ich drehe mich um und heile, indem ich es für »in Ordnung« erkläre. Bis jetzt war es nicht in Ordnung, ich habe mich schuldig gefühlt. Aber nun verzeihe ich, ich vergebe mir. Und mit der Vergebung gebe ich es ein für alle Male ab. Der Schmerz ist nicht sofort weg. Aber die Heilung setzt ein. Auch eine Krankheit heilt nicht von einer Minute auf die andere.

Eine gute Übung ist das Mantra »Ich atme aus, was jemals war«: Ich setze mich hin, schließe die Augen, lege eine meditative Musik auf und wiederhole eine Zeit lang den Satz »Ich atme aus, was jemals war«.

Eine weitere Übung ist der »Engel aus der Zukunft«: Ich begebe mich in die Zeit zurück, in der es mir schlecht ging. Und dann mache ich mir klar, dass ich heute für mein damaliges »Ich« das »Ich« der Zukunft bin. Mein »Ich« aus der Zukunft ist größer als mein »Ich« von damals. Es weiß einfach mehr um die Zusammenhänge. Es weiß auch, warum die Zeit damals für mich wichtig war. Und nun stelle ich mir vor, wie ich als Engel aus der Zukunft meinem damaligen »Ich« zu Hilfe komme.

Auch wenn es mir jetzt schlecht geht, ich in einer Situation bin, deren Bedeutung mir nicht klar ist, kann ich mich mit meinem zukünftigen »Ich« verbinden. Mein Engel aus der Zukunft gibt mir heute Hilfestellung. Eine umgekehrte Fernheilung, sozusagen.

JJ über die Techniken des Meisters der Liebe

Ich gebe dir eine weitere Übung. Der Meister hat sie uns damals beigebracht. Sie heißt »Friede sei mit dir«. Versuch es einmal. Sprich dich dabei mit deinem Vornamen an.

Sag: »Friede sei mit dir, Peter.« Und dann sieh, was in dir passiert. Du kannst die Übung immer dann anwenden, wenn du in dir ein Gefühl der Zerstrittenheit spürst. Sie ist nicht für die anderen gedacht. Diese Übung setzt nur bei dir an. Doch die anderen profitieren davon. Sie haben Anteil an deiner Ausstrahlung. Denn mit dem Gefühl in dir verändert sich auch die Aura um dich herum. Jesus war von einer unglaublichen Aura umgeben. Seine Präsenz allein war Heilung. Er hat die Menschen seiner Umgebung nur durch seine Anwesenheit verändert. Jeder in seiner Nähe atmete einen Teil seiner Seele ein. Und genau das passiert, wenn du anderen Reiki gibst. Durch die Verbindung mit der Lebensenergie in stärkerer, reinerer Form veränderst du deine Aura. Da der Empfänger in deinem Blickfeld ist, ist er Teil deiner Seele. Indem du dich in die meditative Energierichtung begibst, wirkt sie auch auf das Wesen ein, das du behandeln möchtest.

»Friede sei mit dir« ist eine Fernheilungsübung. Sieh einem Menschen in die Augen und sag laut oder im Stillen: »Friede sei mit dir.« Der Fluss der Energie wird bei ihm ankommen. Allein deine Präsenz ist entscheidend. Die Qualität deiner Präsenz hängt von deinem Gefühl ab. Bist du innerlich zerstritten, so strahlst du Streit aus. Bist du innerlich unzufrieden, so strahlst du Unfrieden aus. Mit dem Mantra »Friede sei mit dir« kannst du deinen inneren Unfrieden in Frieden umwandeln. Und so, und nur so, kann Frieden auf Erden Einzug halten. Es ist nicht anders möglich. Wenn du in dir die Wehrhaftigkeit forcierst, dich gegen andere wappnest, verspüren diese in deiner Gegenwart ebenso das Gefühl, sich gegen dich wehren zu müssen, und wollen vor dir gewappnet sein.

Wenn du einem anderen Menschen über den Raum hinweg Fern-Reiki schicken möchtest, erweitert sich deine Seele. Du kannst es nicht sehen, aber wahrhaft ist es so, dass deine Aura selbst die Energie zum anderen transportiert. Je intensiver du in der Lage bist, dich auf einen anderen, der sich weit von dir weg befindet, einzustimmen, desto mehr wird er dich in seiner Nähe spüren. Wenn du an einen Menschen liebevoll und intensiv denkst, so spürt er das. Der Satz »Dieser Mensch steht mir sehr nahe« stimmt im wahrsten Sinne des Wortes. Also denk daran, deine Präsenz allein zählt. Und damit gebe ich dir ein weiteres wirkungsvolles Mantra: »Da, wo ich bin …«

Da, wo ich bin ...

Stell dir eine Situation vor, in der sich Menschen feindlich gegenüberstehen.
Du stehst abseits und betrachtest die Szenerie.

Und nun trittst du hervor und erfüllst den Raum mit deinen Worten:
Da, wo ich bin, ist Frieden. Da, wo ich bin, ist Freundschaft.

Stell dir eine Situation vor, in der Menschen unachtsam mit Leben umgehen.
In der Menschen anderem Leben wehtun und sich nicht bewusst sind, was sie tun.
Du stehst abseits und betrachtest die Szenerie.

Und nun trittst du hervor und erfüllst den Raum mit deinen Worten:
Da, wo ich bin, ist Traurigkeit. Da, wo ich bin, ist Mitgefühl.

Stell dir eine Situation vor, in der Menschen von
Kälte und Einsamkeit umgeben sind.
Du stehst abseits und betrachtest die Szenerie.

Und nun trittst du hervor und erfüllst den Raum
mit deinen Worten:
Da, wo ich bin, ist Wärme. Da, wo ich bin, ist
Geborgenheit.

Stell dir eine Situation vor, in der Menschen das
Glück um sich herum nicht sehen.
In der Menschen blind sind für die Schönheit und
Pracht des Lebens.
Du stehst abseits und betrachtest die Szenerie.

Und nun trittst du hervor und erfüllst den Raum mit
deinen Worten:
Da, wo ich bin, ist Dankbarkeit. Da, wo ich bin, ist Freu-
de.

Stell dir eine Situation vor, in der Menschen zerrissen
sind in Körper und Seele.
Du stehst abseits und betrachtest die Szenerie.

Und nun trittst du hervor und erfüllst den Raum
mit deinen Worten:
Da, wo ich bin, ist Heilung. Da, wo ich bin, ist
Vertrauen.

Und nun mach dir klar: Du bist der Schöpfer deiner
Erfahrungen. Du bist der Boss.
Und immer stehen dir die magischen Worte zur
Verfügung: Da, wo ich bin ...

Da, wo ich bin, ist das Sehen und Hören, das
Schmecken und Spüren.
Da, wo ich bin, ist das Lachen und das Weinen.
Da, wo ich bin, ist der Tanz des Göttlichen.

JJ über die Techniken des Meisters der Liebe (II)

Der Meister gab uns Schülern Techniken, die wir anwenden konnten. Er war ein weiser Mann, ein guter Lehrer und manchmal etwas heftig. Er konnte richtig wütend werden, du hättest ihn mal sehen sollen. Er erklärte uns Gott und die Welt. Doch kam er immer zum Ausgangspunkt zurück: Es geht um den einzelnen Menschen. Es geht um dich.

Jesus wollte nicht die Welt bekehren. Er glaubte nicht an objektive Wahrheiten. Er sagte: »Ich bin der Weg, die Wahrheit und das Leben. Und weil das für mich so ist, ist es für dich auch so.« Und da setzte er an. Er lehrte Übungen, die jedem Einzelnen von uns halfen, den Mut und das Vertrauen zu entwickeln, seinen eigenen Weg zu gehen, seine eigene Wahrheit zu leben und dementsprechend ein Leben zu führen, welches sich nicht an anderen orientiert.

Im Lauf der Zeit sind die meisten Übungen verloren gegangen. Und das, was von dem praktischen Teil seiner Botschaft noch übrig geblieben ist, wurde in seiner Bedeutung verändert.

Das Abendmahl zum Beispiel war eine Meditationsübung. Heute ist es ein Ritual zur Anbetung des Meisters. Die Beichte ist eine tolle Technik zur Befreiung von Schuldgefühlen. Später hat man den Kindern erzählt, der liebe Gott verlange es. Die Verwalter der Lehre des Meisters haben seine Übungen in Predigten verwandelt.

Stell dir mal vor, du hast einen Schaden an deinem Auto. Du fährst in die Werkstatt und bittest um Hilfe. Der Meister kommt, sieht sich den Wagen an und teilt dir mit, es läge an der Ölwanne. Aus seiner Kitteltasche holt er ein Buch hervor und beginnt, dir vorzulesen. Gleichnisse mit, von und über die Ölwanne. Anschließend singt ihr gemeinsam ein Lied. Dann steigst du in den Wagen und fährst wieder nach Hause. Jetzt weißt du alles über die Ölwanne. Dein Auto aber ist immer noch kaputt.

»Hat er euch auch gezeigt, wie man Wasser in Wein verwandelt? Und, was noch wichtiger ist, hast du behalten, wie es geht?«, fragte ich nicht ganz uneigennützig. Wenn JJ es kapiert hat, werde ich es wohl auch lernen können, dachte ich.

Ich sage dir, wie er aus Wasser Wein gemacht hat: Er hat den Gastgeber in den Keller geschickt. Bei einer Hochzeit sagte er: »Solange der Bräutigam noch auf der Party ist, wird Wein getrunken.« Jesus verstand es, zu feiern. Er verstand es nicht, zu zaubern. Ich kann dir versichern, dass er noch nicht einmal einen Kartentrick beherrschte. So wie du erschuf er seine Realität durch seine Gedanken, seine Worte und seine Taten.

»Du sprichst immer von Gedanken als Ursache der Schöpfung. Du sagst: ›Am Tag, als der Gedanke erwachte.‹ In der Bibel steht aber: ›Am Anfang war das Wort.‹ Ist damit dasselbe gemeint?«, fragte ich weiter.

Wann hat man schon mal einen Augenzeugen des

Neuen Testamentes bei sich?, dachte ich mir. Außerdem wollte ich JJs Anwesenheit nutzen, solange es noch ging. Also ran an die Informationen, bevor es zu spät ist. Auch JJ hatte erzählt, dass die Jünger damals nach dem Abschied des Meisters noch tausend Fragen hatten. Ist immer so: Wenn die Gelegenheit zu fragen da ist, fällt einem nichts ein, und kaum ist der Erleuchtete weg, weiß man, was man ihn beim nächsten Mal fragen wird.

Der Gedanke ist der Same. Mit dem Gedanken beginnt alles. Aber zunächst ist er noch kraftlos. Er muss an Energie gewinnen, er muss reifen und wachsen. Wenn er genug Kraft hat, die Energie groß genug ist, dann kannst du ihn offenbaren. Worte sind Gedanken, die in Form gegossen wurden. Worte sind formulierte Gedanken. Ein Gedanke ist reine Energie. Energie formt sich in der Welt zu Körpern, zu Bildern, zu Klängen. »Am Anfang war das Wort« beschreibt die Gestaltung der Formen. Es beschreibt die Schöpfung der äußeren, der sicht- und hörbaren Welt.

Du siehst es bei dir selbst. Ein Gedanke, den du lange mit dir herumträgst, kann dich beschweren. Er hat als kleiner Gedankensame angefangen, ist in dir aufgewacht und dann gewachsen. Nun ist er schwer geworden, drängt darauf, aus dem Inneren ins Äußere geboren zu werden. Wenn du ihn gebären lässt, ihn in Worte fasst und aussprichst, fühlst du dich erleichtert. Energie strebt nach Ausdehnung. Wenn du Energie in dir einsperrst, dehnt sie sich nach innen aus. Öffnest du aber den Mund, sprichst endlich aus, was in dir ist, fließt sie nach außen und kann sich dort ausdehnen. Diese Schubumkehr empfindest du als befreiend.

Das ist im Übrigen der Sinn der Beichte. Das Ritual der Beichte gab den Menschen die Möglichkeit, auszusprechen, was sie keinem anderen erzählen konnten. Der Priester hat absolute Schweigepflicht. Er ist als Seelsorger nur deiner Seele verpflichtet. Ihm gegenüber können die Menschen die Gedanken formulieren, die für alle anderen tabu sind. Erst später haben sich die Priester angemaßt, Absolution zu erteilen und Strafen aufzugeben. Das Aussprechen an sich ist die Absolution. Es kann dir kein anderer etwas vergeben. Abgeben kann nur der, der etwas hat. Die Beichte war der Ort, an dem das, was abzugeben war, abgelegt werden konnte.

Damit die Energie sich im Außen ausdehnen kann, ein Gedanke von dir Gestalt annehmen kann, musst du ihn aussprechen. Du musst deine Absicht formulieren. Wenn du einen Verein gründen willst, musst du Leute ansprechen. Wenn du in einem Restaurant sitzt, musst du dich gegenüber dem Kellner äußern, damit deine Absicht zu essen für deinen Körper eine erfahrbare Wirklichkeit werden kann.

»Und wenn ich stumm bin? Ich könnte doch auch auf die Karte zeigen, um eine Bestellung aufzugeben. Und wenn ich einen Verein gründen will, kann ich die Menschen auch anschreiben. Vieles geschieht ohne ein gesprochenes Wort«, gab ich zu bedenken.

Wie du formulierst, ob mit Worten oder Zeichensprache, ist vollkommen unerheblich. Es geht um das Formulieren selbst. Und das Formulierte zeigt sich als Körper, als Bild oder als Klang. Wenn du sprichst, wählst du den Klang, wenn du zeigst, wählst du das Bild.

»Wenn ich den Kellner also am Kragen packe und durchschüttele, weil ich endlich was zu essen haben möchte, wähle ich die körperliche Form, stimmt's?«

Stimmt.

»Was körperliche Ausdrucksformen betrifft, habe ich dir gegenüber einen leichten Vorteil.«

Nur kurzfristig. Die Erde ist meine Heimat. Ich bin ihr sehr verbunden. Meine Aufenthalte in der geistigen Welt sind niemals von langer Dauer. Das Leben in einem Körper bietet Genüsse, die in der geistigen Form nicht erfahrbar sind. Noch habe ich mich davon nicht gelöst. Solange der Drang besteht, werde ich wiederkehren.

Das kann ich verstehen. »So eine zünftige Wirtshausschlägerei ohne Körper ist irgendwie blöd«, sagte ich. »Aber ich glaube nicht, dass du heute noch den Drang zur Gewalttätigkeit hast«, fügte ich schnell hinzu.

Auch ich entwickle mich ständig weiter. Zwar habe ich immer noch bekehrende Züge an mir, doch habe ich in meinen letzten Inkarnationen nur noch selten Scheiterhaufen aufgestellt und ungläubige Frauen verbrannt. Doch lass uns weitermachen.

Gedanken, die lange in einem Menschen gereift sind, haben eine ungeheure Energie. Sie wollen in die materielle Welt geboren werden. Aber viele Menschen sprechen zu wenig aus. Sie sind schwanger mit Gedanken, die bereits den Geburtskanal hochgekrochen sind und jetzt im Bereich des Kehlchakras auf den Kaiserschnitt warten. Manche Ärzte sagen »chronische Bronchitis« dazu. Vielen Menschen stecken nicht nur negative Gedanken in der Mundhöhle, der ganze heruntergeschluckte Ärger mit dem Chef zum Beispiel, sondern mindestens zu gleichen Anteilen positive Gedanken, die sie sich nicht auszusprechen trauen, oder sie denken, es wäre später noch Zeit dafür. Viele Menschen sagen ihren Angehörigen oder engsten Freunden nie oder nur selten, wie sehr sie sie lieben.

Amokläufer tragen den Gedanken der Enttäuschung und persönlichen Verletzung oft Jahrzehnte mit sich, bevor sie zur Tat schreiten. Der Gedanke ist in ihnen so groß geworden, dass sie im wahrsten Sinne des Wortes explodieren. Und damit wären wir bei der körperlichen Form eines Gedankens angelangt, auf deren Erwähnung du so viel Wert legst.

»Ich will nur nicht an meinen Gedanken ersticken«, verteidigte ich mich. »Aber es stimmt, was du sagst. Amokläufer sind meist schweigsame Menschen. Es dauert lange, bis so jemand in der Fußgängerzone die Maschinenpistole zückt. Ein nettes Gespräch zur richtigen Zeit hätte da manches verhindern können.«

Andersherum berauben Menschen, die zu früh zu viel erzählen, ihren Gedanken die Energie. Sie schaffen ständig Frühgeburten, die nicht lebensfähig sind. Sie basteln an tausend Projekten herum, aus denen nie etwas wird. Sie lassen die Idee, die aus dem Universum zu ihnen kommt, nicht genügend reifen. Stattdessen laufen sie sofort los und erzählen jedem davon. Die ganze Energie fließt dabei weg. Sie veräußern den Gedanken, bevor er etwas wert geworden ist.

»Was jedoch nutzen alle Gedanken und Worte, wenn keine Taten folgen?«

Manche Gedanken und Worte brauchen keine Handlung. Sie wirken ohne den Einsatz deiner Hände.

»Okay, wenn ich denke, dass du dumm bist, bekommst du es vielleicht in deinem Unterbewusstsein mit.«

Nicht vielleicht, sondern ganz sicher.

»Und wenn ich dir sage, was ich von dir halte, bekommst du es auf allen Ebenen deines Bewusstseins mit. Aber wenn ich dir mit einem Baseballschläger eins auf die Mütze gebe, ist die Wirkung noch viel durchschlagender.«

Sofern ich weiß, warum du mir eins auf die Mütze gibst. An ein paar erklärenden Worten kommst du nicht vorbei.

»Wenn ich einfach nur ärgerlich bin, sind Worte nicht nötig. Und wenn ich dich berauben will, spricht der Baseballschläger für sich allein schon eine klare Sprache.«

Es könnte auch bedeuten, dass du Baseball spielen willst.

»Dann wäre ich anders gekleidet«, klärte ich JJ auf.

Aber du hast Recht. Zuerst kommt der Gedanke. Der Gedanke ist eine Idee. Die Idee wird zu einer Absicht. Die Absicht formulierst du durch dein Wort. Doch nun muss sich das Wort materialisieren. Die Idee soll zu deiner Erfahrung werden. Du willst das Geistige in Körperliches verwandeln. Das Wort soll zu Fleisch werden, wie es in der Bibel heißt. Also musst du deinen Körper einsetzen. Du musst handeln. Die Handlung verwandelt deine Absicht in Wille. Der Wille setzt Energie frei, die magnetisch wirkt. Du ziehst Gelegenheiten und Menschen an, die dir nutzen und dich bei deinem Vorhaben unterstützen.

»Dein Wille geschehe«, sagte ich.

So ist es. Auch das »Vaterunser« ist eine Sammlung von Techniken, die uns der Meister gab. Der Himmel ist das Innere, die Erde ist das Äußere. »Dein Wille geschehe, wie im Himmel, so auf Erden«, bedeutet, dass du der Schöpfer deiner Erfahrungen bist.

»Ich dachte, es bezieht sich auf Gott. Sein *Wille geschehe …?«*

Wie lautet die erste Zeile des »Vaterunser«?

»Vater unser, der du bist im Himmel …«

Gott ist in deinem Innern. Es gibt keine Trennung zwischen Gott und dir.

»Und was ist dann mit dem Rest des Gebets? ›Geheiligt sei dein Name‹ und so weiter?«

Wie lautet dein Name?

»Peter, wie du weißt.«

Wie findest du deinen Namen?

»Wie meinst du das?«

Liebst du deinen Namen? Kannst du dich mit deinem Namen selbst ansprechen? Wie ist es für dich, mit diesem Namen angesprochen zu werden? Liebst du dich mit deinem Namen?

»Ich weiß nicht recht …«

Die Worte »heilig« und »Heilung« haben den gleichen Ursprung. Heilung macht etwas ganz, was vorher getrennt war. »Heil« ist ein anderer Ausdruck für »ganz«. »Ganz« bedeutet »eins«. Wenn etwas getrennt ist, ist es nicht eins, es besteht aus mehreren Teilen. Der Weg zur Einheit, zur Ganzheit, führt über deinen Namen. Er gehört zu dir. Er ist einer der vielen Namen Gottes. Wenn du deinen Namen von Gottes Namen trennst, kannst du dich nicht als eins mit Gott empfinden. Und wenn du dich nicht mit deinem Namen voll und ganz lieben kannst, kannst du dich selbst nicht voll und ganz lieben. Da ist immer noch ein Teil, den du nicht mit ganzem Herzen liebst. Also fang bei deinem Namen an. Fang an, deinen Namen zu lieben. Das ist der erste Schritt zur Selbstliebe und damit zur Liebe selbst. Das ist die erste Technik.

»Dein Reich komme …«

Je mehr du dir über deine wahre Identität bewusst wirst, desto mehr spürst du deinen Anteil an der großen, unendlichen Schöpfung, dem Reich Gottes. Such dir einen Platz in der Natur. Schließ die Augen. Sag dir: »Dies ist meine Schöpfung. Alles um mich herum habe ich selbst erschaffen. Alles ist ein Teil meiner selbst.« Sag es mehrfach. Dann öffne in diesem Bewusstsein die Augen. Wenn du etwas wahrhaft als dein betrachtest, passt du am besten darauf auf. Ein Bild, das von seinem Maler geliebt und als Eigentum betrachtet wird, ist bei dem Maler selbst am besten aufgehoben. Je stärker du dich mit dem Reich Gottes identifizierst, desto näher kommt es auf dich zu. Das ist die zweite Technik des »Vaterunser«.

»Unser täglich Brot gib uns heute …«

Sorge für deinen Körper und für deine Seele. Kümmere dich um dich. Gib dir körperliche und geistige Nahrung. Sei sanft zu dir. Pass auf deine Schöpfung auf. Geh sorgsam mit dir um. Und mach dir klar: Je weniger du von dir trennst, je weiter dein Bild von dir selbst ist, je mehr du in deine Identität hineinnimmst, desto mehr profitierst du von deiner Sorgfalt. Die Menschen gehen deshalb so wenig sorgfältig mit ihrer Umwelt und ihren Mitmenschen um, weil sie die Umwelt und die Mitmenschen von sich selbst trennen. Wenn du mit dir sanft und liebevoll umgehst, spürst du Sanftheit und Liebe in dir. Wenn du Sanftheit und Liebe in dir spürst, strahlst du Sanftheit und Liebe aus. Das ist die dritte Technik.

»Vergib uns unsere Schuld …«

Hab keine Schuldgefühle. Alles ist in Ordnung. Alles in deinem Leben gehörte dazu, damit du zu dem Menschen wurdest, der du heute bist. Alle Gedanken, alle Gefühle und alle Ereignisse in deinem Leben. Es gibt kein »Richtig« und kein »Falsch«, es gibt nur Erfahrung. Weil es kein »Richtig« und kein »Falsch« gibt, gibt es auch keine richtigen und falschen Gedanken, Gefühle und Handlungen. Da ist kein Platz für Schuldgefühle. Also streif sie ab von dir. Das ist die vierte Technik.

»Wie auch wir vergeben unseren Schuldigern …«

Trage auch anderen nichts nach. Alles, was du nachträgst, schleppst du selbst mit dir rum. Das ist die fünfte Technik.

»Und führe uns nicht in Versuchung …«

Suche die Liebe nicht außerhalb von dir. Nichts kannst du finden, was du außerhalb von dir suchst. Das ist die sechste Technik.

»Und erlöse uns von dem Übel …«

Lerne, loszulassen. Du bist mehr als deine Rolle, dein Besitz. Identifiziere dich nicht mit einem Teil des ganzen Bildes. Löse dich von den selbst erschaffenen Bindungen, die dich in deiner Freiheit einengen und an deinem Wachstum hindern. Das ist die siebte Technik.

»Denn dein ist das Reich und die Kraft und die Herrlichkeit in Ewigkeit …«

Alles gehört dir, alle Kraft des Universums ist deine Kraft, und alle Herrlichkeit ist deine Herrlichkeit. Stell dein Licht auf den Leuchter, lass es ausstrahlen. Das ist die achte Technik. Und dann die Frohe Botschaft: Das Leben endet nie. Jeder Gedanke, einmal gedacht, ist nie mehr rückgängig zu machen.

»Amen.«

So sei es.

»Acht Techniken«, sagte ich nachdenklich.

Neun. Vergiss nicht den Ausgangspunkt unseres Gesprächs. Dein Wille geschehe, wie im Himmel so auf Erden. Wenn du dir darüber bewusst bist, kannst du es nutzen. Mach eine bewusste Handlung zum Zeichen deines Willens. Mach ein Ritual. Aus diesem Grunde übrigens haben Reiki-Einweihungen eine starke Wirkung. Ein Mensch will sich öffnen. Ein anderer will dabei helfen. Beide drücken ihren Willen in Form eines Rituals aus. Und dann geschieht es.

»Wenn zwei sich treffen in meinem Namen, bin ich als Dritter im Raum«, sagte der Meister. Wenn zwei Menschen sich begegnen, um sich zu bekriegen, ist der Krieg im Raum. Wenn zwei Menschen sich treffen, um sich zu lieben, ist die Liebe im Raum. Und so ist auch die Kraft im Raum spürbar, wenn Menschen zusammentreffen, die sich dem Reiki öffnen.

Wenn zwei sich treffen in meinem Namen

Die Teilnehmer meiner Seminare erhalten relativ umfangreiche Unterlagen. In der Mappe für den dritten Grad findet sich auch JJs Erklärung zur Einweihung wieder: »Wenn zwei sich treffen in meinem Namen, da bin ich als Dritter im Raum.« Immer dann, wenn zwei oder mehr Menschen sich begegnen, ist eine dritte Kraft zugegen. Treffen sich zwei im Namen der Liebe, dann ist die Liebe im Raum. So auch, wenn zwei zusammenkommen, um sich dem Reiki zu öffnen.

In meinen Seminaren führe ich jeweils eine Einzeleinweihung am Samstagnachmittag und eine Gruppeneinweihung am Samstagabend durch. Erstere dauert wenige Minuten. Dabei sind nur der Einzuweihende und ich im Raum, die anderen stehen als Wächter außen vor der verschlossenen Tür des Seminarraums. Für die Gruppeneinweihung gehen wir am Samstagabend in die katholische Kirche.

Wenn ich ein Seminar habe, mache ich mich freitagmorgens um fünf Uhr in Duisburg auf die Socken. Ich nehme die kleine Tasche mit meinen Klamotten und den Koffer mit den CDs und fahre los. Die große Tasche mit den Kissen und Decken habe ich zusammen mit dem esoterischen Werkzeugkasten, bestückt mit Räucherstäbchen, Kerzen, Aura-Soma und so weiter, bereits am Vorabend in den Wagen verfrachtet.

Ich gebe Gas ohne Ende, knalle über die Autobahn, überhole rechts und links, um dann ab halb fünf über Leben, Licht und Liebe zu predigen. Noch bevor ich auf den Parkplatz des Hotels einbiege, halte ich am Gemeindehaus an und besorge mir den Schlüssel für die Kirche. Für die Zeit der Einweihung schließe ich hinter uns die Tür ab. So verhindere ich wie gesagt eine unerwünschte Störung von außen.

Samstagabends treffe ich mich mit der Gruppe um acht Uhr in der Kirche. Ich fahre meist eine Viertelstunde vorher hin, um die Stereoanlage aufzubauen und die sonst noch anfallenden Vorbereitungen im Gotteshaus zu treffen. So auch bei einem Meistergrad im November 2002. Um halb sieben erhob ich mich beim Abendessen im Restaurant und erklärte feierlich, dass ich die Gruppe um acht Uhr in der Kirche zur Meistereinweihung erwarten würde. Da ich noch bis Viertel vor acht Zeit hatte, der Weg von dem Hotel zur Kirche beträgt mit dem Auto eine Minute, legte ich mich aufs Bett, um ein wenig vor mich hin zu dösen.

Um sieben Uhr wurde ich unruhig. Mir kam der Gedanke, bereits jetzt zur Kirche zu fahren, alles Notwendige zu erledigen, anschließend eine oder zwei Zigaretten zu Ehren von JJ zu rauchen und mich ansonsten schon mal allein auf die bevorstehende Einweihung einzustimmen. Gedacht, getan. Ich fuhr auf den Parkplatz, stieg aus, holte die Stereoanlage aus dem Kofferraum, lief in die Kirche und platzte mitten in einen Gottesdienst, geleitet von einem freundlichen älteren Pfarrer, den ich nicht kannte.

Das gab's noch nie. Abendgottesdienste fanden in der Regel freitags statt, samstags war immer Ruhe. Zunächst war ich ärgerlich auf meinen Freund, den Priester. Das hätte mir der Knaller auch vorher sagen können, dachte ich. Gibt mir den

Schlüssel, damit ich samstagabends die Kirche hinter mir abschließen kann, und dann hat er den Schuppen schon anderweitig vermietet.

Doch dann sah ich näher hin. Es waren etwa dreißig Kinder mit ihren Eltern da. In der Mitte hatten sie etwas aufgebaut. Der Priester stand nicht hinter dem Altar, sondern direkt vor den Kirchenbänken. Ab und an ging ein kleiner Junge oder ein Mädchen nach vorn und trug etwas vor. Immer wieder wurde gesungen. Dazu spielte einer der Väter Gitarre. Sie sangen und lachten, waren alle so offen und fröhlich, wie man es selten bei Gottesdiensten erlebt. Wenn man lachende Gesichter in einer katholischen Messe sehen will, muss man schon zu einem Gospelgottesdienst gehen. Oder aber an jenem Samstagabend in diese Kirche in Friesland.

Es war geradezu ansteckend. Ich setzte mich hinten an den Rand einer Bank. Ich fragte die Frau neben mir leise, woher sie kämen und, was mich noch mehr interessierte, wie lange die Vorstellung dauern würde.

»Wir sind eine Gruppe aus Delmenhorst auf Gemeindefahrt«, erklärte sie. »Unsere Kinder haben zu Hause ein Programm einstudiert, das sie heute hier vorführen.« Sie schaute auf ihre Armbanduhr. »Um sieben hat das angefangen, das Programm dauert eine Stunde, also spätestens um acht sind wir hier wieder raus.«

Na, das passt ja, dachte ich. An meinen Plänen musste ich nichts ändern, deshalb beschloss ich, für die restliche Dauer der Veranstaltung die fröhliche Atmosphäre zu genießen. Eine Vorbereitung für die Meistereinweihung, schoss es mir durch den Kopf. Die Kinder, die lachenden Eltern, der freundliche Priester, die Gitarren, all das schuf eine ganz besondere Schwingung. Um acht kommen »meine« Leute, und genau bis acht dauert die Sache hier. Das konnte kein Zufall sein. In diesem Moment kam ein kleiner Junge auf mich zu und gab mir ein Blatt mit den Liedtexten, damit ich mitsingen konnte. Mein Blick fiel auf einen Liedtext in der Mitte des Blattes.

Dort stand: »Wenn zwei sich treffen in meinem Namen, da bin ich als Dritter im Raum.«

JJ über Einweihung, Seelenaspekte und ein Gespenst am Ufer

Wenn zwei sich treffen in meinem Namen. Eine schöne Geschichte.

»Ich werde sie in meinem Buch erzählen«, sagte ich.

Du willst ein Buch schreiben?

Offenbar war JJ erstaunt über meinen Entschluss.

»Eigentlich sollte es eine Überraschung werden. Ich wollte es dir zeigen, wenn es fertig ist, aber jetzt ist es raus.«

Worüber willst du schreiben?

»Zum Beispiel über Reiki«, erklärte ich.

Das wird das dünnste Buch, das jemals geschrieben wurde.

Bitte? Ich dachte, ich höre nicht richtig. Anstatt mich zu unterstützen, zu sagen: »Toll, endlich, die Welt wartet sehnsüchtig auf dein Werk«, zieht er mich herunter.

»Traust du mir das nicht zu, oder was soll das heißen:

›Das wird das dünnste Buch der Weltgeschichte‹?«, sagte ich in dem Bemühen, nicht beleidigt zu wirken.

Reiki ist Intuition. Es handelt sich mehr um Einbildung als um Ausbildung. Was also willst du schreiben? Einen Satz? Achte auf deine innere Stimme beim Handauflegen?

»Reiki ist doch mehr als Handauflegen«, erwiderte ich. »Reiki ist ein spiritueller Weg, den die Schüler beschreiten. Bei jeder Einweihung passiert mehr, öffnet sich ein weiteres Tor zur Liebe. Sieh doch einmal die Veränderungen bei den Menschen, die sich dem Reiki geöffnet haben. Darüber will ich schreiben. Und das, mein lieber Freund, wird dann wahrhaftig kein dünnes Buch. Und wenn der Stoff nicht reicht«, setzte ich zum Gegenstich an, »dann fülle ich die Seiten mit deinen dummen Sprüchen und kleb noch ein Bild von dir dazu. Ein ›Foto‹ von früher, ein zweitausend Jahre altes Passbild sozusagen. Oder ein Bild aus einer Situation heraus, sagen wir, ein sich vor Angst in die Hose scheißender Jünger bei Sturm auf dem See Genezareth«, beendete ich meinen Vortrag und hoffte, dass JJ nicht beleidigt war.

Ich hatte sie gewarnt, aber sie haben nicht auf mich gehört.

Wovon sprach er? Hatte ihn mein Vortrag doch verletzt?

Mit Engelszungen habe ich damals geredet, aber sie mussten diese Story unbedingt weitererzählen. Und jetzt haben wir den Salat. Für diese vier Schreiberlinge Markus, Lukas, Matthäus und Johannes war das natürlich ein gefundenes Fressen, hatten sie doch wieder Material für ihren Schinken.

Mittlerweile ist die Bibel der Bestseller Nummer eins. Und in jedem Exemplar ist in allen Einzelheiten beschrieben, wie alt wir aussahen, als wir auf diesem wackeligen Boot standen. Aber verstehe bitte, es war nachts, der Wind pfiff uns um die Ohren, die Wellen krachten an das Holz – und damit nicht genug, erscheint plötzlich dieses Gespenst am anderen Ufer.

»Du meinst Jesus.«

Das konnte doch keiner erkennen bei dem Sauwetter. Außerdem gingen wir davon aus, dass der Meister gemütlich schlummernd in seiner Koje lag.

»Verstehe«, sagte ich mitfühlend. »Aber eines muss ich schon sagen: Für Fischer habt ihr in der Tat ein armseliges Bild abgegeben.«

Wer behauptet denn, dass wir Fischer waren?

Offenbar war JJ erstaunt über diese gewagte These.

»Die vier Schreiberlinge erwähnten es beiläufig«, klärte ich ihn auf. »Aber mach dir keine Gedanken, wer von uns kann sich noch an seinen Beruf erinnern, den er vor zweitausend Jahren ausgeübt hat?«, zeigte ich mich verständnisvoll.

Da kannst du mal sehen, was die »Presse« schon damals für einen Mist geschrieben hat. Doch im Ernst: Das Neue Testament beschreibt die Lehre des Meisters im Rahmen einer esoterischen, das heißt inneren Geschichte. Du brauchst nur das Neue Testament und kennst alles, was in sämtlichen esoterischen Büchern enthalten ist.

Vieles, was dort geschrieben steht, hat symbolischen Charakter. So zum Beispiel die Zahl Zwölf. Jesus hatte, wie gesagt, nicht nur zwölf Jünger. Wir waren mal mehr, mal weniger. Die Zahl Zwölf steht für die zwölf Söhne Jakobs als Stammväter der zwölf Stämme Israels, sie steht für die zwölf Tierkreiszeichen ...

Und auch der Fisch war ein Symbol. Es verweist unter anderem auf das Zeitalter, das damals astrologisch anbrach. Vor zweitausend Jahren ging es vom Zeitalter des Widders in das Zeitalter des Fisches. So wie heute das Zeitalter des Wassermanns anbricht. Nimm nicht alles wörtlich, was in der Bibel steht.

Aber lass uns weiter über dein Buch sprechen.

»Du meinst das dünnste Buch der Welt?« Ich gebe zu: Ich war ein wenig nachtragend.

Richtig. Aber bestimmt enthält es einige Zeilen, die es wert sind, gelesen zu werden. Auch ich kann etwas dazu beitragen. Mein Einweihungserlebnis zum Beispiel.

»Ich darf über deine Einweihung in meinem Buch berichten?« Fast war ich gerührt, wusste kaum, was ich sagen sollte.

Solange du in deinem Buch nicht behauptest, ich sei von Beruf ein Fischer gewesen.

»Ganz bestimmt nicht. Ich werde schweigen wie ein Grab. Auch die Story von dem Boot auf dem unruhigen Gewässer werde ich mit keinem Wort erwähnen.«

Abendmahl

Beisammensein in angestrengter Diskussion.
Kelche auf dem Tisch,
silbern, mindestens drei.

Wenn euch einer sagt:
»So wie dieser Kelch mit rotem Wein ist Gott«,
glaubt ihm nicht.

Und wenn euch einer sagt:
»So wie dieser Kelch mit weißem Wein ist Gott«,
glaubt ihm nicht.

Der letzte Kelch, gefüllt mit reinem Licht.
Berührbar zwar, doch nicht zu greifen:
Gott.

JJ über Einweihung, Seelenaspekte und ein Gespenst am Ufer (II)

»Was war das?«, fragte ich erstaunt.

Meine Einweihung.

»Ziemlich kurz, dein Seminar.«

Aber heftig.

»Welche Einweihung war es, die Einweihung in den ersten, zweiten oder dritten Grad?«

Es war die letzte.

»Deine Meistereinweihung also?«

Nenn es, wie du möchtest. Es kommt nicht auf die Anzahl der Einweihungen an. Die Intensität ist entscheidend.

»Du meinst also, eine intensive Einweihung, so richtig heftig, wie du sagst, reicht aus? Wenn das so ist, warum gibt es dann mehrere Grade mit mehreren Einweihungen?«

Ich war irritiert. Mein Verständnis des Reiki geriet ins Wanken.

Die Einteilung in drei Grade ist eine Krücke, an der sich der Verstand festhalten kann. Wie du sagst, ist Reiki ein spiritueller Weg. Auf jedem Weg gibt es Stationen. Die Stationen des Reiki können als »Grade« bezeichnet werden. An jeder Station verabschiedest du dich bewusst von dem Teil des Weges, der hinter dir liegt. Der Abschied ist gleichzeitig der erste Schritt auf dem Teil des Weges, der nun vor dir liegt. Eine Station auf meinem spirituellen Weg war das Abendmahl. Das Abendmahl war das Fest des Abschieds. Jesus nahm Abschied von uns und seinem bisherigen Leben. Gleichzeitig war es das Fest der Ankunft. Jesus blickte einem neuen Leben entgegen. Und auch für uns begann ein neues Leben. Nach diesem Fest mussten wir allein weitergehen.

Er nahm den Kelch und sagte: »Dies ist mein Blut.« Er brach das Brot und sagte: »Dies ist mein Leib. Auch wenn ich körperlich nicht mehr bei euch bin, könnt ihr mich dennoch erfahren. Esset mich, trinket mich.«

Ich gebe zu, dass kaum einer von uns verstand, was er mit diesen Worten meinte. Wir hatten eine Ahnung davon, aber dennoch waren die meisten von uns immer noch auf der Suche nach den wahren Regeln, die zur Heiligkeit führen würden. Auch waren wir damals davon überzeugt, der Weltuntergang sei nahe. Wenn der Meister geht, so lauteten die Wetten, ist er spätestens nach drei Tagen wieder hier und lässt seine himmlischen Heerscharen, die er dann mitgebracht hat, auf die Ungläubigen los. Wie du weißt, sollte es anders kommen.

Kennst du die Geschichte des Reiki?

»Ich denke, schon. Zumindest erzähle ich eine Geschichte über die Entdeckung des Reiki in meinen Seminaren. Ich hoffe nicht, dass es die falsche ist.«

Es gibt keine richtige, und es gibt keine falsche. Es gibt immer nur eine persönliche Geschichte. Jeder kann Reiki nur für sich entdecken, niemals für einen anderen.

Als er aber die zwölf Jünger zusammengerufen hatte, gab er ihnen Kraft und Vollmacht über alle Dämonen und zur Heilung von Krankheiten. Und er sandte sie, das Reich Gottes zu predigen und die Kranken gesund zu machen. Und er sprach zu ihnen: »Nehmt nichts mit auf den Weg, weder Stab noch Tasche noch Brot noch Geld, noch soll jemand zwei Unterkleider haben. Und in welches Haus ihr eintretet, dort bleibt, und von da geht weiter! Und wo immer sie euch nicht aufnehmen werden – geht fort aus dieser Stadt und schüttelt auch den Staub von euren Füßen, zum Zeugnis gegen sie!« Sie gingen aber hinaus und durchzogen die Dörfer nacheinander, indem sie die gute Botschaft verkündigten und überall heilten.

Das ist meine persönliche Geschichte des Reiki.

»Diese Version kannte ich noch nicht«, sagte ich.

Du kennst diese Version nicht? Es ist eine berühmte Version.

»Okay, die Geschichte kommt mir schon bekannt vor, aber eben nicht im Zusammenhang mit Reiki.«

Sie steht im berühmtesten Reiki-Buch aller Zeiten. Die Passage darin heißt: »Die Aussendung der zwölf Jünger«. Sie wird von jedem der vier Schreiberlinge erwähnt. Doch so, wie sie Lukas in seinem Kapitel 9 beschrieben hat, klingt sie am schönsten.

»Ich dachte immer, ein gewisser Herr Usui sei der Entdecker des Reiki«, erwiderte ich.

Ich erkläre dir, was dein Herr Usui mit der Geschichte zu tun hat: Er konnte verstehen, dass Jesus und Buddha heilten. Nicht ungewöhnlich für Botschafter Gottes auf Erden. Aber auch die Jünger beider Meister heilten Kranke durch Auflegen ihrer Hände. Wie war das möglich?, fragte sich Dr. Usui.

Da ihn das Studium vorhandener Literatur nicht weiterbrachte, beschloss er, im Inneren weiterzustudieren. Er suchte einen schönen Platz im Freien und begann, zu meditieren. Er hatte sich die Spitze eines Berges ausgesucht. Er legte einundzwanzig Steine vor sich hin. Jeden Tag entfernte er einen Stein. Er hatte sich vorgenommen, längstens einundzwanzig Tage zu meditieren. Wenn er dann die Antwort nicht hätte, würde er aufgeben.

In der letzten Nacht, kurz vor Ablauf seiner Frist, sah er ein Licht, so hell und intensiv, wie er es niemals zuvor gesehen hatte. Er spürte, dass sich das Licht in seine Stirn einbrannte. Er wusste, dass es die Antwort auf seine Frage war: Es war Licht, das heilte. Es war Licht, das aus den Händen der Meister und ihrer Jünger ausströmte. Und ab dieser Nacht brannte es auch in ihm.

Dr. Usui war auf der Suche nach einer Antwort. Erhalten hat er mehr. Er wurde eingeweiht, weil er sich geöffnet hatte. Er hat angeklopft an der Tür seines inneren Meisters. Die Kraft war immer da. Doch seit dieser Nacht hat sie einen weiteren Namen: Reiki.

»Dann gehörtest du ja einer der ältesten Reiki-Gruppen überhaupt an«, stellte ich fest. »Herr Usui lebte im letzten Jahrhundert, ihr wart aber schon vor zweitausend Jahren praktizierende Handaufleger.«

Vergiss Buddha und seine Schüler nicht. Sie lebten vor fünftausend Jahren.

»Vielleicht warst du zu dieser Zeit auch schon dabei, ein so genannter Jünger Buddhas, der im Laufe seiner Reinkarnationskarriere die Abteilung gewechselt hat und vom JB zum JJ befördert wurde. Erinnert mich ein wenig an die Abkürzungen der Dienstgrade in meinem Beruf: KK für ›Kriminalkommissar‹, KOK für ›Kriminaloberkommissar‹, KHK für ›Kriminalhauptkommissar‹. Gibt es in deinem Job eigentlich Stellenausschreibungen?«

Sicher. Jedoch sind die Stellen rar gesät. Überlege mal: zwölf Jüngerstellen für den engeren Zirkel des Meisters Jesus. Und seit zweitausend Jahren herrscht Einstellungsstopp; und keiner weiß, für wie lange noch.

Jedoch war es nicht so, dass uns damals alle um den Job, wie du es ausdrückst, beneidet hätten. Viele haben uns verachtet, manche haben uns verfolgt. In diesem Punkt hatten es die Jünger Buddhas einfacher als wir. In Palästina war es schon immer gefährlich zu leben. Daran hat sich bis heute nichts geändert.

Auch Buddha hat Reiki nicht erfunden. Reiki ist so alt wie das Leben. Und da du dich offenbar so sehr für Wiedergeburt interessierst, mach dir klar, dass immer alles in allem enthalten ist. Das ist das Wesen der Einheit. So sind auch die Seelenanteile aller Seelen in allen anderen enthalten. Jede Seele lebt einen Aspekt des Ganzen. Alle Aspekte des Seins sind in dir enthalten. In dir ist das Weibliche und das Männliche. Dein Körper stellt einen der beiden Aspekte dar, doch dahinter verbirgt sich der andere Teil.

Du bist Kind einer Mutter und eines Vaters. Und so, wie der weibliche und männliche Aspekt in dir leben, leben in dir auch alle anderen Aspekte der Lebensenergie. In dir leben der Indianer, der Afrikaner, der australische Ureinwohner, der Christ, der Moslem, der Jude, der Hindu, jedes Tier und jede Pflanze, das Wasser und der Stein und jeder Stern am Himmel. Du selbst bist nichts anderes als darstellende Lebensenergie. Mit jedem Atemzug atmest du einen Aspekt der Lebensenergie ein und einen anderen aus. Es findet ein ständiger Wechsel in dir statt.

Immer sind einige Aspekte inkarniert, andere nicht. Je tiefer einzuatmen du in der Lage bist, desto mehr Seelenanteile nimmst du in dich hinein. Mit deinem Einatmen entscheidest du über die Intensität deiner Präsenz. Je mehr Seelenanteile sich in einem Moment durch dich darstellen, desto mehr sind in dir und durch dich im Raum anwesend. Du bist wahrhaft präsenter. Diese Präsenz nehmen die anderen durch deine Ausstrahlung wahr. Menschen, die flach atmen, haben Angst um ihr »kleines Ich«. Sie haben Angst vor der Veränderung, befürchten, ihr gewohntes Ich beim Ausatmen zu verlieren.

So wie die Luft des einen Raumes mit der Luft jeden anderen Raumes, eine Seele mit allen anderen Seelen verbunden ist, sind auch die Zeiten miteinander verbunden. Kein Zeitalter existiert losgelöst von allen anderen. So können sich Seelenanteile aus einem »früheren Leben« zu den derzeit körperlichen Seelenanteilen hinzugesellen. Man könnte, um in dem Bild zu bleiben, sagen, dass der Wind ein wenig Luft aus vergangenen Zeiten herbeiweht.

Andere Seelenanteile hingegen verabschieden sich. Sie verlassen den Umkreis des Körpers und wenden sich dem Jenseitigen zu. Menschen verändern sich. Die Themen, mit denen sie sich beschäftigen, verändern sich. Ihre Ausstrahlung verändert sich. Wiedergeburt setzt nicht den Tod des Körpers voraus. Sie findet täglich, ja sogar mit jedem Atemzug statt.

Die Bilder Gottes

Stell dir das Bild eines alten Mannes vor.
So sieht Gott aus.

Stell dir das Bild eines afrikanischen Mädchens vor.
So sieht Gott aus.

Stell dir das Bild eines indischen Jungen vor.
So sieht Gott aus.

Ich bin bei euch alle Tage ...

Stell dir das Bild einer jungen Frau vor.
So sieht Gott aus.

Stell dir das Bild eines jüdischen Rabbi vor.
So sieht Gott aus.

Stell dir das Bild einer afghanischen Frau vor.
So sieht Gott aus.

Ich bin bei euch alle Tage …

Stell dir ein Bild deiner selbst vor.
So sieht Gott aus.

Sieh dich tanzen.
So tanzt Gott.

Sieh dich lachen.
So lacht Gott.

Wenn du einen Raum betrittst,
betritt Gott den Raum.

Ich bin bei euch alle Tage …

JJ und ein Fleck in der Aura

»Vor einigen Jahren wurde ich in einer esoterischen Buchhandlung Zeuge folgender Szene.

Ein Mann, für seine Hellsichtigkeit bekannt, betrat den Laden. Ein hoch spiritueller Mann, eine Institution in esoterischen Kreisen. Er liest aus der Hand und sagt einem vergangene Leben und zukünftige Krankheiten auf den Kopf zu.

Diesmal trat er an eine Frau heran, die in dem Laden herumstöberte. Sie kniete gerade vor einem Regal, als er sie ansprach.

›Entschuldigen Sie.‹

Die Frau schaute nach oben. ›Ja bitte?‹, fragte sie freundlich, während sie aufstand.

›Ich weiß nicht, ob Sie mich kennen‹, fuhr der Mann fort.

›Nein, tut mir Leid‹, antwortete die Frau. ›Aber was nicht ist, kann ja noch werden.‹

Er stellte sich namentlich vor und berichtete von seinen spirituellen Fähigkeiten. Dann holte er zum Keulenschlag aus: ›Wissen Sie eigentlich, dass Sie einen schwarzen Fleck in der Aura haben?‹

›Nein. Wieso? Ist das schlimm?‹, fragte sie erstaunt.

›Nun ja, es sollte nicht sein. Haben Sie in der letzten Zeit Kontakt mit schwarzer Magie oder so etwas gehabt?‹

›Ganz im Gegenteil. Ich habe vor kurzem ein Reiki-Seminar besucht‹, gab die Frau zur Antwort.

Innerhalb von zehn Minuten hatte es der esoterische Überflieger geschafft, das freundliche Interesse der Frau in ängstliche Unsicherheit zu verwandeln. Er erklärte ihr, dass bei der Einweihung offensichtlich etwas schief gelaufen sei.

›Suchen Sie sich einen Lichtarbeiter, der die Aura reinigen kann‹, empfahl er als Heilmittel gegen verunglückte Reiki-Einweihungen. ›Ich würde es gern selbst tun, aber momentan bin ich zeitlich sehr eingespannt.‹

Dann verabschiedete er sich und verließ den Laden. Im Hinausgehen rief er dem Inhaber zu, er werde die Tage wieder reinschauen.

Die Frau blieb zunächst sprachlos zurück. Sie wusste nicht, ob sie einem Weisen oder einem Spinner begegnet war. Schließlich wandte sie sich an den Buchhändler und erkundigte sich nach Adressen von aurareinigenden Mitmenschen …«

Der Fleck in der Aura entstand erst durch den Spruch des Mannes. Die Frau glaubte ihm und war daher für die Botschaft offen. So hat sie sich angesteckt.

»Sie hat sich den schwarzen Fleck an die Aura gesteckt«, formulierte ich und merkte dabei, dass sich der Spruch reimte.

Der aus dem Mund des Propheten stammte.

»Mein Glaube ist also der Türsteher meiner Aura.«

Wie kommst du auf dieses schöne Gleichnis? Aber es passt.

»Türsteher von Clubs und Diskotheken sind gute Informanten. Sie wissen, wer wann kommt und wieder geht, wer mit wem Kontakt hat und so weiter. Ich habe während meiner Fahndungszeit in Duisburg einige von ihnen kennen gelernt.«

Wenn du einen Tipp brauchtest, hast du einen dieser Informanten gefragt, richtig?

»Genau.« Ich war erstaunt, dass JJ sich plötzlich für meinen Beruf interessierte. Doch bevor ich zu einer reich bebilderten Geschichte aus meiner langjährigen Dienstzeit ansetzen konnte, merkte ich, dass auch ein kurzes Kopfnicken vollkommen genügt hätte.

Wer fragt, muss sich darüber im Klaren sein, dass er eine Antwort erhält. Er kann nicht darauf bauen, dass ihm die Antwort gefallen wird. Prüfe also, was du fragst und wen du fragst. Die Frau in der Buchhandlung aber hat gar nicht gefragt. Der spirituelle Informant hat sich auf ihre Kosten wichtig gemacht.

»Auch wenn sie den esoterischen Weltmeister gefragt hätte, wäre die Antwort falsch gewesen. Wie kann eine Reiki-Einweihung so schief laufen, dass die Aura schwarz wird?«

Die einzig existierenden dunklen Flecken in der Aura eines Menschen sind Angst und Schuldgefühle. Dunkelheit wird oft von denen gepredigt, die sich »Lichtarbeiter« nennen. Was schließlich wäre ein Lichtarbeiter ohne die Dunkelheit? Niemand würde ihn bemerken.

Aufbauende Angst

Aufbauende Angst empfindet man vor allem in Zeiten des Wandels. Altes stirbt, und Neues beginnt. In solchen Zeiten gibt es eine Phase des Übergangs. Das Alte ist schon weg, und das Neue ist noch nicht ganz da. Man fühlt sich wie auf einer Hängebrücke ohne Geländer. Man hat nichts, woran man sich festhalten könnte. Schutzlosigkeit wird empfunden, Geborgenheit vermisst.

Ich erinnere mich an meine Schweißausbrüche in den Wochen vor meinem ersten Seminar als Reiki-Lehrer. Die Rolle des Polizisten hatte mir fünfzehn Jahre innere Sicherheit gegeben (wie es sich schließlich für einen Polizisten gehört). Je mehr ich mich aus ihr entfernte, desto mehr verflog die Sicherheit. Das Drehbuch für meine neue Rolle im Film meines Lebens wurde gerade erst geschrieben. Ich konnte noch nicht darin lesen, es war zu dieser Zeit ein Buch mit sieben Siegeln. Alles, was kommen sollte, war für mich absolut unbekannt. Mein Selbstbild war ohne Rahmen.

Aufbauende Angst ist mit Neugier und Spannung verbunden. Sie wird in Theaterkreisen »Lampenfieber« genannt. Lampenfieber ist im Grunde die Angst vor dem Versagen. Der Schauspieler befürchtet, er könnte den Text vergessen, auf der Bühne ausrutschen oder aus sonstigem Grund der Häme des Publikums zum Opfer fallen. Dennoch ist diese Angst nicht blockierend, sondern im Gegenteil sehr fördernd. Sie lässt den Künstler das Stück *neu* spielen. Er leiert nicht nur den Text runter, den er auch schon in den Tagen zuvor gesprochen hat, sondern er spricht ihn so, als wäre es das erste Mal. Ohne Lampenfieber vorher wäre das nicht möglich. Wird die Spannung nicht mehr empfunden, befindet man sich im Land der Wiederholung: »Und täglich grüßt das Murmeltier« …

Manchmal ist es für das persönliche Wachstum wichtig, für kurze Zeit vollkommen auf sich selbst gestellt zu sein. Niemals fühlt man sich mehr allein als in der Angst. Doch hinter jedem Gefühl verbirgt sich ein anderes.

Man stelle sich wieder eine Theaterbühne vor. Es gibt den Bereich der Bühne vor dem Vorhang und den Backstage-Bereich hinter dem Vorhang. Vor dem Vorhang ist das Gefühl der Schutzlosigkeit. Ein Schritt dahinter befindet sich das genaue Gegenteil. So ist es mit jedem Gefühl. Hinter der Traurigkeit steht die Freude. Hinter der Wut steht die Sanftheit. Und so weiter.

Hat die Angst ihren Auftritt auf der Bühne, steht im Backstage-Bereich ein Heer von tausend Helfern. Sobald ich als Regisseur im Theater meines Lebens »Attacke« rufe, kommt von hinten die Verstärkung. Das habe ich so erfahren.

Nach meiner Einweihung in den dritten Grad gab es Abende, an denen ich wie gelähmt auf dem Sofa saß. Ich hatte eine wahnsinnige Angst und war unfähig, mich zu bewegen. Ich wusste nicht, woher die Angst kam. Es gab äußerlich nicht den geringsten Grund. An einem dieser Abende rief ich meine Lehrerin Christa an.

Als ich ihr von meiner Angst erzählte, sagte sie: »Wunderbar. Das ist gut. Deine Angst zeigt an, dass es weitergeht mit dir. Du stehst vor einer inneren Tür und hast Angst, hindurchzugehen. Dahinter wartet das Neue auf dich. Freu dich darüber und nimm die Angst an. Sie ist deine Freundin.«

Das beruhigte mich zutiefst. Es ist doch immer schön, zu hören, dass etwas als ein gutes Zeichen gilt. Nicht auszudenken, wenn sie gesagt hätte: »Du hast Angst? Ach, du Scheiße ...«

Seitdem lade ich die Angst ein, wenn sie mal wieder vor mir steht. Ich sage: »Komm her, Angst, komm her. Gestern hatte ich noch nicht die Kraft, dir zu begegnen, aber heute, heute ist das anders. Komm her zu mir, nimm Platz an meiner Seite.«

Dann sehe ich, wie sie auf mich zukommt und mich umhüllt. Und in diesem Moment verändert sie sich. Aus der Angst wird eine große Kraft. Solange sie vor mir steht, ist sie mein Gegner. Sobald sie hinter mir steht, wird sie zum Freund. Der Trick ist Akzeptanz.

JJ über Kapitulation, Resignation und einen Löffel Spinat

In der Nacht vor seiner Verhaftung hatte Jesus panische Angst. Er fürchtete um sein Leben und hoffte inständig, dass es für ihn doch noch einen Ausweg geben könnte.

Er ging in den Garten Gethsemane und sprach: »Herr, wenn es einen Weg gibt, dass der Kelch an mir vorübergeht, so zeig ihn mir.« Und dann fügte er hinzu: »Doch nicht mein Wille, sondern der deine geschehe.«

In diesem Moment wurde die Angst zu seiner Kraft. Er hatte die stärkste Waffe genommen, die es im Universum gibt: die weiße Fahne der Kapitulation. Sie ist die einzige Waffe, die Frieden schafft. Alle anderen Waffen verlängern den Krieg.

»›Kapitulation‹ klingt so nach ›Resignation‹«, sagte ich. »›Akzeptanz‹ ist ein besseres Wort für das, was du beschreibst.«

Resignation ist passiv. Kapitulation ist aktiv. Das Erste führt dich in die Kriegsgefangenschaft. Das Zweite lässt dich zum Friedensstifter werden.

Ich gebe dir ein harmloses Beispiel: Wenn eine Mutter ihrem Kind einen Löffel Spinat reicht und das Kind immer schreit: »Will ich nicht, will ich nicht, will ich nicht …«, ändert sich an der Situation nichts. Die Mutter reicht weiter Spinat, und das Kind kämpft weiter dagegen. Das ist die Fortsetzung eines Krieges. Wenn das Kind aufgibt und den Spinat schluckt, hat es resigniert. Von jetzt ab wird es immer wieder Spinat geben. Das Kind befindet sich in Kriegsgefangenschaft.

Wenn sich das Kind den Löffel reichen lässt und den Spinat anschließend wieder ausspuckt, hast du ein Beispiel für Kapitulation. Das Kind hat die gegenwärtige Situation in Form des Löffels akzeptiert und angenommen. Als der Spinat in seinem Mund war, hatte die Mutter keinen Einfluss mehr darauf. In Zukunft wird es nicht mehr so oft Spinat geben, und das Kind hat seinen Frieden. Wenn die Mutter ebenfalls kapituliert und akzeptiert, dass ihr Kind keinen Spinat mag, hat auch sie ihren Frieden.

»Oder befindet sich in der Kriegsgefangenschaft ihres Kindes. Außerdem würde ich Spinat gegen die Tapete zu spucken nicht gerade als Friedensangebot bezeichnen. Eher als Guerillakrieg, so aus dem Hinterhalt. Den Feind in Sicherheit wiegen und dann losschlagen. Revolution statt runder Tisch.«

Keiner sagt, dass man sich in Friedenszeiten still in die Ecke setzen müsste. Ganz im Gegenteil: Erst in Friedenszeiten kann man seine Kreativität richtig ausleben. Und im weitesten Sinne ist auch Spinatspucken Ausdruck von Kreativität.

Revolution und Kapitulation sind kein Widerspruch. Die größten Revolutionen sind erst durch Kapitulation möglich geworden. Das, was gemeinhin als Revolution betrachtet wird, ist nichts anderes als der Austausch des einen brutalen

Regimes gegen das andere. Es macht keinen Unterschied, ob du von einem Monarchen oder von einem Freiheitskämpfer unterdrückt wirst.

Auch die Französische Revolution war zunächst nichts anderes als die Fortsetzung der Grausamkeit. Nach der Kapitulation im Zweiten Weltkrieg haben sich in Deutschland die Staatsform und die Einstellung der Menschen verändert. Aus einer totalitären Diktatur mit Konzentrationslagern wurde ein demokratischer Staat mit all seinen Stärken und Schwächen. Im Gegensatz zu Hitlers Zeiten sind die meisten gesellschaftlichen Organisationen in Deutschland bemüht, die Würde des Menschen zu achten. Heute ließen sich die Menschen in diesem Land nicht mehr dazu bewegen, andere zu vergasen. Das ist wahrhaft revolutionär.

»Damals blieb Deutschland nicht viel anderes übrig, als zu kapitulieren. Es hatte keine andere Wahl. Das Deutsche Reich war besiegt. Die Übermacht der Alliierten war zu groß. Die Kapitulation erwuchs nicht aus der Stärke, sondern aus der Schwäche. Kein Grund, sich dafür die Che-Guevera-Revolutionsmedaille umhängen zu lassen.«

Wie sich die Situation vorher darstellt, ist vollkommen egal. Keiner hat das Bedürfnis, zu kapitulieren, wenn alles gut läuft. Entscheidend ist allein das Bewusstsein, *jetzt* zu kapitulieren. Auch Jesus sah sich damals einer Übermacht gegenüber. Wenn du so willst, ist auch seine Kapitulation aus der Schwäche geboren. Niemand weiß, ob die Verhaftung des Meisters durch Kampf oder Flucht hätte verhindert werden können. Wir Jünger haben darüber sehr gestritten. Durch Akzeptanz aber wird aus der Schwäche eine Stärke.

»Meinst du mit der damaligen Übermacht die Römer oder die Juden?«

Ich meine beide. Weißt du, was ich nicht verstehe?

»Du verstehst was nicht?«, fragte ich ungläubig.

Ich verstehe nicht, warum die nachfolgenden Generationen bis in die heutige Zeit die Juden für den Tod des Meisters verantwortlich machen. Gekreuzigt haben ihn die Römer. Sie waren die Einzigen, die kreuzigen durften. Hätten die Juden ihn getötet, wäre er gesteinigt worden. Die Nachfahren der Römer sind die Italiener. Alle Zeit aber wurden Juden von Christen wegen der Kreuzigung beschimpft und gleichzeitig Italiener zu Päpsten gekürt.

Zerstörerische Angst

Die Angst ist wie ein Schwert in meiner Hand. Halte ich die Klinge nach vorn, kann sie mir helfen. Halte ich die Klinge in meine Richtung, wird sie mir schaden. Dann wird aus der aufbauenden Angst zerstörerische Angst. Wenn ich begreife, dass ich es bin, der das Schwert hält, kann ich es auch wieder umdrehen.

Ich bin die Ursache meiner Gefühle. Sobald ich die Verantwortung übernehme, kann ich an ihnen wachsen. Solange ich aber die Verantwortung von mir weise, einen Schuldigen suche, bleibe ich genau an dieser Stelle meiner Entwicklung stehen. Ich weigere mich, weiterzugehen. Da ich den Grund für meine Gefühle im Außen suche, kann auch die Befreiung nur von außen kommen. Mit der Verantwortung für die Ursache habe ich die Macht für die Lösung abgegeben.

Ein nach Macht strebender Mensch ist darauf angewiesen, dass immer genug Angst bei denen herrscht, über die er seine Macht ausüben möchte. Die Sehnsucht eines Volkes nach Schutz muss größer sein als seine Sehnsucht nach Freiheit. Auch in demokratischen Staaten ist es bisher kaum einer Oppositionspartei gelungen, die Wahl zu gewinnen, wenn Gefahr von außen droht. In Kriegszeiten scharen sich die Menschen immer um den Regierungschef. Nur ein Volk, das sich (zu) sicher fühlt, neigt dazu, gegenüber seinen Herrschenden aufmüpfig zu werden. Ist nicht genug Angst vorhanden, wird manchmal von oben nachgestreut.

In gefährlichen Zeiten betteln die Menschen nach scharfen Gesetzen. Die Befürworter scharfer Gesetze wünschen sich deshalb oft gefährliche Zeiten. Der Knall einer Bombe erschreckt das Volk, und alle fragen sich: »Wer ist dieser Teufel, der für die Bombe verantwortlich ist? Und wer kann uns vor dem Teufel schützen?«

In diesem Moment gehen die Finger der Machtstrebenden hoch. Sie sagen: »Hier sind wir, wählt uns, und ihr seid sicher. Wir werden eine Mauer von Gesetzen um euch bauen, durch die kein Bösewicht gelangen kann. So werden wir euch schützen.«

In Wahrheit schützen sie die Menschen vor der Freiheit.

Als ich 1981 zur Polizei ging, fühlten sich viele Polizisten nicht genug gewürdigt für ihre tägliche Arbeit. Die Zahl der Beförderungsstellen stagnierte, das Material war alt geworden, nur schleppend wurde Neues ausgetauscht. Man sparte im Bereich der inneren Sicherheit. In den Zeiten, als noch die RAF agierte, als noch Bomben explodierten und Politiker entführt und getötet wurden, war es anders. Es wurde aufgestockt bei der Polizei, aufgestockt an Personal und Material. Um die Polizei zu motivieren, wurde befördert wie nie zuvor. Jeder Bürger war davon überzeugt, dass es wichtig und richtig ist, die Ordnungshüter so gut wie möglich mit Waffen auszustatten und durch Gesetze zu schützen. Jeder Autofahrer hatte Verständnis dafür, dass er von Polizisten im Rahmen allgemeiner Verkehrskontrollen mit vorgehaltener Maschinenpistole zum Vorzeigen seiner Personalpapiere aufgefordert wurde.

Als ich bei der Polizei anfing, hörte ich manche sagen, dass mal ein weiterer Anschlag passieren müsste, damit es den Polizisten wieder besser gehe. Niemand von denen, die das sagten, meinte damit, die Polizei sollte nun selber für Anschläge sorgen, um anschließend für die Bekämpfung der vermeintlichen Bösewichter besser ausgestattet zu werden. Diese Sprüche waren mehr oder weniger bewusst dahergesagt. Zumindest für die Polizei in Deutschland schließe ich solche Aktionen aus. Dafür kenne ich den Laden zu gut.

JJ über Katastrophen, Prophezeiungen und ein Fenster zum Hof

Ein Sprüche klopfender Polizist, der sagt, es müsse mal wieder ein Anschlag passieren, ist nicht ernst zu nehmen, weil er das, was er sagt, nicht ernst meint. Ein Sprücheklopfer macht seinem Ärger Luft. Das hat durchaus einen therapeutischen Nutzen. In seinem Herzen weiß er, dass er niemals tun würde, was er da alles von sich gibt. Viele kaschieren ihr Mitgefühl durch harte Sprüche. Sie wollen in ihrem Freundeskreis nicht als Gefühlsdusel dastehen. Wenn es ernst wird, zeigen sich die meisten Menschen von einer weitaus besseren Seite.

Wesentlich gefährlicher als die Sprücheklopfer sind die großen Warner. Sie gehen mit einer weitaus stärkeren Ernsthaftigkeit an die Sache. Sie schaffen mit ihren Prophezeiungen eine Atmosphäre der Angst, die genau das anzieht, wovor sie warnen.

»Wer mit einem Lautsprecherwagen durch die Straßen fährt, hat keine Wahl, wen er damit anlockt. Die Leute in der Ferne werden neugierig und wollen wissen, was die Stimme zu sagen hat. So rufen die Lautsprecher auch diejenigen herbei, vor denen sie warnen«, bestätigte ich JJ.

Mit Lautsprecherwagen kenne ich mich aus, dachte

ich. »Achtung, Achtung, hier spricht die Polizei ...«: Vielleicht haben mich solche Durchsagen in meiner Kindheit so beeindruckt, dass ich unbedingt bei diesem Haufen mitmachen wollte, wer weiß?

Astrologen schauen zum Himmel und berichten anschließend in esoterischen Fachzeitschriften über bedrohliche Planetenkonstellationen. Manche machen konkrete Zeitangaben, wann eine Flutwelle, ein Erdbeben oder ein Komet die Menschen heimsuchen wird. Sie veröffentlichen ihre Vorhersagen im Namen der Warnung: Rette sich, wer kann ...

Es ist das Dilemma des Propheten: Er sieht eine Katastrophe vorher. Der große Spirit hat ihm einen Einblick in seine Pläne gewährt. Nun steht der Prophet vor der Entscheidung, es öffentlich kundzutun oder nicht. Sagt er es und es passiert nichts, hat er sich als esoterischer Spinner geoutet. Sagt er es nicht und es trifft ein, glaubt ihm keiner, dass er es vorher wusste. So sitzt er also am besagten Tag vor dem Fernseher und wartet auf die Nachrichten oder den Stromausfall und weiß nicht, was er hoffen soll.

»Was ist mit Nostradamus?«, fragte ich.

Nostradamus hatte Kontakt zu seinem Höheren Selbst. Ein Höheres Selbst hat auch immer eine höhere Perspektive. Wenn jemand von oben beobachtet, wie du mit geschlossenen Augen auf einen Abgrund zuläufst, kann er deinen Absturz vorhersagen. Die warnende Stimme von oben veranlasst dich womöglich, die Augen zu öffnen. Du siehst den Abgrund, erschreckst dich und kehrst um. Die Prophezeiung sorgt selbst für ihre Nichterfüllung.

Jeder Gedanke, jedes Wort und jede Handlung hat Auswirkungen auf die Zukunft. Das gilt auch für Prophezeiungen. In diesem Beispiel hat sich der Prophet als guter Freund erwiesen. Wenn aber Angst in dich gesetzt wird und du nichts tun kannst, ist die Prophezeiung kein Freundschaftsdienst. Im Gegenteil: Vor der Warnung warst du fröhlich und spontan, nach ihr kannst du vor Angst nicht laufen. Du schenkst dem Warner Glauben, gibst ihm damit deine Macht und bist jetzt ohn-mächtig geworden.

»Der Grund für meine Umkehr vor dem Abgrund ist doch die Angst. Ich bin von dem Propheten wachgeschreckt worden und habe Angst bekommen, abzustürzen. Also habe ich nochmal einen Blick auf die Landkarte geworfen und meinen weiteren Weg überdacht. Ich bin vorsichtig geworden.«

Ich halte von Vorsicht gar nichts. Deshalb halte ich auch von Prophezeiungen nichts. Wahrsagerei ist der Wunsch nach Kontrolle einer unbekannten Zukunft.

Wenn du auf den Abgrund zusteuerst, dann genieße den Sturz. Nichts geht über Erfahrungen. Das Leben kann man nur erfahren, wenn man es lebt. Man kann es nicht erfahren, wenn man es scheut. Deine Vorsicht hindert dich daran, dem Leben unvoreingenommen zu begegnen. Mit Vorsicht kannst du nicht spontan sein. Du machst dir schon vorher ein Bild von dem, was passieren soll und was nicht passieren darf. Wenn du vorsichtig sein musst, bedeutet das, dass etwas gefährlich ist. Dein Entschluss zur Vorsicht beruht also auf dem Glaubenssatz, dass du gefährdet bist. Nur in Gefahr ist Vorsicht angebracht. Begegnest du dir selbst mit Vorsicht, glaubst du, du könntest dir selbst gefährlich werden. Begegnest du anderen gegenüber vorsichtig, glaubst du, die anderen könnten dir gefährlich werden. Deine Vorsicht beruht auf Misstrauen. Wem du vertraust, dem kannst du dich mit Leib und Seele ausliefern. Du weißt, es wird dir nichts Schlechtes widerfahren. Du bist geschützt. Vorsicht schützt vor Selbstvertrauen.

»Manche Bücher erzählen von dunklen Mächten auf der einen und Lichtarbeitern auf der anderen Seite, reden von weißer Magie und schwarzer Magie. Andere sprechen von der Einwirkung außerirdischer Wesen auf die Weltpolitik«, goss ich weiteres Öl ins Feuer.

Sie streuen den Samen und warnen vor der Ernte. Für mich ist das paranoide Esoterik. Wenn du darauf anspringst, fragst du dich ständig, ob jemand gut oder böse ist, ob etwas weiße Magie oder schwarze Magie ist, ob dein Nachbar von irdischen oder außerirdischen Affen abstammt. Nach und nach legst du für dich Kriterien fest. In früheren Zeiten band man Frauen schwere Steine um den Leib und warf sie in tiefes Wasser. Ertrank sie nicht, galt sie als Hexe und wurde verbrannt. Nahm sie den natürlichen Aufzug hinunter auf den Grund, hatte sie ihre Unschuld bewiesen. Eine erfolgreiche Reanimation blieb dann meist aus – gerade das Mittelalter war mit Notärzten nicht allzu üppig ausgestattet –, aber das christliche Begräbnis mit allen Sakramenten wurde so gerettet.

Ihr seid auch heute von »Nostradamussen« umgeben, deren Prophezeiungen den einen Angst und den anderen Hoffnung machen. Angst denen, die sich wohl fühlen, und Hoffnung denen, die sich unwohl fühlen. Es gibt immer Menschen, die auf Zerstörung warten und glauben, wenn das Chaos im Außen einsetzt, würde sich das Chaos in ihrem Inneren auflösen. Sie sagen, dass Zerstörung die Grundvoraussetzung für Erneuerung ist, und sehnen deshalb die Zerstörung herbei.

»Nach dem 11. September 2001 hörte ich manch esoterisch gebildeten Menschen sagen: ›Endlich geht es los.‹ In den Tagen nach dem Anschlag fiel mir auf, dass gerade die am wenigsten Mitgefühl für die betroffenen Menschen zeigten, die vorgaben, im Namen von Leben, Liebe und Licht zu arbeiten. Ich wurde am 11. September von einem Bekannten angerufen, der mich bat, gemeinsam mit ihm eine Lichterkette zu organisieren. Viele Menschen sollten zur gleichen Zeit meditieren und Heilung aussenden ...«

Interessant. Wir Altmodischen hätten für den Frieden gebetet.

»Du weißt genau, dass beides dasselbe ist. Heilung kann man auch durch Beten erreichen. ›Gesundbeten‹ nennt man das dann, ich weiß nicht, ob du davon schon mal gehört hast.«

Du hast Recht. Lass dich von mir nicht provozieren. Sprich weiter.

»Ich rief also einige Leute an, von denen ich wusste, dass sie sich so wie ich auf dem so genannten spirituellen Weg befanden. Ich war verblüfft, zu hören, dass manch einer von ihnen sich regelrecht über die Ereignisse freute. Das hat mir schwer zu denken gegeben.

Bis dahin habe ich die Menschen eingeteilt in ›bewusst‹ und ›unbewusst‹. Zu den Bewussten gehörten all die, die für esoterische Dinge aufgeschlossen waren. Zu den Unbewussten gehörten alle, von denen ich es nicht wusste. Die Mehrheit also. Nun stellte sich heraus, dass diese Mehrheit Mitgefühl empfand und zeigte. Seitdem treffe ich diese Unterscheidung nicht mehr.«

Anstatt nach den Katastrophen im Außen Ausschau zu halten, sollten sich manche besser um die Katastrophe in ihrem Innern kümmern.

Auch von uns haben damals einige geglaubt, der Jüngste Tag käme für alle Menschen zur gleichen Zeit. Die Ankunft des Messias war für uns als gläubige Juden das kalendarische Datum für den Weltuntergang. Um ehrlich zu sein, haben wir stündlich damit gerechnet. Deshalb haben wir den Meister so oft gelöchert, ob er nun der Messias sei oder nicht. Nie hat er eine klare Auskunft gegeben. Mal sagte er so, dann wieder so. Es war zum Verrücktwerden. Wenn der Schüler im Augenblick der Frage reinen Herzens war, beantwortete Jesus die Frage mit Ja. Denn in diesem Augenblick konnte der Meister zum Heiland des Schülers werden. Weißt du, wann eine Frage unschuldig ist?

»Nein«, antwortete ich mit reinem Herzen.

Wenn der Fragesteller die Antwort nicht weiß. Wenn er die Antwort weiß, ist die Frage nur schlau. Man erkennt es an den Augen, ob jemand eine unschuldige oder eine schlaue Frage stellt. Die unschuldige Frage kommt aus dem Herzen, die schlaue aus dem Kopf. Jesus hat keine schlauen Fragen beantwortet. Da konnte er richtig wütend werden. Oft hat er dem Schüler seine Hand auf die Brust gelegt und gesagt: »Du weißt es. Sprich es aus.« Wenn er dann an den Augen des

Jüngers erkannte, dass er es wirklich nicht wusste, gab er ihm die Antwort.

Jesus hat keine Prophezeiungen gemacht, die sich außerhalb von uns hätten erfüllen können. Er hatte nur frohe Botschaften. Jesus sprach über den Himmel, Nostradamus von der Hölle. Nostradamus hatte ein negatives Weltbild. Er war von Schrecken umgeben. Das setzte sich in seinen Visionen fort.

»Er war Arzt und hat als Einziger den Pestkranken geholfen«, nahm ich den alten Seher in Schutz. »Er hat viel Gutes getan.«

Und viel Schlechtes prophezeit. Er hatte seinen Fokus auf die Dunkelheit gerichtet und deshalb auch nur Dunkelheit gesehen. Es ist wie in einem Hotel mit Panoramablick: Schaust du auf der Meerseite zum Fenster raus, siehst du den Ozean; schaust du zur Landseite raus, siehst du den Parkplatz. Nostradamus hatte ein Zimmer zur Landseite.

»Er hätte früher buchen sollen«, bemerkte ich. Ich sprach aus Erfahrung. Auch in Friesland sind die Zimmer mit Meerblick heiß begehrt.

Es gibt Menschen, die haben ein Leben mit Meerblick und schauen dennoch immer auf den Parkplatz. Sie gehen sogar extra ins Treppenhaus, um von dem Flurfenster hinaus auf den Hinterhof ihres Lebens blicken zu können.

»Das stimmt. Wir leben in einem Land des Luxus. Wir brauchen keine Angst zu haben, in absehbarer Zeit zu verhungern. Wir brauchen nicht zu befürchten, wegen

unseres Glaubens eingesperrt zu werden. Uns geht es gut. Und jammern dennoch. Die Gerichte werden überschwemmt von den Klagen kleingeistiger Bürger, die in ihrem Garten nicht auf die Schönheit der Blumen, sondern auf den Baum des Nachbarn schauen, dessen Zweige einige Millimeter über den Zaun wachsen.«

Der große Reichtum deines Lebens

Der große Reichtum deines Lebens
sind kleine Sonnenstrahlen, die auf deinen Weg
fallen.
Du kannst sie aufheben.

Der große Reichtum deines Lebens
sind Mond und Sterne, die nachts am Himmel
für dich leuchten.
Du kannst nach oben schauen.

Der große Reichtum deines Lebens
sind Vögel, die im Frühling für dich singen.
Du kannst zuhören.

Der große Reichtum deines Lebens
sind Menschen, die dir ein Lächeln schenken.
Du kannst in ihre Augen blicken.

Der große Reichtum deines Lebens
ist deine Freiheit.
Du kannst dich bewegen.

Der große Reichtum deines Lebens
sind deine Talente, deine Fähigkeiten, deine
Möglichkeiten.
Du kannst sie nutzen.

Der große Reichtum deines Lebens
ist dein Körper.
Du kannst seine Schönheit achten.

Der große Reichtum deines Lebens
sind Essen und Trinken.
Du kannst es genießen.

Der große Reichtum deines Lebens
ist die Liebe.
Du kannst lieben.

Der große Reichtum deines Lebens
sind die schönen Stunden in deiner Vergangenheit.
Du kannst dich erinnern.

Der große Reichtum deines Lebens
ist deine Gegenwart.
Du kannst atmen.

Der große Reichtum deines Lebens
ist deine Zukunft.
Du kannst gespannt sein.

Der große Reichtum deines Lebens
sind die Türen, die sich für dich öffnen.
Du kannst hindurchgehen.

Der große Reichtum deines Lebens
ist deine Veränderung.
Du kannst sie akzeptieren.

Der große Reichtum deines Lebens
ist deine Einzigartigkeit.
Du kannst aufhören, dich mit anderen zu
vergleichen.

Der große Reichtum deines Lebens
ist deine Größe.
Du kannst an dich glauben.

Der große Reichtum deines Lebens
ist deine Ausstrahlung.
Du kannst dein Licht auf den Leuchter stellen.

Der große Reichtum deines Lebens
ist deine Ewigkeit.
Du kannst vertrauen.

Der große Reichtum deines Lebens
ist das Leben selbst.
Du kannst es leben.

Der große Reichtum deines Lebens
ist jeder neue Tag.

Lebensfilme

Unsere Welt besteht aus Bildern. Die Bilder im Außen nennen wir »Ereignis«, »Situation«, »Wirklichkeit«, »Begegnung« und so weiter. Unsere inneren Bilder nennen wir »Phantasie«, »Einbildung« und »Traum«. Die Bilder werden durch unsere Gedanken erschaffen. Während wir unseren Tagträumen nachhängen, setzen wir das erste Bild bewusst. Wir stellen uns vor, ein berühmter Sänger zu sein oder auf sonstige Weise ein besonders erfolgreiches Exemplar unserer Gattung darzustellen.

Auch während einer geführten Meditation bestimmen wir das erste Bild selbst. Wir hören die Worte: »Stell dir vor, du liegst an einem weißen Strand am blauen Meer …« Wer sich darauf einlässt, bestimmt damit bewusst die erste Bildeinstellung seines inneren Films. Die nächsten Bilder entstehen nun wie von selbst, es kann also spannend werden.

Mit den Bildern der Wirklichkeit verhält es sich ebenso, nur wissen die meisten Menschen (noch) nicht, dass sie selbst die erste Einstellung gewählt haben. So ist der Glaubenssatz »Das Leben ist ein Kampf« der erfolgreiche Beginn eines allzu ernsthaften Filmdramas in der äußeren Wirklichkeit. Im Gegensatz zu den inneren Filmen einer Meditation haben die Streifen der äußeren Wirklichkeit jedoch Überlänge. Ist man einmal mittendrin, kann man sich nur schwer an den Anfang zurückerinnern. Manche fragen sich, wann sie verdammt nochmal den Satz gesprochen haben: »Stell dir vor, du befindest dich in einer Scheiß-Beziehung ...«

Obwohl wir nur in uns selbst etwas verändern können, versuchen wir, die anderen zu ändern. Anstatt den Film zu wechseln, zappeln wir vor der Leinwand herum und wollen auf die Schauspieler einwirken. Wer in seinen inneren Projektor einen Western eingeschmissen hat, muss sich nicht fragen, warum die vielen Typen mit den Cowboyhüten in seinem Leben herumturnen. Und wer immer wieder in die Kiste mit den Herz-Schmerz-Kummer-und-Enttäuschung-Melodramen greift, braucht sich über die ständigen Wiederholungen seiner anstrengenden Beziehungskisten nicht zu wundern. Zwar wechseln die Darsteller und manchmal auch die Orte, das Thema des Films bleibt jedoch dasselbe.

Viele Frauen geraten immer wieder an Männer, die sie schlagen. Nach mehrfacher Wiederholung des »Ihn-Verlassens« und »Zu-ihm-Zurückkehrens« gelingt der Frau nach vielen Gesprächen mit gut meinenden Freunden und Verwandten die endgültige Trennung von dem Hilfsterminator. Alle atmen auf. Endlich hat sie es geschafft.

Einige Zeit später lernt sie einen neuen Mann kennen und lieben. Nach wenigen Wochen stellt sich heraus, dass auch dieser Freund mit seinen Gefühlen nicht klarkommt und in Stresssituationen handgreiflich wird. Dabei war er am Anfang so süß und hat ja auch so wahnsinnig zärtliche Seiten, und hinterher tut es ihm immer so Leid ...

»Warum gerate immer ich an solche Typen?«, fragt sich die Frau. Weil sie immer noch an den alten Gedankenmustern und Glaubenssätzen festhält, der Liebe nicht wert zu sein.

»Im Grunde bin ich selbst schuld, wenn er mich schlägt, warum provoziere ich ihn auch so …?« Sie hat die alte Filmrolle noch nicht gewechselt, schaut weiter auf die Leinwand wie das Kaninchen auf die Schlange und hat noch nicht verstanden, dass auch sie der Liebe wert ist – ohne Begründung, ohne Rechtfertigung und ohne Kompromiss. Inneres Wachstum erkennt man auch daran, dass man neue Situationen erlebt, neue Erfahrungen macht und Menschen begegnet, die anders sind als diejenigen, die man in der Vergangenheit kennen gelernt hat.

Der Meister kommt, wenn der Schüler bereit ist.

JJ über Optimisten, Pessimisten und Energierichtungen

Das Leben ist eine weiße Leinwand, die es zu bemalen gilt. Jedem Menschen stehen Farben zur Verfügung …

»Die Farben sind seine Talente, Fähigkeiten und Möglichkeiten«, unterbrach ich ihn. »Richtig?«

Richtig.

»Und wer ist der Pinsel?«

Du.

»Okay. Lass mich als führender Pinsel das Gleichnis zu Ende erzählen.«

Bitte.

»Wenn der Pinsel die Farbe auf die Leinwand klatscht, lebt er in der gebenden Richtung. Der Mensch geizt nicht herum mit den Gaben, die ihm zur Verfügung stehen. Er führt, um im Takt des Beispiels zu bleiben, ein buntes und erfülltes Leben. In der nehmenden Richtung ver-

sucht der Pinsel, die Farbe zu essen. Er würgt am Leben herum, und eines Tages hängt es ihm zu Hals heraus.«

Ich hätte es nicht poetischer formulieren können.

Ich verneigte mich. »Danke, vielen, vielen Dank.«

Am Ende deines Lebens wird für dich nicht zählen, was du erhalten hast, sondern nur, was du gegeben hast. In deiner letzten Stunde wird dir nicht dein Bankkonto Trost geben können, sondern nur die Erinnerung an das, was du in das Leben investiert hast. Umgekehrt wirst du am Ende deines Lebens nicht bereuen, was du getan hast, sondern vielmehr das, was du nicht getan hast.

»Wenn ich einen Mord begangen hätte, würde ich sehr wohl bereuen, was ich getan habe.«

Hast du einen Mord begangen?

»Nicht dass ich wüsste. Zumindest bis jetzt noch nicht. Aber wer weiß, was sich zwischen uns beiden noch alles abspielt.«

Auch der Mörder bereut, was er nicht getan hat: Er hat im Moment des Mordes nicht das Leben geachtet.

»Das ist rhetorische Spitzfindigkeit. Immer unterlässt man das Gegenteil von dem, was man gerade macht. Wenn ich abends in die Disco zum Tanzen gehe, unterlasse ich es, stattdessen zu Hause zu bleiben und fernzusehen.«

Im Zeitalter des Videorecorders kein wirkliches Drama.

»Ebenso unterlasse ich es, meine Großtante in Berlin zu besuchen, solange ich in Duisburg in der Disco bin. Und meine Großtante in Berlin kann man nicht auf Video aufnehmen.«

Ich wusste nicht, dass du eine Großtante in Berlin hast.

»Habe ich auch nicht. Deswegen kann man sie auch nicht auf Video aufnehmen.«

Ich verstehe. Nicht immer unterlässt du etwas, nur weil du es nicht tust. Wenn du mich am Leben lässt, unterlässt du nicht, mich umzubringen. Weil du mich leben lassen möchtest. Hoffe ich jedenfalls. Unterlassen, so wie ich es meine, ist das Nichttun dessen, was du in Wirklichkeit möchtest. Du ignorierst ein Bedürfnis. Du unterlässt es, dem Wunsch deiner Seele zu folgen. Manche trauen sich nicht, ihrer großen Liebe zu folgen, andere würden gern auswandern und tun es nicht. Ein bisschen Mut zu wenig, ein bisschen Angst zu viel. Die Seele wollte wissen, wie die Geschichte ausgegangen wäre. Das Gefühl, etwas unterlassen zu haben, kommt in dir nur dann, wenn deine Seele wissen wollte, wie es ausgegangen wäre, und du es ihr nicht erzählen kannst. So bereust du immer nur das, was du unterlassen hast.

»Wenn ich bereue, was ich unterlassen habe, achte ich auf den Mangel. Sollte ich nicht besser auf das schauen, was ich alles getan habe, was mich stattdessen erfüllt hat?«

Du hast Recht. Wenn du auf die Fülle achtest, bereust du nichts. Aber nur wer die Leinwand bemalt, kann auch Farben darauf sehen. Beides hängt zusammen. Wer malt, sieht Farben, und wer Farben sieht, der malt. Nur wer auf die Fülle achtet, kann Fülle erschaffen.

Wenn du krank bist, kannst du nicht gesund werden, sofern du nur auf die Krankheit fixiert bist. Achte auf den Teil von dir, der gesund ist. Dadurch überträgst du die Gesundheit auf die kranken Bereiche. Das Gleiche gilt, wenn du anderen helfen möchtest. Achtest du in einem Krankenhaus auf der Kinderstation allein auf das, was die Krankheit eines Kindes ausmacht, wirst du ihm nicht helfen können, gesund zu werden. Du verstärkst nur seine Krankheit. Wenn du auf die gesunden Aspekte achtest, dann verstärkst du die Gesundheit des Kindes insgesamt.

»Es muss aber auch welche geben, die auf den Mangel achten. Wenn du ans Bett gefesselt bist und keiner deinen Mangel an Essen bemerkt, wirst du zwangsläufig verhungern. In diesem Fall also ein Königreich für einen Mängelachter.«

Du meinst »den Mangel sehen« und nicht »den Mangel achten«.

»Ich habe nicht gesagt: ›… den Mangel achten‹, sondern: ›… auf *den Mangel achten‹.«*

Beides ist miteinander untrennbar verbunden. Du kannst nicht das eine ohne das andere tun. Auch in der Selbstachtung sind beide Aspekte vorhanden.

»Wer den Hunger in der Welt bekämpft, achtet das Leben und nicht den Hunger. Wer auf die Umweltzerstörung achtet, wie zum Beispiel Karins Bruder, der im Wald den Müll wegräumt, achtet den Wald und nicht den Müll. Er ver-achtet den Müll.«

Hat Karin einen Bruder? Oder lebt er bei deiner Großtante in Berlin?

»Karin hat wirklich einen Bruder. Er wohnt drei Haustüren von uns entfernt.«

Dann sag ihm, dass Verachtung eine Form der Achtung ist. Je stärker er den Müll verachtet, desto mehr betet er ihn an.

»Wer sich also selbst verachtet, hat in Wirklichkeit Achtung vor sich selbst?«

Alles kannst du zu deinem Nutzen oder zu deinem Schaden verwenden. Selbstachtung im aufbauenden Sinn ist die Achtung vor dem Guten und Schönen an dir. Das setzt voraus, dass du auf das Gute und Schöne an dir achtest. Selbstachtung im zerstörerischen Sinne ist die Achtung des vermeintlich Schlechten und Hässlichen an dir. Das setzt voraus, dass du *auf* das Schlechte und Hässliche an dir achtest. Wenn du das tust, sagst du nicht: »Ich achte und liebe mich«, sondern: »Ich hasse und verachte mich.« Auf diese Art verstärkst du entweder das Gute und Schöne oder aber das Schlechte und Hässliche. So kann auch Karins Bruder an der Umweltzerstörung nichts ändern, solange er auf den Mangel achtet. Mangel erzeugt Mangel. Je mehr er auf den Müll in seiner Umgebung achtet, desto mehr kommt hinzu.

»Also sollte er Müll hinzukippen, oder was? Dann entsteht Fülle, nämlich Fülle von Müll.«

Wir sprechen nicht über mathematische Formeln, sondern …

»Wir können es ausprobieren«, unterbrach ich. »Wir gehen runter und kippen einen Eimer Müll vor die Tür. Dann gehen wir wieder hoch, holen einen neuen Eimer und kippen ihn dazu. Und so weiter. Du wirst sehen, der Müllhaufen wird immer größer. Dann machen wir es umgekehrt. Wir gehen nach unten und räumen einen Eimer Müll nach dem anderen weg. Ich verspreche dir, der Müll wird weniger.«

Wenn der Müll dann weg ist und du immer noch auf Müll achtest, wirst du an anderer Stelle einen neuen Müllhaufen sehen. Das verspreche ich dir. Du sprichst von Mathematik, ich spreche von dem göttlichen Gesetz der Wahrnehmung. Wenn hundert Depressive in einen leeren Brunnen schauen, wird der Brunnen nicht voll.

»Wenn hundert Optimisten hineinschauen, auch nicht.«

Wenn aber hundert Optimisten auf Wasser achten, werden sie einen Fluss finden und den Brunnen füllen können.

»Das gilt für die hundert Depressiven auch.«

Wenn sie es täten, wären sie nicht mehr depressiv.

»Hinterher nicht mehr, da gebe ich dir Recht. Weil sie zu kaputt wären, um noch auf ihre Depression zu achten.«

Das auch. Ihre Kreativität hätte sie wahrlich erfüllt. Du warst doch mal Fußballtrainer?

»Vor etwa hunderttausend Jahren«, bestätigte ich.

Welche Mannschaft ist besser: diejenige, die sich auf ihre Stärken, oder diejenige, die sich auf ihre Schwächen besinnt?

»Eine Mannschaft, die nicht an ihren Schwächen arbeitet, kommt auch nicht weit.«

Wer an seinen Schwächen arbeitet, ist bemüht, sie durch Stärken zu ersetzen. Die Schwäche ist verschwunden, wenn an ihre Stelle eine Stärke getreten ist. Der Müll ist verschwunden, wenn an seiner Stelle ein Baum steht. Einen Baum zu pflanzen, ist ein besseres Konzept, als überall nach Müll zu suchen.

»Bevor gepflanzt werden kann, muss zuerst der Müll weggeräumt werden, zumindest dort, wo der Baum hinsoll.«

Du räumst den Müll weg, um den Baum zu pflanzen. Du freust dich darauf, den Baum zu pflanzen. Dafür räumst du vorher auch gern den Müll weg. Das ist die gebende, aufbauende Lebensrichtung. Karins Bruder hingegen ärgert sich, weil er nur den Müll wegräumen muss. Das ist die nehmende, zerstörerische Lebensrichtung.

Es gibt keinen Unterschied zwischen der Lebensenergie, die durch dich fließt, und dem Leben selbst. Die Lebensenergie ist das Leben, welches du erfährst. Setzt du die Lebensenergie für etwas ein, erfährst du, dass das Leben für dich ist. Setzt du deine Lebensenergie gegen etwas ein, erfährst du, dass das Leben gegen dich ist. So ist es auch ein Unterschied, ob du deine Lebensenergie für Bäume oder gegen Müll einsetzt.

Stell dir ein Haus vor. Das Haus ist dein Leben. Du sitzt davor und …

»Eigentlich müsste ich in *dem Haus sitzen. Schließlich bin ich vom Leben nicht getrennt«, unterbrach ich ihn. »Das habe ich von dir gelernt«, fügte ich schnell hinzu.*

Wenn uns Jünger eines auszeichnete, dann war es die Eigenschaft, dem Meister zuzuhören. Keinem von uns wäre es je eingefallen, an einem seiner Gleichnisse herumzumäkeln. Zumindest haben wir immer gewartet, bis er mit der Geschichte fertig war, statt einfach dazwischenzutrompeten.

»Vielleicht waren die Gleichnisse von Jesus verständlicher«, bemerkte ich vorsichtig.

Jesus hat manches erzählt, was keiner begriffen hat. Einiges davon findest du in den Evangelien des Thomas und der Maria wieder. Wie du weißt, gibt es mehr Evangelien als die vier, die heute in der Bibel stehen. Die Übersetzer der offiziellen Evangelien haben im Laufe der Zeit vieles herausgestrichen, weil sie es nicht verstanden. Die Kirche wollte sich nicht nachsagen lassen, sie habe sich von den Söhnen Gottes ausgerechnet den als Heiland ausgesucht, der geistig nicht ganz auf der Höhe war.

»Okay«, sagte ich und hob entschuldigend die Hände. »Ich sitze vor einem Haus, das mein Leben ist. Und weiter?«

Das Haus wird größer und prächtiger, je mehr du hinzufügst. Das ist gebende Richtung. Du bereicherst dein Leben durch das, was du gibst. Wenn du darauf aus bist, vom Leben zu bekommen, nimmst du etwas von dem Haus weg. Das ist die nehmende Energierichtung. Du hast nicht nur das Gefühl, dass du unter Mangel leidest, es stimmt sogar. Das Haus wird immer kleiner und kahler, weil du glaubst, du müsstest nehmen, um zu bekommen.

»Man kann aber auch nicht permanent herumrennen und sein ganzes Hab und Gut verschenken.«

Verschenke, was du schenken möchtest. Behalte, was du behalten möchtest. Wenn du verschenkst, obwohl du behalten möchtest, belügst du dich selbst. Das hat mit der gebenden Richtung des Lebens nichts zu tun. Wenn du gibst, dann muss es für dich einfach sein. Du solltest es gern tun, dich nicht erst überwinden müssen.

Viele Sachen gehören einfach zu dir. Du hast sie lieb gewonnen, und sie lieben dich. Warum sie also verschenken? Um dir vorzugaukeln, du lebst in der gebenden Richtung? Viele meinen, sie müssten in Armut leben, alles den anderen geben und dann würden sie automatisch heilig. Das hat die Kirche früher sogar gepredigt. Man konnte sich per Ablass eine Eintrittskarte für den Himmel kaufen. Doch so geht es nicht. Man kann mit dem Leben keinen Handel treiben. Die gebende Richtung ist vielmehr ein Sich-Hingeben. Es ist die Bereitschaft, das Leben total durch sich hindurchfließen zu lassen. Was es mitbringt, bringt es mit, was es wegspült, spült es weg. Du kämpfst nicht gegen, du fließt mit dem Strom der Lebensenergie.

»Es gibt kein esoterisches Buch, in dem das nicht *steht.«*

Sogar die vier Schreiberlinge der offiziellen Evangelien erwähnen es. Das anscheinend haben alle verstanden, zumindest hat es keiner weggestrichen: »Ver-gebet um der Liebe willen, das ist das größte Gesetz.« Und das ist es wirklich. Wenn du in der gebenden Richtung lebst, kommt alles andere – Erkenntnis, Heilung und Gelöstheit – von allein. Obwohl der Meister der Liebe nicht müde wurde, es zu verkünden, glaubten die wenigsten, dass es funktionieren könnte. Auch wir, die wir ihn tagtäglich erlebten, zweifelten manchmal an der Alltagstauglichkeit seiner Techniken.

»Es gibt einen Unterschied zwischen glauben und tun. Ich glaube daran, und es fällt mir trotzdem schwer. Ich weiß, dass ich im Leben das anziehe, was ich ausstrahle. Ich weiß, dass meine Aura wie ein Magnet wirkt und nur zu mir kommen kann, was auch eine entsprechende Bindung bei mir findet. Obwohl ich das weiß, befürchte ich manchmal, ausgerechnet bei mir könnte das göttliche Gesetz eine Ausnahme machen.«

Mach ab und an folgende Übung: Stell dir vor, du würdest durch die Schädeldecke einatmen.

»Du meinst das Kronenchakra?«, fragte ich sicherheitshalber nach.

Genau das meine ich. Im Gegensatz zu dir spreche ich nicht fließend Sanskrit.

»Ich bin Reiki-Lehrer.«

Ich vergaß es für einen Moment, vergib mir. Die Lebensenergie kommt von oben. Du atmest sie durch dein Kronenchakra ein. Beim Ausatmen stellst du dir vor, wie die Energie nach vorn von dir wegfließt.

»Die gebende Energierichtung?!«

So ist es. In der nehmenden Richtung fließt die Energie umgekehrt. Du ziehst sie von vorn und schickst sie per Eilpost nach oben in den Kopf. Dort wandelst du dann die Lebensenergie in Sorgen und Probleme um.

»In dieser Disziplin habe ich sogar Wettkämpfe gewonnen«, sagte ich nicht ohne Stolz.

Umgekehrtes Fern-Reiki: Alle Energie zu mir

Wie gesagt, kann ich mir Fernheilung in die Vergangenheit senden. Dabei erinnere ich mich zum Beispiel an eine Szene in meiner Kindheit, in der ich krank oder traurig war. Die Lebensenergie aus meiner Gegenwart kommt in dem Moment der Vergangenheit an dem Ort an, an dem sich das Kind, das ich damals war, zu dem Zeitpunkt der Situation aufhielt.

Wenn mein Kumpel während seines Urlaubs in Brasilien erkrankt und im Hotel darniederliegt, kann ich ihm Fernheilung senden. Die Energie kommt in der gleichen Sekunde bei ihm im Hotelzimmer an.

Das Erste ist Fernheilung in die Zeit, das Zweite ist Fernheilung in den Raum. In beiden Fällen sende ich etwas aus.

Ich kann auch Fernheilung in den Raum schicken, in dem ich mich gerade befinde. Ich kann bei einer Besprechung dem Menschen, der mir gegenübersitzt, Energie schicken. Ich kann aber auch dafür sorgen, dass alle Energie im Raum zu mir selbst hinkommt. Die Energie geht immer dorthin, wohin ich sie haben möchte. Und wenn ich sie bei mir haben will, kommt sie auch bei mir an. In diesem Fall ziehe ich sie an. Das nenne ich »umgekehrtes Reiki«.

Symptomatisch für Besprechungen ist der Kampf um Energie in Form von Aufmerksamkeit, Geltung und Prestige. Wer spricht, fühlt sich wohl. Er kann die Energie der anderen ziehen. Je länger er spricht, desto schlechter fühlen sich die Übrigen. Deshalb sehen sie zu, so schnell wie möglich selbst sprechen zu dürfen.

Das Ganze potenziert sich, je mehr Leute an der Besprechung teilnehmen. Der Redende fühlt sich demgemäß wohl, die zum Schweigen Verdammten entsprechend schlecht. Wer glaubt, genügend Energie gezogen zu haben, hat ab diesem Zeitpunkt ein Interesse daran, dass die Veranstaltung so schnell wie möglich beendet wird. Schließlich will er seine hart erkämpfte Energie nicht wieder verlieren. Mit jeder Minute, die das »Meeting« länger dauert, wird der Akku leerer.

Meine Technik, eine Besprechung zu beenden, ist folgende: Ich lege die Fingerspitzen aneinander und denke: »Alle Energie im Raum zu mir.« Ich sitze da, schweige und denke immer wieder mein Mantra. Verstärkend ist die Visualisierung dessen, was geschieht. Ich stelle mir Lichtstrahlen vor, die aus allen Koordinaten des Raumes zu mir strömen.

Das Aneinanderlegen der Fingerspitzen ist für die anderen eine unverfängliche Geste. Wäre es für die Technik notwendig, die Hände auf das Kronenchakra zu legen, müsste ich auf die eine oder andere Nachfrage gefasst sein. Ich erinnere mich, dass ich einmal in meinem parkenden Wagen saß und mir Reiki auf das Herz- und Kehlchakra verpasste. Eine Passantin klopfte an die Scheibe und wollte mir helfen. Sie dachte, ich hätte einen Herzanfall. Ich konnte sie beruhigen. Das Gegenteil war der Fall.

Die Wirkung des »umgekehrten Reiki« bei Besprechungen ist ausgesprochen verblüffend. Der Redner kommt aus dem Konzept, oder sonst etwas geschieht, was die Besprechung lahm legt. Nicht der Sprecher erhält die Energie, sondern ich. Je mehr er sich um die Energie der anderen bemüht, desto mehr Energie erhalte ich. Das verwirrt den Redenden. Je mehr er spricht, desto unwohler fühlt er sich jetzt. Das war vorher anders.

Auch die Übrigen merken das Dilemma des Vortragenden. Ihr Bestreben, selbst zu reden, stirbt den Sekundentod. Das Meeting ist beendet. Ich kann wieder an meinen Schreibtisch gehen und einen weiteren Text schreiben. Zum Beispiel über Meditation …

Meditation

Meditation ist bewusstes Leben im Hier und Jetzt. Wenn ich sonntags zu Hause auf dem Sofa sitze und an meine Arbeit am Montag denke, bin ich nicht in Meditation. Meine Gedanken sind nicht dort, wo mein Körper ist.

Oft wird gesagt, Meditation sei ein Zustand jenseits des Denkens. Daher scheitern viele, die sich in Meditation versuchen. Sie sitzen, atmen in einer vorgeschriebenen Technik und stellen nach einiger Zeit verzweifelt fest: »Ich denke ja immer noch.«

Es geht auch gar nicht anders. Es gibt ebenso wenig ein Nichtdenken, wie es kein Nichtfühlen gibt. Die Lebensenergie zeigt sich im Bereich des Kopfes immer als Gedanke. In der meditativen Richtung aber fließt der Gedanke weiter. Er wird nicht festgehalten, sondern darf ungehindert nach außen fließen, sich dort ausdehnen und letztendlich als Ereignis wieder zurückkommen.

Der natürliche Fluss der Gedanken wird oft nicht wahrgenommen. Daher glauben manche Meditierende, sie hätten aufgehört zu denken. Dabei haben sie nur aufgehört, nachzudenken.

Wenn wir nachdenken, halten wir die Gedanken in unserem Kopf fest. Wir bemühen uns, nichts zu vergessen. Wenn ich kreativ schreibe, denke ich nicht nach. Meine Gedanken fließen durch meinen Kopf nach unten in die Finger, die dann in die Tasten hauen. Ich schreibe eben flüssig. Lese ich einen Tag später Korrektur, denke ich über meine Texte nach. Dann frage ich mich, ob ich mir den vorherigen Satz schenken soll oder nicht. Wenn meine Gedanken fließen, ist es logisch, dass ich »flüssig« schreibe. Was soll ich tun? Ihn stehen lassen, ihn streichen, ihn woandershin setzen? Je mehr ich darüber nachdenke, desto mehr blockiere ich mein Schreiben.

Ideen kommen immer nur dann, wenn man gerade nicht nachdenkt. Wie auch sollte ein neuer Gedanke aus dem Universum in einen Kopf kommen, der mit alten voll gestopft ist? Er wird vom Türsteher abgewiesen: Sorry, wir haben leider keinen Platz mehr. Wegen Überfüllung geschlossen.

Nachdenken kann durchaus nützlich sein. Wenn ich auf dem schnellsten Wege nach München will, muss ich darüber nachdenken, ob ich mit dem Auto fahre, den Zug nehme oder in den nächsten Flieger steige. Ständiges Nachdenken aber wird zur Last. Ein Problem wird von vorn bis hinten durchgekaut, und wenn man zu einem Ergebnis gelangt ist, geht es wieder von vorn los.

Der Verstand wird niemals fertig. Er kann nichts anderes als denken. Es graut ihm davor, irgendwann einmal zu Ende gedacht zu haben. Irgendwie hat der Verstand Angst vor seinem Tod. Zumindest befürchtet er, nicht mehr gebraucht zu werden.

Man hat uns von Kindesbeinen an erzählt, dass alles im Leben gut überlegt sein will: Treffe keine unüberlegten Entscheidungen! Das Dilemma ist nur, dass der Verstand gar nicht entscheiden kann. Er kann nur denken. Entscheiden heißt, Abschied von einem Problem zu nehmen. Das können allein Herz und Bauch. Der Verstand ist kein Meister des Loslassens. Und was soll er machen, wenn ein Problem zu Ende gedacht ist und er kein anderes hat? Also flugs das Ganze noch einmal.

Ich kenne das, schließlich habe ich die Weltmeisterschaft im Nachdenken mehrfach erfolgreich verteidigt.

Nun hilft es, zu wissen, dass Nachdenken nur in Bewegung geschehen kann. Wird man regungslos, stoppen nach kurzer Zeit auch die kreisenden Bewegungen der Gedanken. Sie fließen durch einen hindurch, und man glaubt, man habe aufgehört, zu denken. Egal, ob man steht, sitzt oder liegt, es funktioniert. Dieses Prinzip findet in vielen Meditationsübungen Anwendung.

Wenn ich meinem Grübeln ein Ende bereiten will, setze oder lege ich mich bequem hin und rühre mich nicht mehr. Dann konzentriere ich mich auf meine Stirn und stelle mir ein Labyrinth vor, in dem meine Gedanken kreisen. Sie irren in dem Labyrinth herum und finden den Ausgang nicht. Nach einiger Zeit befehle ich ihnen, stillzustehen. Ich sage: »Stopp«, konzentriere ich mich auf den Bauchnabel und leite meinen Atem dorthin. Ich »atme« durch den Nabel ein und aus. Ich stelle mir vor, wie mit jedem Ausatmen meine Gedanken aus dem Kopf nach unten in den Bauch fließen und dort den Ausgang finden.

Der Nabel ist der Ausgang aus dem Labyrinth. Durch den Nabel sind wir auf die Welt gekommen. Und durch den Nabel werden wir die körperliche Welt wieder verlassen. Der Nabel ist das Tor zwischen Körper und Seele.

Ein Baum befindet sich in einem unbeweglichen Körper. Bäume erfahren das Leben immer gleich. Die Energie fließt unblockiert durch sie hindurch. Daher sind Bäume wunderbare Kraftspender. Wer sich mit einem Baum verbindet, kann von dem meditativen Fluss der Lebensenergie profitieren.

Ein Tier lebt in einem beweglichen Körper. Es ist in der Lage, die Lebensenergie in sich zu verändern. Es vermag Liebe, Angst, Eifersucht, Freude und Traurigkeit zu erleben. Ein Tier kann wie der Mensch die ganze Gefühlspalette erfahren. Ein Tier hat Emotionen.

Das Wort »Emotion« bedeutet Bewegung. Emotion ist die Bewegung der Gefühle, die Erfahrung des Lebens in beweglicher, veränderlicher Qualität. Ein Baum hat keine Emotionen. Sein äußerer Körper entspricht seinem inneren Zustand. Ein Baum erlebt sein Grundgefühl. Das Grundgefühl ist die pure Wahrnehmung des »Ich bin«. Wird der Körper regungslos, hört die Bewegung der Gefühle auf. Nach einer Weile spürt man nur sein Grundgefühl, das »Ich bin« der Seele. Allein um das zu erleben, lohnt es sich, zu meditieren.

Alle Meditationstechniken basieren auf der Beobachtung dessen, was vorhanden ist. Daher werden Meditationen auch »Übungen der Achtsamkeit« genannt. Worauf man achtet, ist vollkommen gleich. Man kann auf seinen Atem, seinen Körper, seine Gedanken achten. Auch Punkte außerhalb des Körpers können zum Objekt der Achtsamkeit werden. Der Lehrer Buddhas meditierte, indem er einen Fluss beobachtete. Ein anderer Meister, Ramtha, wurde erleuchtet, weil er ein Jahr lang nur auf den Wind achtete, den er auf seiner Haut spürte.

Yoga und Zen machen den Körper zum Objekt ihrer Achtsamkeit. Andere Techniken nutzen dafür den Atem. Auch ein

Gedanke kann zum Objekt der Achtsamkeit werden. Die ständige gedankliche Wiederholung eines Wortes oder Satzes ist Meditation mit einem Mantra. Dabei wird der Gedanke durch sich selbst ausgelöscht. Er läuft sich tot und begeht quasi Selbstmord.

Eine schöne und einfache Meditationsübung kombiniert die Achtsamkeit auf Atem, Körper und Gedanke miteinander: Ich setze mich bequem hin, schließe die Augen und achte auf den Punkt zwischen meinen Augenbrauen. Ich stelle mir meinen Atem wie weißes Licht vor, der durch diesen Punkt ein- und ausfließt. Beim Einatmen denke ich das Wort »Ich«, beim Ausatmen das Wort »bin«: »Ich – bin.«

Diese Übung führt mich zurück zu dem, was ich wirklich bin: Nicht Ehemann, nicht Sohn, nicht Polizist, nicht Reiki-Lehrer. All das bin ich – wie JJ schon einmal sagte – nur in Beziehung zu anderen. Ich bin Ehemann nur in Beziehung zu meiner Frau, ich bin Sohn nur in Beziehung zu meinen Eltern, ich bin Polizist nur in Beziehung zu den Menschen, mit denen ich beruflich zu tun habe, ich bin Reiki-Lehrer nur in Beziehung zu den Menschen in meinen Gruppen. Aber all das bin ich nicht. Ich bin keine Rolle, sondern nur ein »Ich« – und damit nichts und alles zugleich.

Meditation ist ein Heilmittel gegen Angst. Angst ist immer auf die Zukunft gerichtet. Ich befürchte, dass etwas geschehen wird. Selbst wenn ich, wie es einigen von JJs Zeitgenossen in römischen Stadien ergangen ist, einem zähnefletschenden Löwen gegenüberstehe, ist meine Angst auf die Zukunft gerichtet: Ich befürchte, in zehn Sekunden zerfleischt zu werden. Gelänge es mir, mit meinem Gedanken absolut im Jetzt zu bleiben, verschwände sogar in dieser Situation die Angst. Ich würde zum Beobachter.

Angst führt in die entgegengesetzte Energierichtung. In der natürlichen Energierichtung des Lebens setze ich die Ursache und erfahre die Wirkung. In der Angst erlebe ich es umgekehrt: Ich erfahre jetzt die Wirkung, die Ursache meiner Angst liegt in der Zukunft.

Es gibt viele gute Bücher, in denen Meditationsübungen beschrieben werden. Solche, die einem zusagen, sollte man ausprobieren. Zwar stellt sich die Wirkung erst nach einiger Zeit des regelmäßigen Übens ein, doch merkt man sofort, ob man damit klarkommt oder nicht. Wer eine Übung für sich gefunden hat, sollte dabei bleiben, solange sie Spaß macht.

Es ist ein Märchen, dass uns nur gut tut, was uns schwer fällt. Das Gegenteil trifft zu. Meditation ist immer da, wo Freude ist. Wer etwas mit Freude tut, vergisst alles andere um sich herum und ist vollkommen bei der Sache. Deshalb kann alles zur Meditation werden.

Doch eine Übung reicht vollkommen aus. Wenn sie einen ein Leben lang begleitet, gut. Wenn man sie nach einigen Tagen gegen eine andere austauscht, auch gut. Alle Übungen dienen dazu, in einen meditativen Zustand zu gelangen. Meditation ist somit nicht die Übung, sondern das Ergebnis. Regelmäßig durchgeführt, helfen die Übungen, den meditativen Zustand immer länger aufrechtzuerhalten. Befindet man sich permanent in diesem Zustand, sind Übungen nicht mehr nötig.

Bei jeder Übung können Emotionen, die gerade an der Oberfläche des Bewusstseins sind, zunächst stärker werden. Auch kann es sein, dass aus den Tiefen des Bewusstseins Gefühle an die Oberfläche kommen, mit denen man im Augenblick gar nicht rechnet. Alles wird zugelassen. Nichts wird unterdrückt, auch wenn es noch so unangenehm ist. Solange man gegen etwas ankämpft, bleibt es. Wenn man es zulässt, verändert es sich. Kapitulation führt in die meditative, Kampf in die entgegengesetzte Energierichtung. Nach und nach wird die Bewegung der Gefühle langsamer. Man wird ruhiger und gelangt in inneres Gleichgewicht.

Eine der besten und einfachsten Techniken, die man immer und überall machen kann, ist das Wendepunktatmen. Man achtet auf den Punkt, an dem das Einatmen zum Ausatmen wird. Es ist der Punkt, an dem das Atmen weder Ein- noch Ausatmen ist – oder beides zugleich. Es ist der Punkt des Alles und Nichts. Dabei kommt es nicht darauf an, wie man atmet, es geht nur darum, auf den Wendepunkt zu achten.

Diese Technik hilft vor allem in schwierigen Situationen. Ich habe ein unangenehmes Gespräch mit meinem Chef vor mir, ein Kollege beschwert sich oder was auch immer. Gehe ich in meinen Wendepunkt, bin ich innerlich immer stärker als mein Gegenüber. Der Punkt befindet sich genau in der Mitte des Oberkörpers. Während mein Gesprächspartner die Energie in seinen Kopf verlagert oder, wenn er wütend ist, in seinen Bauch, bin ich in meiner Mitte.

Auch wenn ich etwas ungern tue, gehe ich in den Wendepunkt und mache mir klar, dass ich jetzt eine Meditation durchführe. Ich sage nicht mehr: »Während ich hier in diesem blöden Schuhgeschäft meiner Frau beim Einkaufen zusehe, könnte ich besser zu Hause in meinem Meditationsraum sitzen«, sondern mache das Gerenne in dem blöden Schuhgeschäft zu meiner Meditation.

Dabei hilft es mir, der Übung einen Namen zu geben. An einem Tag mache ich die Meditation »Ich habe den Bus verpasst und warte im Regen auf den nächsten« und am nächsten Tag die Meditation »Ich stehe auf der Autobahn in einem kilometerlangen Stau«. So werden die Übungen nicht schematisch, sondern verändern sich wie das Leben selbst. Im Moment beispielsweise mache ich die »Ich-schreibe-an-einem-Text-und-komme-nicht-weiter«-Meditation. Deshalb entscheide ich jetzt, mit dieser Übung aufzuhören und sie nahtlos in eine andere übergehen zu lassen. Ich muss noch das Katzenklo sauber machen …

JJ und die Vertreibung aus dem Paradies

Wenn du denkst, denkst du zumeist an Vergangenes oder machst dir Sorgen um Zukünftiges. Du bist nicht in der Gegenwart und damit auch nicht in Meditation. Du erfährst das Leben durch den Kopf und obliegst einer Täuschung. In Wahrheit gibt es keine Zeit außerhalb der Gegenwart. Je tiefer du meditieren kannst, desto mehr wird dir bewusst, dass die Zeit eine Illusion des Denkens ist.

»Schade. Ich hätte gern morgen mit dir weitergesprochen«, sagte ich.

Ich erkläre es dir in der Gegenwart: Ein Tier kennt keine Zeit. Es macht sich keine Sorgen um die Zukunft und keine Gedanken über Vergangenes. Ein Tier lebt im Hier und Jetzt. Es trifft in jedem Moment Entscheidungen, ist sich dessen aber nicht bewusst.

»Unsere Katzen Mary und Susi treffen jeden Tag große Entscheidungen: Gehe ich auf das Sofa oder lege ich mich in den Sessel? Nehme ich von dem Nassfutter oder probiere ich das Trockenfutter? Wecke ich nachts zuerst Peter oder Karin?«

Der Mensch hingegen lernt im Laufe seines Lebens, dass er seine Entscheidungen selbst trifft. Er kann wählen. Mit der Erkenntnis der Wahl kommt die Illusion der Zeit. Die Geburt der Vergangenheit ist die Fähigkeit, seine früheren Entscheidungen und die daraus resultierenden Folgen betrachten zu können. Ich frage mich, wie mein Leben verlaufen wäre, wenn ich anders gewählt, andere Entscheidungen getroffen hätte. Die Geburt der Zukunft ist das Wissen, dass ich die Folgen meiner jetzigen Entscheidungen erfahren werde. Ich frage mich: »Werde ich das Richtige wählen? Ist meine Entscheidung gut für mich?« Ich sorge mich, habe Angst davor, die Auswirkungen meiner Schöpfung zu erfahren. Wir Menschen sind übende Götter. Wir üben so lange, wie wir noch zweifeln. Wir sind Gott, der noch daran zweifelt, dass er Gott ist, aber erkannt hat, über welch ungeheure Macht er verfügt. Steine, Bäume und Tiere sind sich darüber noch nicht im Klaren. Sie haben verborgenes Wissen, aber noch keine Erkenntnis.

Die Erfahrung der Zeit ist nichts anderes als eine Stufe auf der Leiter der Erkenntnis. Der Mensch weiß um die Endlichkeit des Augenblicks. Er versteht, dass sich alles immer ändert. Nie bleibt etwas, wie es ist. Mit dem Wissen kommt die Angst. Die Angst ist der Preis der Erkenntnis. Sie ist die Vertreibung aus der Geborgenheit, der Rauswurf aus dem Paradies. Eva wollte wissen. Die Schlange bot ihr das Wissen in Form des Apfels an. Die Schlange sagte: »Iss, und du wirst erfahren.« Aber wenn du erfährst, wird es nie mehr so wie früher sein.

Die Geborgenheit der Unwissenheit verwandelt sich in dem Moment, in dem du die Frage stellst. Jesus formulierte es anders. Er sagte: »Wenn du anklopfst, wird dir aufgetan.« Doch wenn die Tür dann aufgeht, kommt frische Luft ins Zimmer. Gleichzeitig kann der alte Mief entweichen. Die Luft im Raum verändert sich. Durch die Frage bleibt nichts mehr beim Alten. Wenn man weiß, dass sich alles verändert, hat man Angst, dass sich das Glück in Trauer und die Liebe in Schmerz verwandeln könnte.

Über allem steht die Angst des Menschen vor dem Tod. Der Tod ist das absolut Unbekannte, das wahrhaft Neue. Im Tod ist alles möglich. Der totale Untergang oder die grandiose Auferstehung. Du darfst gespannt sein. Das Wissen um den Tod macht dein Leben einzigartig. Der Tod lässt dich den Augenblick intensiv erleben. Nichts kann durchdringender als in dem Bewusstsein der Endlichkeit erlebt werden. Niemals wirst du einen Regenbogen intensiver sehen können als in dem Bewusstsein, dass es das letzte Mal ist.

Durch den Tod wird das ewige Leben nicht langweilig. Zwar lebst du ewig, wirst dich immer als ein »Ich« empfinden. Aber niemals mehr wirst du die Person sein, die du jetzt im Augenblick bist. So wie die Einzigartigkeit Voraussetzung für die Vielfalt ist, ist die Einmaligkeit Voraussetzung für die Ewigkeit. Ewigkeit und Einmaligkeit sind keine Gegensätze. Wäre nicht jeder Augenblick neu und einzigartig, wäre das Leben eine Abfolge von Wiederholungen. Die Existenz liefe sich im wahrsten Sinne des Wortes tot. Die ständige Erneuerung ist der Motor. Nur durch Erneuerung kann es immer, kann es ewig weitergehen. Durch das Auskosten der Einmaligkeit erfährst du die Ewigkeit des Lebens.

Lebe also immer bewusst, lebe so intensiv, dass selbst der Tod, wenn er kommt, dich nicht umbringen kann.

Der Baum der Erkenntnis – eine Meditation

Stell dir vor, du hast ein paar freie Tage genutzt, um allein wegzufahren und ein wenig auszuspannen. Irgendein guter Freund oder eine gute Freundin hat dir ein Haus zur Verfügung gestellt. Es ist ein schönes Haus mit einer großen Terrasse vor der Eingangstür. Auf der Terrasse befindet sich eine Bank, auf der du gemütlich sitzen und deinen Gedanken nachgehen kannst. Und wenn du dort sitzt, fällt dein Blick direkt auf einen großen, prächtigen Baum, der vor dem Haus auf der anderen Seite des Weges steht.

Und jetzt sitzt du auf der Bank und betrachtest deinen Baum.
Mach dir bewusst, dass er für die nächsten Minuten dein Lehrer sein wird.
Höre zu, was er dir ohne Worte, nur durch seine Kraft, seine Gefühle und seine Gedanken zu sagen hat:

»Meine liebe Freundin, mein lieber Freund. Ich bin dein Baum der Erkenntnis.
Zu Anbeginn allen Seins befandest du dich in großer Geborgenheit göttlicher Liebe.
Du hattest keine Sorgen, keine Probleme, auch hattest du keinen Körper, der dich einschränkte.
Du warst nichts anderes als dein Gefühl, ein Gefühl der Geborgenheit, Freude und Liebe.

Eines Tages, nach langer Zeit, blitzte in dir ein Gedanke auf, eine Frage,
kurz nur, aber so heftig, dass sie dich nicht mehr losließ:
›Was ist das, was mich fühlen lässt?
Was ist das, was mich denken lässt?
Was ist das, was mich leben lässt?
Wer bin ich?‹

Als du damals, vor langer, langer Zeit, diese Frage stelltest, hast du mich, den Baum der Erkenntnis, zum ersten Mal bemerkt. Ich war zwar die ganze Zeit vor deinen Augen, aber gesehen hast du mich erst in dem Moment, als in dir der Gedanke aufblitzte. An diesem Tag wurde ich dein Lehrer. Denn wer bittet, dem wird gegeben, und wer anklopft, dem wird aufgetan. Ich lud dich ein, von mir zu kosten.

Als du mich fragtest, wer du bist, sagte ich dir, dass du alles bist
und dass du Teil des Göttlichen bist.

Gott erschafft nach seinem Willen, und deshalb gab ich dir – in diesem Augenblick – den freien Willen.
Ab jetzt musstest du selbst entscheiden.
Dein freier Wille ermöglichte dir nun die Macht der Entscheidung.
Doch gleichzeitig musstest du lernen, mit dieser Macht gut umzugehen,
denn mit der Macht der Entscheidung hattest du auch die Verantwortung für die Folgen.

Und da der einzige Weg, Verantwortung zu lernen, der ist, die Folgen seiner Entscheidungen selbst zu spüren, musstest du hinunter in die Welt von Zeit und Raum,
in die Welt von Geburt und Tod, die Welt von Ursache und Wirkung.

In diesem Moment begann für dich der Kreislauf der Verkörperungen.
Bis jetzt warst du geborgen, es war für dich gesorgt, du brauchtest dich um nichts zu kümmern. Du warst im Paradies.
Doch nun, mit der Gabe des freien Willens, erfolgte die

Vertreibung. Und seitdem fühlst du dich so oft getrennt, spürst so oft eine große Sehnsucht nach der allumfassenden Liebe und Geborgenheit, die dich früher umgab.

Seit der Vertreibung aus dem Paradies erfährst du am eigenen Leib die Bedeutung des Satzes ›Dein Wille geschehe, wie im Himmel, so auf Erden‹.
Der Himmel ist dein Bewusstsein, deine Seele, dein göttlicher Funke.
Und hier, in deinem Bewusstsein, triffst du deine Entscheidungen. Die Wirkung deiner Entscheidungen erfährst du dann in den Situationen deines Lebens auf der Erde.

Eines Tages, wenn du deine wahre Größe und deine wahre Macht erkannt hast,
wenn du begriffen hast, wer du wirklich bist, wirst du als verlorene Tochter
und verlorener Sohn in das Paradies zurückkehren.

Doch dann bist du nicht mehr nur ein Gefühl der Geborgenheit und Liebe,
dann bist du mehr, denn dann bist du dir deiner Göttlichkeit bewusst.
Und in diesem Moment wirst du erkennen, dass du das Paradies in Wahrheit nie verlassen hast.

Dies ist die Botschaft, die ich, dein Baum der Erkenntnis, dir heute zu sagen hatte.«

Immer noch sitzt du auf der Bank vor dem Haus und schaust auf den Baum.
Und nun mach dir klar, dass dieser Baum vor deinem inneren Auge dir irgendwann in deinem äußeren Leben begegnen wird. Und dann erinnere dich:
Es ist dein Baum der Erkenntnis, wie im Himmel, so auf Erden.

Gedankenberge

Niemand kann uns zu einem Gedanken zwingen. Keiner hat die Macht, uns denken zu lassen, was wir nicht denken wollen. Wir wählen unsere Gedanken selbst.

Beobachtende Gedanken sind einfach. Sie befinden sich in Harmonie mit den Sinnen. Sie stimmen mit dem überein, was man sehen, hören und fühlen kann. Interpretierende Gedanken sind komplexer. Sie beruhen auf unseren Glaubenssätzen.

Ich sitze in einem Restaurant und habe mir etwas zu essen bestellt. Der Kellner kommt und serviert.

Der beobachtende Gedanke zu dem Ereignis ist: »Ein Mensch gibt mir zu essen.« Punkt. Das ist der beobachtende Gedanke zu dem, was meine Augen sehen.

»Der Kellner bringt mir das Essen doch nur, weil ich es bestellt habe. Ich bezahle ja auch dafür. Und außerdem – mit meiner Bestellung ermögliche ich dem Kellner den Erhalt seines Arbeitsplatzes, was wäre schließlich, wenn keiner mehr käme ...?« Dies sind interpretierende Gedanken, die nicht mehr mit dem übereinstimmen, was tatsächlich geschieht.

Je mehr Gedanken ich mir mache, desto weiter entferne ich mich von dem Ereignis selbst. Der erste Gedanke ist der Boden. Er gehört zu dem Erlebnis selbst. Der zweite Gedanke ist die nächste Schicht. Mit jedem weiteren Gedanken kommt eine Schicht hinzu. Auf die Dauer entsteht ein Berg. Dieser Gedankenberg ist es, der vielen Menschen zu schaffen macht. Sie haben den Ausgangspunkt aus den Augen verloren. Sie quälen sich mühsam auf den Berg, obwohl sie im flachen Tal leichtfüßig von einem Ereignis zum nächsten gehen könnten.

Während meiner Zeit bei der Zielfahndung hatte ich einen Kollegen, der sich immer dann von mir ausgegrenzt fühlte, wenn ich die Tür zu meinem Büro hinter mir schloss. Ich tat es, weil ich in Ruhe die Zeitung lesen oder meditieren wollte. Auch hatte ich nicht vor, meine momentane Arbeitsunlust öffentlich zur Schau zu stellen. Der Kollege, dessen Schreibtisch in einem Büro auf der gegenüberliegenden Seite stand, war anschließend tagelang beleidigt. Er glaubte, dass ich von ihm in dieser Zeit nichts wissen wollte. Das stimmte schon. Doch die Motivation zu meinem Verhalten hatte einzig und allein mit mir zu tun. Ich wollte einfach nur für eine halbe Stunde allein sein. Der Kollege aber glaubte, es hätte mit ihm zu tun. Er machte mich verantwortlich für sein schlechtes Gefühl. Er lag nicht nur falsch mit seiner Bewertung, dass ich die Tür zumache, um ihn auszugrenzen, er lebte dadurch sein Leben mit meinen Augen. Er lebte nicht seine persönliche Freiheit – schließlich hätte er die Tür auch öffnen können, wenn es ihn störte –, sondern er hatte sich in meine Abhängigkeit begeben: »Macht Peter die Tür zu, bin ich traurig, macht Peter die Tür auf, bin ich glücklich …«

Aus dieser Verstrickung konnte ich ihn nicht befreien. Er hatte sich die Opferrolle selbst zugewiesen und war der Einzige, der sie wieder zurückgeben konnte. Hätte ich nun, weil ich um seine Befindlichkeit wusste, die Tür ständig offen gelassen, würde er in seiner Opferrolle neue Interpretationen erschaffen haben. Er hätte denken können, ich wollte ihn provozieren, weil ich vor seinen Augen die Zeitung lese. Oder aber, jemand habe mir erzählt, dass es ihn störe, und ich ließe die Tür nur aus Rücksicht offen, obwohl ich ihn am liebsten immer noch ausgrenzen würde.

Spätestens hier wird es richtig kompliziert. Und tatsächlich führen Menschen, die ihr Dasein in den Augen anderer fristen, hoch komplizierte Leben. Alles wird verwickelt und vertrackt. Die Beziehung zu Partnern, Kollegen, Verwandten. Keiner hat unsere Helden wirklich lieb, immer spüren sie diese Unbehaglichkeit und dieses Misstrauen in sich, da jedes freundliche Lächeln ihnen gegenüber vielleicht nicht ernst gemeint oder aber mit der Erwartung einer Gegenleistung verbunden sein könnte. Das Misstrauen ist nichts anderes als mangelndes Vertrauen zu sich selbst. Doch sogar wenn er Recht hätte mit seiner Vermutung, ich wollte ihn ausgrenzen, was würde das für ihn ändern?

Wir interpretieren, schlussfolgern, kombinieren, forschen nach Gründen und Ursachen. Immer ist es das Ur-Teilen, das uns aus der inneren Einigkeit vertreibt. Der Beobachter sieht: Die Tür zu Peters Büro ist geschlossen. Punkt. Er bleibt in seiner Mitte. Er wertet nicht. Die Beobachtung allein kann ihn nicht aus der Fassung bringen. Das Leben bleibt einfach. Sobald die Wertung, das Urteil hinzukommt, wird es kompliziert.

Was für die negativen Schlussfolgerungen gilt, gilt für die positiven ebenso. Die Formel des positiven Denkens lautet: Schlechte Gedanken verursachen schlechte Gefühle, gute Gedanken verursachen gute Gefühle. Das ist im Grunde sogar richtig. Aber Vorsicht: Auch wenn ich in der anderen Mannschaft spiele, befinde ich mich immer noch im selben Spiel. Ich bin nicht in der Mitte, sondern verharre an dem anderen Pol. Ich teile immer noch, nur eben durch mein positives Urteil.

Da alles im Leben nach Ausgleich strebt, weiß ich bei meinem positiven Denken stets, dass man das Ganze auch negativ betrachten könnte. Immer dann, wenn ich einen positiven Gedanken bilde, formuliere ich den negativen gleich mit. Denke ich in meinem Vorderkopf: »Das ist schön, weil …«, feiert in meinem Hinterkopf der Gedanke »Das ist hässlich, weil nicht …« seine Auferstehung. Ich mache mein Denken weiterhin an Kriterien fest. Und Kriterien sind austauschbar. Mit dem Austausch der Kriterien ändern sich die Urteile.

Beim positiven Denken bin ich gezwungen, ständig neue Kriterien festzulegen, nach denen auch das größte Unglück und die schlimmste Katastrophe noch positiv gesehen werden können. Ich versuche mit aller Gewalt, die andere Seite zu verleugnen. Doch das geht auf Dauer schief. All die, die von Motivationstrainern auf den Berg des positiven Denkens gejagt werden, stellen auf dem Gipfel verwundert fest, dass es nun nach unten geht. Dann drehen sie sich um – »Ich hab da mal 'ne Frage …« – und stellen fest, dass sich der Motivationsguru mit der Gage aus dem Staub gemacht hat. Da es in der Welt der Polaritäten das eine ohne das andere nicht gibt, belügt sich derjenige selbst, der nur die eine Seite wahrnehmen will.

Lerne, mit leeren Augen zu sehen, sagte einmal ein erleuchteter Meister. Ein anderer formulierte: Den Splitter im Auge der anderen siehst du, den Balken in deinem eigenen nicht. Der Balken, der Gut von Böse und Schön von Hässlich trennt.

Wer die Verantwortung für seine Gedanken und Gefühle anderen in die Schuhe schiebt, gibt ihnen auch die Macht über seine Gedanken und Gefühle. Wer die Verantwortung für seine Erfahrungen nicht übernehmen will, ist weiter auf die anderen angewiesen, die über Wohl und Wehe entscheiden.

Wie in einem Gefängnis: Dort sind die Aufseher für das Leid der Insassen verantwortlich. Jeder Wärter ist für eine andere Plage zuständig. Der eine sorgt für das Essen, das nicht schmeckt, der andere für das Zellenlicht, das mal zu dunkel zum Lesen und mal zu hell zum Schlafen ist. All dies trägt dazu bei, dass sich die Gefangenen schlecht fühlen.

Die Umstände könnten besser sein. Wie in allen Bereichen des Lebens: Das Betriebsklima wäre besser, wenn der Chef mehr lächelte; die Ehe wäre besser, wenn der Mann nicht so oft in die Kneipe ginge und die Frau von ihrem esoterischen Trip runterkäme. Und nicht auszudenken, was noch alles besser wäre, würde das Kind nicht so viel toben und der Hund nicht so oft auf den Teppich pinkeln. Zum Glück ist immer jemand da, den ich für mein schlechtes Gefühl verantwortlich machen kann. Gibt es niemanden, ist eben das Wetter schuld.

Doch das selbst gewählte Gefängnis hat offene Türen. Man kann jederzeit gehen, hinaus in die Freiheit der Eigenverantwortlichkeit. Aber dann ist Schluss mit der Jammerei und dem Wehklagen über all die Umstände, die besser sein könnten. Nun steht man selbst in der Pflicht. Für viele wird die Last zu schwer. Sie bleiben lieber in ihren Zellen sitzen, motzen über die Aufseher und fügen sich dem eigenen Urteil: »lebenslänglich«.

Einige sind mutig, gehen hinaus und stellen fest, dass sie nun Wind und Wetter ausgeliefert sind. In der Zelle war es schön warm und trocken. Und regelmäßig wurde der Blechnapf mit dem Essen gereicht. Draußen in der Freiheit muss man selbst für Nahrung sorgen. Deshalb bekommen manche Angst, in der Freiheit zu scheitern, und gehen schnell wieder in den Bau zurück.

Doch dann ist es noch schlimmer als vorher. Wenn ich nichts anderes kenne als meine Zelle, kann ich mich dort wohl fühlen. War ich mal in der Freiheit, wird mir meine Zelle anschließend viel enger vorkommen. Wer sich einmal auf den Weg gemacht hat, sollte nie wieder zurückkehren.

JJ über Déjà-vu-Erlebnisse und ein Haus mit vielen Räumen

Vor deiner Geburt hast du zusammen mit deinen Freunden und Helfern in der geistigen Welt ein Drehbuch geschrieben. Du hast die Handlung deines Films festgelegt, weißt also, ob es ein Thriller oder eine Schnulze werden soll, kennst den Anfang und weißt, wie das Ende aussehen sollte. Triffst du nun in deinem Leben auf eine Situation, die einer Szene deines Films so entspricht, wie sie in dem Drehbuch steht, hast du ein Déjà-vu-Erlebnis: Du hast es schon einmal erlebt, obwohl du es noch nicht erlebt hast. Du bist auf dem Weg. Der Film stimmt mit dem Drehbuch überein.

»Das Gefühl kenne ich. Gerade in der letzten Zeit erlebe ich häufiger so Sachen. Also bin ich noch im richtigen Film«, warf ich zufrieden ein.

Offensichtlich. Das Einzige, was nicht passt, ist dieser blöde Westernhut, den du ständig aufhast.

Ein schlechter Scherz. Seit meiner Kindheit hatte ich keinen Westernhut mehr getragen, und selbst da nur am Rosenmontag. Bevor ich antworten konnte, sprach JJ weiter.

Deine Seele ist sich des Drehbuchs bewusst. Sie sitzt mit dem Schinken im Keller deines Tagesbewusstseins und schmökert drin rum. Ab und an schreit sie eine Regieanweisung nach oben, vor allem dann, wenn du gerade dabei bist, eine falsche Szene zu drehen. Diesen Schrei aus dem Keller spürst du als Impuls. Ein Impuls will dich in eine bestimmte Richtung lenken. Doch du hast immer den freien Willen. Du kannst dem Impuls folgen oder auch nicht. Wenn du auf deine Impulse achtest und ihnen folgst, führen sie dich wohlbehalten durch dein Leben. Du machst genau die Erfahrungen, die deine Seele machen wollte.

»Und wenn ich sie nicht beachte, muss ich eben später manche Szenen des Films nochmal drehen, so lange, bis sie schließlich im Kasten sind.«

So ist es.

»Im wievielten Film bist du eigentlich? Wird dein nächstes Leben ein neuer Streifen oder ein Remake des alten Monumentalkrachers: Die Bibel nach Matthäus, sechstausendste Version in Dolby Surround?«, fragte ich JJ. Eine kleine Rache für den Westernhut.

Stell dir ein Haus mit unendlich vielen Räumen vor. Das ganze Haus ist »alles, was ist«.

»Alles, was ist«, ist ein anderer Name für »Gott«. Allah akbar: Gott ist groß. So groß, dass er für sein Leben das ganze Haus benötigt. Du bist ein Teil von »allem, was ist«. Du bist ein Teil des Göttlichen. Du lebst dein Leben in einem Raum des Hauses. Im nächsten Leben gehst du in den nächsten Raum – und so weiter.

Du kannst immer nur den Raum deines jetzigen Lebens sehen. An die Räume deiner zukünftigen Leben kannst du dich *noch* nicht, an die Räume deiner vergangenen Leben nicht *mehr* erinnern. Du willst dich schließlich vollkommen auf den Raum konzentrieren, in dem du dich jetzt befindest.

Da aber alle Räume des Hauses nicht nacheinander, sondern nebeneinander und gleichzeitig existieren, existieren auch deine vergangenen und zukünftigen Leben in Wahrheit nebeneinander und gleichzeitig. Meditation ist ein Spaziergang durch das ganze Haus. Je öfter und länger du meditierst, desto weiter kommst du. Du setzt dich hin, schließt die Augen und gehst nach innen. Je weiter du nach innen gehst, desto mehr kannst du dich erinnern.

Innere und äußere Bilder

In der geistigen Welt geschieht alles unmittelbar. Ich denke, und es passiert. Ich stelle mir etwas vor, und es ist da. In der körperlichen Welt dauert es ein bisschen länger. Alles geschieht in Zeit und Raum. Ich stelle mir jetzt etwas vor, und es kommt später auf mich zu. Formuliert man in Gedanken eine Frage, kommt die Antwort sofort. Der erste Gedanke nach der Frage ist immer die Antwort. Da wir oft mit der Antwort nicht einverstanden sind, fragen wir sicherheitshalber nochmal nach. Die Antwort, die jetzt kommt, ist dann schon der zweite Gedanke nach der Frage und deshalb falsch. Bilder sind Gedanken in niedriger Schwingung. Daher sind Bilder langsamer als Gedanken.

Es gab eine Zeit, in der die Menschen den Zusammenhang zwischen Geschlechtsverkehr und der Geburt eines Kindes nicht erkannten. Schließlich liegen beide Ereignisse neun Monate auseinander. Und ebenso sehen heute nur wenige Menschen einen Zusammenhang zwischen ihren Gedanken und den Ereignissen in ihrem Leben.

Auch wer mit dem Gedanken vertraut ist, der Schöpfer seiner Realität zu sein, kommt durch den Faktor Zeit ins Schleudern: Im Moment ist alles in Ordnung, ich fühle mich wohl und knalle dennoch mit meinem Auto gegen einen

Baum, der von den Gedanken angezogen wurde, die ich neun Monate zuvor gedacht habe. Wie sollte ich das noch nachvollziehen können? Zumindest in dem Augenblick des Unfalls wird es mir nicht gelingen. Nehme ich mir später Ruhe und Zeit für die Frage, wird die Antwort kommen.

Oft ist es eine Krankheit, die neue Bilder in uns hervorruft. Sind wir nicht mehr gesund, sehen wir die Realität anders als vorher. Man stelle sich einen Mann vor, der sich durch seinen Beruf definiert, einen Managertyp, für den die Firma Lebensinhalt ist. Er arbeitet doppelt so lange wie andere und denkt nur an die Firma. Auch die Gespräche in seiner Freizeit drehen sich allein um den Beruf. Plötzlich – die Menschen in seinem Umfeld sagen, der Stress sei schuld – ereilt ihn der Herzinfarkt.

Ab jetzt beginnt ein neuer Film. Die Probleme der Firma werden zu Statisten, und Hauptdarsteller werden die Stars »Angst vor dem Tod« sowie »Hoffnung auf Gesundung«. Und dieser Film, diese neuen Bilder setzen einen Heilungsprozess in Gang.

Das Grün der Bäume wird nun für den Manager wichtiger als das Grau des Firmengebäudes. Er hört das Gezwitscher der Vögel, wo früher nur das Handy piepte. In ihm wird das Gefühl der Dankbarkeit wieder aktiviert, Dankbarkeit, noch am Leben zu sein, Dankbarkeit für die Anwesenheit seiner Kinder und Freunde in seinem Leben. Er lernt das Staunen neu, das Staunen über das Mysterium Leben. Das, was wirklich krank war, kann nun gesunden. Dies alles konnte nur im Angesicht des Todes passieren.

Gäbe es den Tod nicht, die Ärzte müssten ihn erfinden. Bei solchen Krankheiten, die einen quasi mit der Keule umhauen, geschieht der Austausch der Bilder schnell. Schwere

Krankheiten sind große Lehrer. Bei anderen körperlichen Symptomen, die zwar als lästig, nicht aber als lebensbedrohlich empfunden werden, ist der Mensch geneigt, nur ein wenig am Körper herumzudoktern und ansonsten alles beim Alten zu lassen. Die Ursachen der Krankheit bleiben. Was nicht von selbst geschieht, muss dann bewusst getan werden.

Der Austausch der alten, krank machenden gegen neue, heilende Bilder kann mithilfe von Visualisierung und Meditation vollzogen werden. Einem Menschen, der starr und unbeweglich ist – zunächst seelisch, später unweigerlich auch körperlich –, können Imaginationen helfen, in denen er sich laufen, rennen, toben, tanzen sieht. Der Vorrat an Motiven ist dabei unerschöpflich. Sind die Ursachen der Symptome auf der seelischen Ebene erkannt, können heilende Bilder entwickelt werden.

Jedes Bild ist ein Symbol meines seelischen Zustands. Dieses Wissen ist die Grundlage für den Tarot. Im Tarot ziehe ich eine Karte in der Hoffnung, dass sie mir Antwort auf meine Frage gibt. Im Leben ist es umgekehrt: Ich bekomme eine Antwort, ohne mir darüber bewusst zu sein, dass ich eine Frage gestellt habe. Das ist oft verwirrend. Wer weiß schon, welche Frage er vor neun Monaten gestellt hat?

Es gibt de facto keinen Unterschied zwischen inneren und äußeren Bildern. Wenn wir manchmal sagen: »Das bildest du dir nur ein …«, haben wir Recht, weil die äußeren Bilder von den inneren verursacht werden. Wenn wir aber damit ausdrücken wollen, dass jemand nur einer Illusion aufsitzt und die Realität in Wahrheit anders ist, verkennen wir die Wirkung innerer Bilder. Oft sagen wir auch: »Mach doch die Augen auf …«, und meinen damit, dass jemand die Realität nicht erkennt. Träumer leben in der Welt der inneren Bilder,

Realisten in der Welt der äußeren Bilder. Damit sagen wir also: Innere Bilder sind Illusion, äußere sind real. Aber welcher Realist würde behaupten, dass seine Vergangenheit nur eine Illusion gewesen ist? Auch die Vergangenheit ist heute für offene Augen nicht mehr sichtbar. An die Bilder der Vergangenheit kann man sich nur noch er-innern.

Seit hunderttausend Jahren – ich will nicht lügen, man nagele mich also auf ein paar Monate mehr oder weniger nicht fest – beschäftigt sich die Menschheit mit Traumdeutung. Traumbilder enthalten oft Botschaften der Seele. Das geben heutzutage sogar eingefleischte Apparatemediziner zu.

Meist kann man sich am Morgen gar nicht mehr oder nur bruchstückhaft an die nächtlichen Bilder erinnern. Man mag es üben, indem man ein Traumtagebuch führt. Der Wille, sich erinnern zu können, bewirkt, dass einem wieder alles einfällt.

Im Traum werden Bilder aus dem Unterbewusstsein ins Oberbewusstsein transportiert. Ist der Traum vorbei und man schläft weiter, fallen viele Bilder wieder hinunter. Während einer Meditation passiert das Gleiche, doch weil man wach ist, bleiben die Motive oben. In der Meditation nimmt man bewussten Kontakt mit seinen inneren Bildern auf. Was sonst im Traum geschieht, vollzieht sich jetzt im Wachzustand.

Nun geht es nicht darum, die inneren Bilder zu deuten. Wichtig ist nicht, dass der Verstand sie versteht; wichtig ist vielmehr, dass sie zugelassen werden. Bilder, die im Wachzustand unterdrückt werden, können im Schlaf ungehindert an die Oberfläche kommen. Sie müssen normalerweise unterdrückt werden, weil sie uns in unserem Alltag blockieren würden. Daher können wir uns bei vollem Bewusstsein auch nicht an Ereignisse unserer vergangenen Leben erinnern.

Wie im Traum kommen auch in der Meditation nur die Bilder hoch, die wir in dem betreffenden Moment ertragen können und die wichtig für uns sind. Sie haben immer einen Bezug zu unserer gegenwärtigen Lebenssituation.

Manchmal erscheinen sie uns chaotisch. Der innere Film besteht aus einer Abfolge vermeintlich unzusammenhängender Szenen. Es ist wie in einem unaufgeräumten Zimmer. Tausend Dinge liegen unsortiert herum. Man hat den Überblick verloren. Nun packt man die großen Sachen nach links, die kleinen nach rechts, die roten nach oben und die grünen nach unten. Und so weiter. Wenn man fertig ist, sieht man, was alles da ist. Aus Chaos ist Klarheit geworden.

Träume und Meditation leisten nötige Aufräumarbeit. Wer sich täglich Zeit für eine Meditationsübung nimmt, bringt Klarheit in sein Leben. Auch die Träume werden deutlicher, weil sie nicht die ganze Ordnerei allein machen müssen.

Entrümpelung

Das Unterbewusstsein ist ein Keller, in dem die Leichen der Vergangenheit gelagert sind. Die Leichen sind all die alten Gedanken und Gefühle, die man selbst nicht mehr sehen möchte und kein anderer sehen darf. Abgelegt zwar, doch nie überwunden.

Der Keller ist groß, viele Leichen passen hinein. Er wurde für mehrere Inkarnationen gebaut, ein Gemeinschaftskeller sozusagen. In dem einen Leben wird er mehr, in dem anderen weniger gebraucht. Ein großer Keller ist sehr bequem. Einfach Tür auf und hinein mit dem Mist auf ein Nimmerwiedersehen irgendwann und irgendwo. Doch eines Tages, in irgendeinem Leben zu irgendeiner Zeit an irgendeinem Ort, man rechnet nicht damit, ist der Keller so voll, dass nichts mehr reinpasst. Auch der Gestank ist mittlerweile unerträglich. Ob man will oder nicht, man muss entrümpeln.

Die einen tun es freiwillig. Sie wissen von der Existenz des Kellers. Mit der Entrümpelung nehmen sie die Verantwortung für ihre Gedanken, ihre Gefühle und für die Ereignisse in ihrem Leben an. Sie sagen Ja: »Ja, das ist mein Keller.« Und: »Ja, ich kann und will ihn entrümpeln.«

Andere hingegen behaupten, sie hätten keinen Keller. Und der Gestank im Treppenhaus käme aus den Kellern der

Nachbarn. Diese brauchen ein wenig Druck, einen »Tritt in den Hintern« sozusagen, der sie aus der gemütlichen warmen Wohnung hinunter in den Keller treibt.

Innerhalb der Wohnung ist alles in Ordnung. Alles passt, man weiß, wo alles steht. Außerhalb von ihr ist Chaos: alles durcheinander, nichts aufgeräumt. Schnell hat man die Orientierung verloren, steht irgendwie neben sich. Viele weise Menschen hatten vor ihrer Erleuchtung einen psychischen Zusammenbruch. Manche von ihnen waren sogar eine Zeit lang in entsprechenden Häusern untergebracht. Ihre Seele hatte den Sperrmüll angerufen. Zwangsentrümpelung war angesagt.

Mit jeder Leiche, die aus den Tiefen des Kellers an die Oberfläche des Bewusstseins gezerrt wird, kommt die Erinnerung an die Tat zurück: »Diese hier erstach ich aus Neid, jene dort erwürgte ich aus Habgier, die nächsten beiden erschoss ich aus Eifersucht.«

Das Schuldgefühl hängt als kleiner Zettel am großen Zeh des Opfers. Jetzt endlich kann er abgerissen werden.

Doch vorher heißt es: »Ärmel hoch, Nase zuhalten und hinunter in den Keller.« Es gibt keinen anderen Weg. Der Keller leert sich niemals von allein.

JJ über Festhalten, Loslassen und ein Fegefeuer

Dieser ganze Aufarbeitungskram, weg damit, bringt nichts, hilft dir kein bisschen weiter.

Es geht um Techniken, wie du loslassen kannst. Die Techniken können nur in der Gegenwart angewandt werden. Loslassen kannst du nur jetzt. Was also beschäftigst du dich mit der Vergangenheit?

»Aber jedes Schuldgefühl stammt doch aus früheren Zeiten! Die meisten Ereignisse im Leben eines Menschen waren in der Vergangenheit. Die Gegenwart ist immer so schnell vorbei. Zack, auf einmal ist das, was gerade noch da war, vorbei. Außerdem kann ich nur loslassen, was ich auch in den Händen halte. Also muss ich das, was ich ins Unterbewusste verdrängt habe, ins Bewusstsein holen. Erst dann kann ich loslassen«, erwiderte ich.

Du hast Bilder vergangener Geschehnisse im Kopf und die damit verbundenen Gefühle im Herzen. Manche dieser Bilder und Gefühle tun dir gut, du erinnerst dich gern daran. Das ist schön und nicht verwerflich. Die Erinnerung der Vergangenheit weckt die Freude in der Gegenwart. Andere Bilder und Gefühle wiederum tun dir nicht so gut. Du möchtest die Erinnerung daran vermeiden. Also kämpfst du gegen das Bild und das Gefühl. Die Bilder und Gefühle aber wollen leben. Sie haben Todesangst, befürchten, von dir ausgelöscht zu werden. Also kämpfen sie gegen dich.

Das, was du als unangenehm empfindest, ist auf Dauer nicht das Bild, nicht das Gefühl; es ist der Kampf dagegen. Wenn du den Kampf aufgibst, kapitulierst, können die Bilder und Gefühle leben. Sie brauchen nicht mehr um ihr Leben zu kämpfen. Lebende Bilder und lebende Gefühle verändern sich. Und Veränderung wiederum bedeutet Heilung.

Was sagt die Mutter zu ihrem Kind, das hingefallen ist und weint? Sie sagt: »Mach dir keine Sorgen, alles wird wieder gut. Der Schmerz geht vorbei. Das, was du jetzt spürst, verändert sich. Doch jetzt, mein liebes Kind, jetzt weine, lasse den Schmerz zu. Das Weinen tut dir gut. Denn mit jeder Träne fließt der Schmerz davon.«

Das Zu-Lassen des Schmerzes ist die Technik des Los-Lassens. Es geschieht im gleichen Augenblick. Du fühlst, und es geht vorbei, verändert sich. Es passiert im selben Moment. Aufarbeitung hingegen ist die Analyse des Vergangenen. Du willst verstehen. Denkst darüber nach. Und solange du nachdenkst, blockierst du das Gefühl.

Man kann nicht gleichzeitig nachdenken und fühlen. Nachdenken ist ein gutes Mittel, Gefühle zu verdrängen. Große Denker können nicht gut fühlen. Sie analysieren alles, was um sie herum passiert. Der Mitfühlende analysiert nicht, er fühlt einfach. Er lässt die Frage unbeantwortet. Ein Denker hasst unbeantwortete Fragen. Er braucht Antworten, die er verstehen kann. Nur dann fühlt er sich wohl.

Die Analyse ist eine Technik des Festhaltens, nicht des Loslassens. Akzeptiere, dass es nichts zu verstehen gibt. Das Leben ist eine Frage, die nicht beantwortet werden kann.

Wenn du das akzeptieren und leben kannst, bist du frei. Die Suche ist vorbei. Wenn es keine Antwort gibt, braucht man auch nicht danach zu suchen. Man hat die Vergeblichkeit erkannt und kann in Ruhe aufgeben. Wenn du das Ungeheuer von Loch Ness suchst und aufgibst, weil du keine Kraft oder keine Zeit oder kein Geld mehr hast, bleibst du unbefriedigt. Wenn du die Suche aufgibst, weil du herausgefunden hast, dass es das Ungeheuer nicht gibt, bereitet dir das Aufgeben der Suche keine Probleme. Du kannst es sogar als Erfolg verbuchen. Hättest du das Ungeheuer nicht gesucht, wüsstest du immer noch nicht, dass es im Loch Ness kein Ungeheuer gibt. Erst die Suche danach führte zur Erkenntnis.

Nichts ist gegen eine Suche einzuwenden. Nur begreife, wann es vorbei ist. Verpasse den Zeitpunkt des Findens nicht. Der Weg der Selbsterkenntnis führt zur Einsicht, dass nichts im Leben eines Schuldgefühls bedarf. Das Leben ist nicht ein Kampf zwischen Gut und Böse, es ist die Erfahrung des »Alles, was ist«. Alle Erlebnisse wollen erlebt, alle Gefühle wollen gefühlt und alle Gedanken wollen gedacht werden. Zünde in dir ein riesiges Fegefeuer an und verbrenne deine Schuldgefühle.

Eine Frage zumindest war für mich beantwortet. Ich wusste jetzt, dass JJ keine Chance hätte, im Verband der Psychoanalytiker aufgenommen zu werden.

Selbstbefehl und Schlussstrich

Wenn sich vieles in mir und somit auch zwangsläufig um mich herum verändert, wenn vieles auf die Reihe kommt, was zuvor in Unordnung war, aber ein Problem, das schon lange besteht, sich hartnäckig weigert, zu verschwinden, kann die Ursache dafür ein Selbstbefehl sein, den ich einmal vor langer Zeit ausgesprochen und mittlerweile vergessen habe.

Ein Selbstbefehl ist die wirksamste Form der Programmierung.

Eine Frau, die an meinen Reiki-Seminaren teilnahm und mittlerweile Reiki-Meisterin ist, hatte sich als Teenager den Befehl erteilt, Gott und der Welt zu beweisen, dass sie ihr Leben allein meistern kann: »Keiner glaubt, dass ich allein zurechtkommen könnte. Jeder fühlt sich berufen, mir unterstützend unter die Arme zu greifen. Keiner traut mir selbstständiges Handeln zu. Ich werde es allen zeigen.«

»Dein Wille geschehe«, antwortete das Universum und richtete alles zur Erfüllung des Wunsches her.

Im Laufe der Jahre wurde aus dem jungen Mädchen eine selbstbewusste, gut aussehende und beruflich erfolgreiche Frau. Sie war intelligent, verdiente gutes Geld, war sanft, nett und zärtlich. Kurzum: eine Traumpartie. Aber: eine Traumfrau ohne Mann. Sie sehnte sich nach einem Lebenspartner.

Sie sehnte sich danach, abends nach Hause zu kommen, wo jemand auf sie wartete. Sie sehnte sich nach der Geborgenheit eines sie liebenden Mannes. Sie sehnte sich nach jemandem, in dessen Arme sie sich fallen lassen konnte. Keine ihrer Beziehungen hatte sich als dauerhaft erwiesen. Sie wohnte und lebte immer noch allein. Nach wie vor zeigte sie Gott und aller Welt, dass sie in der Lage war, das Leben allein zu meistern. Immer noch wurden alle Zeuge, wie sie es ohne fremde Hilfe schaffte.

Sie hatte den Befehl noch nicht zurückgenommen. Wie auch? Schließlich hatte sie vergessen, den Befehl jemals erteilt zu haben. Das Universum ist unendlich. Deshalb erfüllt es auch die einmal gesprochenen Befehle unendlich lange. Das Universum ermöglichte ihr die Selbstständigkeit, die sie eingefordert hatte. Der Befehl hatte seinen Zweck erfüllt. Nun wandte er sich gegen sie.

Als sie das während eines Reiki-Seminars erkannte, gab ich ihr den Tipp, an den Strand zu gehen und mit einem Stock oder mit den Händen einen langen Strich in den Sand zu ziehen. Sie sollte die Wirkung des Befehls beenden: »Zeig dem Universum, dass der Befehl aufgehoben ist. Zieh einen Schlussstrich.«

Wenn ein General seinen Soldaten befiehlt, zu marschieren, muss er »Stopp!« rufen, wenn die Truppe das Ziel erreicht hat. Sonst laufen sie bis zum Nordpol und erfrieren.

Für die Wirkung der Übung muss man den Befehl nicht unbedingt kennen. Es ist nicht erforderlich, ihn sich wieder mühsam in Erinnerung zu rufen. Zwar kann das in der Meditation geschehen, wenn man schön artig fragt, Gedanke und Gegengedanke, aber es geht auch ohne.

Ich mache mir das Dilemma klar, aus dem ich mich befreien möchte. Ich formuliere das Problem, das ich überwinden möchte. Dann sage ich laut und deutlich: »Welchen Befehl ich auch immer gesprochen habe, der mich in diese Lage gebracht hat, jetzt ist Schluss, jetzt nehme ich den Befehl zurück.«

Mit einem Stock in den Sand, mit einem Stein in die Wand, mit Kreide auf den Boden, wie und womit und an welchem Ort auch immer: Ich ziehe einen Schlussstrich.

Wo geht der Gedanke hin?

Wo sind die Gedanken hingegangen, die du gestern gedacht hast?
Haben sie sich aufgelöst? Oder sind sie noch da?
Wo geht der Gedanke hin, den du gerade denkst?

Sieh dich um in deinem Leben:

Deine Gedanken über Sicherheit sind zu deinem Beruf geworden.
Deine Gedanken über Freude sind zu deinem Hobby geworden.
Deine Gedanken über dein Aussehen sind zu deiner Kleidung geworden.

Deine Gedanken über Geborgenheit sind zu deiner Wohnung geworden.
Deine Gedanken über Vertrauen sind zu deiner Freiheit geworden.

Deine Gedanken über Liebe sind zu deinen Nächsten geworden.

Deine Gedanken über dich sind zu deiner Persönlichkeit geworden.

JJ über Spiritualität, Fußwaschung und Bezahlung

Darf man für Heilung Geld nehmen? Darf man sich für eine Reiki-Behandlung bezahlen lassen?

In den so genannten spirituellen Kreisen gibt es zwei gegensätzliche Meinungen zu diesem Thema. Die einen sagen, Geld sei ein Spielzeug des Ego. Ein wahrhaft spiritueller Mensch hat jedoch jegliche Beziehung zu seinem Ego abgebrochen. Er strebt nicht nach Geld. Nur unbewusste Menschen streben nach Geld, während die bewussten wissen, dass sowieso alles zur rechten Zeit kommt. Und was nicht kommt, das braucht man nicht.

»Soll eben nicht sein …«: der berühmte Spruch, der zunächst nur in esoterischen Buchhandlungen leise geflüstert wurde, später Flügel bekam und jetzt in jeder Bäckerei laut zu hören ist. Und eben umgekehrt. Wenn es passiert, soll es so sein. Oder aber, es passiert, wenn es so sein soll, wie auch immer … Sagte nicht Jesus seinen Schülern, sie sollten sich ein Beispiel an den Vögeln am Himmel nehmen, die sich keine Sorgen um die alltäglichen Dinge machen und dennoch die schönsten Kleider tragen? Spirituelles Rucksackwissen!

Auch ich hatte so ein Erlebnis: Als ich vor dem Seminar zum dritten Reiki-Grad stand, bekam ich das Geld vom Universum. Das Universum erschien Karin und mir in Gestalt einer Lufthansa-Angestellten und gab uns sechshundert Mark. Es war der Betrag, den ich für das Seminar benötigte. Wir waren im Mai 1998 zum Pokalendspiel nach Berlin geflogen. Es spielte dort »mein Verein« MSV Duisburg gegen Bayern München. Weil der MSV nicht gerade zu den erfolgverwöhntesten Vereinen gehört und ich nicht wusste, ob er jemals wieder in ein solches Finale gelangen würde, war dieses Spiel ein Großereignis, das ich nicht verpassen wollte. Da wir zu der Zeit unseren Frühjahrsurlaub in Friesland verbrachten, machten wir uns von dort auf nach Bremen und flogen nach Berlin.

Siebzigtausend Zuschauer im Olympiastadion, davon fünfunddreißigtausend Duisburg-Anhänger in Blau-Weiß. Es war ein Supererlebnis mit einem für mich und die vierunddreißigtausendneunhundertneunundneunzig Leidensgenossen sportlich tragischen Ausgang. Es war ein Fußballkrimi. Wir gingen eins zu null in Führung und nahmen den Vorsprung mit in die Halbzeitpause. In der zweiten Halbzeit drehten die »bösen« Bayern den Spieß um und erzielten eine Minute vor dem Ende den Zwei-zu-eins-Sieg-Treffer. Ich als wahrhaft spiritueller Mensch nahm es mit größtmöglicher Gelassenheit … Ich ärgerte mich schwarz …

Als wir am nächsten Tag von Berlin zurück nach Bremen fliegen wollten, stellte sich heraus, dass die von uns gebuchte Maschine doppelt belegt war. In Bremen war Parteitag der CDU, und viele Politiker aus dem Bundestag nahmen daran teil. Da die Lufthansa keinen von ihnen abweisen wollte, nahm sie so genannte Doppelbuchungen vor. Die normalen Passagiere bat man, drei

Stunden zu warten und mit der nächsten Maschine zu fliegen. Als Entschädigung erhielt jeder Passagier, der darauf einging, dreihundert Mark. Für Karin und mich waren das die besagten sechshundert Mark, die wir dankbar annahmen. Es hatte also funktioniert. Das Geld für das Seminar war zur rechten Zeit gekommen. Auch später habe ich von einigen Teilnehmern meiner Seminare ähnliche Geschichten gehört.

Weil sich also das Universum so toll um jeden kümmert, besteht nicht die Notwendigkeit, von irgendwem für irgendwas Geld zu fordern. Schon gar nicht für Reiki-Behandlungen. Heilung ist das Recht eines jeden Menschen. Für dieses Recht darf man kein Geld verlangen. Der Fluss der Reiki-Kraft ist ein Geschenk des Göttlichen. Ein Geschenk darf man nicht verkaufen …

So also sagen die einen.

Die Vertreter der zweiten, gegensätzlichen Meinung verbinden das Thema Geld und Reiki mit dem Thema Selbstwertgefühl. Sie sagen, wer sich selbst liebt, seinen göttlichen Wert in sich spürt, ist in der Lage, es auch zu verkünden. Wer sich selbst liebt, sorgt für sich. Wer sich selbst liebt, lässt seinen Körper nicht verhungern, verdursten oder erfrieren. Die Energie, für die man zu dieser Zeit an diesem Ort Essen, Trinken und ein Dach über dem Kopf bekommt, ist Geld. Alles strebt nach Ausgleich. So wird auch dein Geben durch Bekommen ausgeglichen. Auch wenn Ausgleich ein göttliches Gesetz ist, darfst du sagen, was du haben möchtest. Du musst nicht heimlich hoffen, dass immer genug Geld für deine Nahrung und deine Miete vorhanden sein wird. Liebe zu sich selbst drückt sich auch dadurch aus, dass man für seine Arbeit Geld verlangen kann …

… Und so fordern manche ein Schweinegeld für ihren spirituellen Job, um sich selbst zu beweisen, wie sehr sie sich lieben.

»Du bist also ein Vertreter der ersten Meinung?«

Ich habe keine Meinung. Ich bin immer meinungslos. Meinungen sind Standpunkte. Ich bleibe nicht stehen, ich bewege mich.

»Entschuldigung«, sagte ich ein wenig devot.

Für einen Meinungslosen hat er aber verdammt viele Ansichten, dachte ich.

Beide von dir dargestellten Meinungen zu diesem Thema sind Standpunkte. Man kann sowohl den einen vertreten als auch den anderen. Keiner von beiden ist richtiger als der andere. Auch hier ist wieder nur die Richtung entscheidend, die du einschlägst. Du erfährst, was du wählst. Wählst du den Süden, erfährst du Hitze, wählst du den Norden, erfährst du Kälte. Beides ist gleichermaßen gültig. Also bitte um Geld, wenn du Geld haben möchtest, tu es umsonst, wenn du es schenken möchtest. Aber mach dein Handeln nicht von irgendeiner Regel abhängig. Leg dich nicht fest. Auch Jesus hat mal umsonst geheilt und mal nicht.

»Wie viel Silberlinge verlangte er denn, wenn er nicht umsonst geheilt hat?«

Er hat bei den Menschen gewohnt, gegessen, getrunken und Wasser verbraucht. Jesus erhielt den Wert heutiger Hotelkosten für seine Arbeit.

»Wegen der vielen Fußwaschungen, die Jesus verpasst wurden, musste der eine oder andere Krug zusätzlich vom Brunnen geholt werden.«

Und in welchem Hotel erhält man heute noch eine Fußwaschung?

»Eine Marktlücke.«

Als Jesus uns Jünger einweihte und losschickte, die Menschen zu lehren und zu heilen, forderte er uns auf, nichts mitzunehmen: »Nehmt nichts mit auf den Weg, weder Stab noch Tasche noch Brot noch Geld …« Jetzt frage ich dich: Wovon hätten wir leben sollen, wenn nicht von den Gaben derjenigen, die wir heilten?

»Vielleicht geht es nur um die Aufforderung einer Bezahlung. Annehmen darf man sehr wohl, verlangen aber sollte man nicht. So wie die indischen Bettelmönche, die umherziehen und denen die Dorfbewohner Reis und Früchte in die Schale legen. Auch sie fordern nicht auf, sondern nehmen nur an. Wer nichts gibt, gibt eben nichts.«

Ein ziemlich verlogener Haufen, diese Bettelmönche. Warum, frage ich dich, laufen die Mönche täglich durch das Dorf?

»Um sich die Beine zu vertreten?«, fragte ich vorsichtig.

Der Gang durch die Gemeinde ist die Aufforderung. Nur sind sie nicht ehrlich zu sich selbst. Sie könnten es genauso gut aussprechen. Sie tun es aber nicht, weil ihre Religion verbietet, um etwas zu bitten. Sie haben aber weder den Mut, die Regel zu verändern, noch den Mut, in ihren eigenen vier Wänden zu bleiben und zu sehen, wer kommt.

»Weil es eine weitere Regel gibt, nach denen Nicht-Mönche das Kloster nicht betreten dürfen. Eine Zwickmühle. Vielleicht wollte der Religionsgründer seine Anhänger ausrotten, wer weiß?«

Die Dorfbewohner legen die Nahrung in die Schale, weil sie glauben, dadurch schlechtes Karma in gutes Karma verwandeln zu können. Und diesen Glauben nähren die Bettelmönche durch ihren Gang durch das Dorf. Dabei setzen sie ein Gesicht auf, als müssten die armen Sünder mit ihrem schlechten Karma dankbar dafür sein, dass die Mönche ihren Hintern überhaupt aus dem Kloster bewegen. Da war Jesus schon ehrlicher. Er pflegte das offene Wort. Wie ich schon gesagt habe, forderte er uns auf: »… und in welches Haus ihr eintretet, dort bleibt, und von da geht weiter. Und wo immer sie euch nicht aufnehmen werden – geht fort aus dieser Stadt und schüttelt auch den Staub von euren Füßen, zum Zeugnis gegen sie.«

Mit anderen Worten: Wer euch für eure Arbeit nichts geben will, der bekommt sie auch nicht. Wenn ihr einen Menschen heilt mit euren Händen oder euren Worten, dann bittet darum, in seinem Haus ausruhen zu können und mit Essen und Trinken und einem Bad versorgt zu werden.

Das war der Deal. Wer nicht darauf eingehen wollte, kam mit uns Jüngern nicht ins Geschäft.

JJ über Ernährung und Erleuchtung

Ernährung ist ein weiteres Streitthema in spirituellen Kreisen. Einige glauben, dass Fleisch essen nicht gerade der kürzeste Weg zur Erleuchtung ist. Auch ich habe immer wieder vegetarische Phasen. Im Gegensatz zu früher jedoch betrachte ich diese Zeiten als unbefristete Übung. Ich lege nicht fest, wie lange ich durchhalten möchte, sondern erlaube mir, jederzeit und spontan wieder Fleisch zu essen. Wenn die Übung bis zum letzten Tag meines Lebens dauert, auch gut.

Als ich mich selbst zum ersten Mal vor mein persönliches Ernährungsgericht vorlud, lautete das Urteil noch »lebenslänglich«. Ich war gerade Reiki-Lehrer geworden und begann, meine spirituellen Ergüsse in unzähligen Gesprächen und noch zählbaren Seminaren der Menschheit zu offenbaren, als ich in einer Buchhandlung den Vortrag eines relativ bekannten Autors und Verlegers esoterischer Literatur hörte. Er führte aus, dass man nur das essen sollte, was man von Anfang bis Ende selbst zubereiten könne. Damit waren nicht die handwerklichen Fähigkeiten gemeint, sondern die Gefühle. Wer es nicht über das Herz brächte, ein Schwein zu schlachten, sollte es auch dann nicht essen, wenn es als Schnitzel vor ihm liegt. (Nach dem Motto »Ich esse nur Tiere, die bis zur Unkenntlichkeit zerstört sind ...«.) Wer schlachten könne, dürfe es tun und anschließend auch das Fleisch essen. Schließlich gäbe es Gegenden, in denen man sich nicht von Pflanzen ernähren könne.

Einer der Zuhörer fragte, wie es denn mit Fisch aussähe. Schließlich werden Fischgerichte auf Speisekarten von den Fleischgerichten getrennt.

Auch Fisch sei Fleisch, lautete die Antwort, nur eben Fleisch vom Fisch.

Ein anderer, offenbar ein Bratwurstfreund, merkte an, dass Pflanzen doch auch Lebewesen seien, wo denn da der Unterschied läge.

Er hätte keine Probleme, Blumenkohl aus der Erde zu rupfen. Dann könne er beruhigt seinen Blumenkohl genießen, antwortete der Autor. Authentizität sei das Stichwort. Er selbst hätte auch keine Probleme mit jungem Gemüse, sofern es nicht schreit.

Die Theorie leuchtete mir ein. Der Gedanke, auf Fleisch zu verzichten, bereitete mir keine Schwierigkeiten, im Gegenteil, als ich den Entschluss fasste, spürte ich einen ungeheuren Energieschub in mir. Ich war also auf dem richtigen Weg. Bei dem Gedanken, auch auf Fisch zu verzichten, kam ich ein wenig ins Grübeln. Ich esse für mein Leben gern Fisch. Ich fragte mich, ob ich ohne Gewissensbisse einen Fisch angeln könnte. Angeln schon, bejahte ich meiner inneren Stimme, nur mit dem Totschlagen hinterher käme ich weniger klar. Wahrscheinlich würde ich den armen Seelachs wieder ins Meer zurückwerfen.

Dann kam ich auf die glorreiche Idee, den Fisch lebendig in einen trockenen Eimer zu werfen und dann wegzugehen. Schließlich könnte ich auch das Zappeln nicht ertragen. Wenn ich dann nach einer halben Stunde wiederkäme, nachdem ich irgendwo gemütlich einen Kaffee getrunken hätte, wäre der Fisch schon in der geistigen Welt. Ein kurzes Gebet am Eimer – und ab mit ihm auf den Grill. Diesen Gedanken verwarf ich jedoch und verurteilte mich daraufhin zu lebenslangem Fleisch- und Fischverzicht. Jetzt konnte mich auf dem Weg zur Heiligsprechung niemand mehr aufhalten. Ein Jahr hielt ich es durch. Dann wurde ich wegen guter Führung begnadigt.

Da fällt mir ein, dass nach dem Vortrag Broschüren über vegetarische Ernährung verteilt wurden. Darin stand, dass auch Jesus und die Jünger sich in Wahrheit fleischlos ernährt hätten. Fisch ja, schließlich hätten ja einige Jünger den Beruf des Fischers ausgeübt. Da sollte man annehmen, dass sie beim Grätenziehen authentisch bleiben konnten. Schweinefleisch aßen sie als Juden sowieso nicht. Das Sichverkneifen von Lammfleisch war da nur noch ein kleiner Schritt …

Wenn du in dir keinen Drang mehr spürst, Fleisch zu essen, lässt du es automatisch sein. Dann brauchst du auch keine Ernährungsregel, die dir verbietet, Fleisch zu essen. Und wenn du den Drang verspürst und es dir verbietest, weil du authentisch sein willst, bist du es aus diesem Grunde nicht. Indem du deinen Drang unterdrückst, verleugnest du dich selbst.

Jedes Wesen ist in seiner Einzigartigkeit authentisch. Auch wenn sein Leben den anderen widersprüchlich erscheint. Für mich sind Menschen, die an sich den Anspruch erheben, immer gleich zu leben, zu lieben, zu denken, zu fühlen, langweilig. Widerspruch bringt Pfeffer in das Leben.

Es ist nicht wichtig, was du isst, achte nur darauf, wie du isst. Esse bewusst, esse meditativ. Das hat uns Jesus beigebracht. Vor den Mahlzeiten schlossen wir die Augen und ließen das Gefühl der Dankbarkeit in uns einfließen. Dankbarkeit ist die beste Meditationsübung, die es gibt. Du brauchst keinen Adressaten für Dankbarkeit, nicht einmal Gott. Sei einfach nur dankbar dafür, dass du essen darfst. Das Gefühl bringt dich weiter, nicht der Verzicht auf irgendwas.

Ich war beruhigt. »Also wart ihr damals keine Vegetarier?«

Der einzige Asket unter den Schülern des Meisters war Johannes der Täufer.

»Und soviel ich weiß, hat er kurz nach der Taufe Jesu auch nicht mehr vegetarisch gegessen.«

Wieso nicht?

»Ohne Kopf?«

Er hat sein Haupt einem Weibe gewidmet, ich erinnere mich.

Erleuchtet werden kannst du überall und jederzeit. Du weißt nicht, wann und wo es passiert. Nur eines ist gewiss: Es geschieht nicht dann, wenn du damit rechnest. Es geschieht unverhofft. Du gehst über den Weihnachtsmarkt und riechst den Geruch einer Bratwurst. Nein, sagst du, ich gebe der Versuchung nicht nach. Während du ein paar Stände weiter eine vegetarische Schale mit trockenem Reis auslöffelst, ist dir nicht bewusst, dass du vielleicht beim dritten Biss in die Bratwurst erleuchtet worden wärest. Aber diese Gelegenheit hast du verpasst. Auf deinem Weg in die Heiligkeit hast du dich verirrt. Entspannung ist angesagt. Mach dir keinen Kopf mehr. Du darfst alles, auch Fleisch essen. Lebe deine Wahrheit. Das ist der Weg.

»Also auf zum nächsten Bratwurststand! Schade, dass du nicht mitkommen kannst.«

Wenn ich bei dir sein will, spielt es keine Rolle, wo du dich aufhältst.

»Ich weiß. Ich meinte körperlich. Ich wollte damit ausdrücken, dass du keine Bratwurst mit mir essen kannst. Sie wäre zu schwer für deinen feinstofflichen Magen.«

Ich würde auch mit einem grobstofflichen Magen keine Bratwurst essen. Eure Bratwürste enthalten zu viel Phosphor.

»Phosphor leuchtet«, sagte ich.

Weißt du, was Jesus zum Thema Ernährungsregeln gesagt hat?

»Nein.«

Er sagte, dass uns nicht unrein machen könnte, was wir in den Mund nähmen, sondern nur das, was aus unserem Mund herauskäme.

Nach diesen Worten zog ich es vor, zu schweigen.

Planet Erde – Eine Meditation

Schließ die Augen und entspann dich.
Du siehst vor deinem inneren Auge deinen Körper.
Du spürst, dass er lebt.

Und nun stell dir kleine, winzige Wesen vor, die sich auf deinem Körper aufhalten.
Du kannst sie dir vorstellen wie kleine Kobolde, kleine Menschen in Miniausführung.

Sie bewegen sich auf deinem Körper, dort, wo er bekleidet ist, laufen sie über die Kleidung.
Sie stören dich nicht, im Gegenteil, du findest sie toll.
Du empfindest sie sogar als liebenswert.

Du beobachtest diese kleinen Wesen auf deinem Körper und lernst sie dabei kennen.
Du lernst, dass eine Minute in deinem eigenen Leben zehn Jahre in ihrem Leben bedeuten, denn ihre Dimension ist kleiner als deine.

Anfänglich siehst du sie behutsam mit deiner
Kleidung umgehen.
Sie haben Ehrfurcht vor deinem Körper und bewegen
sich vorsichtig auf dir.
Doch nach und nach werden sie mutiger.
Du siehst, wie sie Fäden aus deiner Kleidung ziehen
und daraus zunächst Dörfer, später Städte bauen,
Straßen anlegen.

Manche von ihnen halten deine Finger für Götter,
andere glauben an deine Augen als ihren Gott.
Ein Niesen von dir ist für sie eine Naturkatastrophe,
ein mächtiger Sturm.
Dein Husten ist für sie ein Beben ihrer Erde.
Wenn du redest, hören sie es als mächtiges Geräusch,
dein Atem ist für sie der Wind.

Und sie erforschen dich. Sie wollen dich
erkunden.
Sie erkennen, dass dein Atem regelmäßig und
wiederkehrend ist.
Und auf die Dauer gelingt es ihnen, deinen
Atemrhythmus zu berechnen.
Da eine Minute für sie wie zehn Jahre sind,
fallen Unregelmäßigkeiten deines Atems für sie
nicht groß ins Gewicht.

Auch versuchen sie, dein Reden zu berechnen.
Doch dies gelingt ihnen nicht.
Denn wann du redest und wie laut, entscheidest du schließlich selbst.
Doch diese kleinen Wesen hoffen darauf, eines Tages genauere Instrumente entwickelt zu haben, mit denen sie dein Sprechen und dein Niesen und dein Husten vorhersagen können.

Ganz wenige von diesen Wesen glauben, dass du lebst, die meisten jedoch glauben, dass du unbewusst bist und nur deshalb existierst, damit sie auf dir leben können.

Im Laufe der Zeit nun beginnen sie, Experimente mit deiner Haut anzustellen.
Sie haben mittlerweile kleine spitze Werkzeuge entwickelt, mit denen sie in deinen Körper hineinstoßen können.
Sie sind so klein, dass sie dir nicht besonders viel ausmachen, es kitzelt lediglich ein wenig.
Doch auf die Dauer kann auch ein ständiges Kitzeln etwas lästig werden.

Ein paar Stunden später für dich, für sie einige Jahrhunderte, haben sie gelernt, aus deinem Schweiß, deinen Haaren, deiner Haut und

deiner Kleidung Chemikalien zu entwickeln,
mit denen sie kleine Explosionen herbeiführen
können.

Und sie experimentieren mit Explosionen unter
deiner Haut, sodass es dir langsam wehtut.
Manchmal pustest du einfach, auf dass ein paar
von diesen kleinen Wesen weggeweht
werden.
Doch die anderen machen weiter.

Und sie beginnen, deine Körperbehaarung
auszureißen, erst wenig, dann immer mehr,
denn deine Haare sind für sie sehr wertvoll.
So wie in deinem Leben die Schätze der Erde, Öl,
Gold, Erz und Silber, so sind für sie deine Haare
und dein Blut wertvolle Güter.
Deshalb benutzen sie winzig kleine Rohre, mit denen
sie dein Blut abzapfen.

Manche von ihnen werden sehr reich, du siehst sie
in prachtvoller Kleidung auf deinem Arm
herumlaufen.
An anderen Stellen deines Körpers, beispielsweise
deinen Füßen, leben die kleinen Wesen hingegen
überwiegend in Armut.

Du weißt genau, dass diese kleinen Kobolde, so lieb du sie auch hast, nicht lange so weitermachen können.
Schließlich bekommt es deiner Gesundheit auf Dauer nicht, wenn dir ständig Blut abgesaugt und Haut abgeschürft und Haare ausgerissen werden.

Und du versuchst, mit den Wesen auf deinem Körper in Kontakt zu treten.
Du willst ihnen sagen, dass sie weiter auf dir leben dürfen, nur sollen sie aufhören, dir Schaden zuzufügen. Doch es gelingt dir nicht, sie hören dir nicht zu.

Nur einige wenige stehen mit dir in Kontakt. Sie fühlen, dass du ein großes Wesen bist.
Sie achten dich und wollen dich schützen. Sie warnen die anderen,
doch deren Gier nach Reichtum ist größer.

Du willst ihnen mitteilen, dass du dich als ein Ich empfindest, doch die meisten von ihnen hören es nicht.
Die wenigen, die es wissen, erzählen es den anderen,
doch die anderen glauben es nicht. Sie können es sich nicht vorstellen.

Deine Augen sind für sie zu groß, sodass sie sie nicht als Augen erkennen.
Dein Mund ist zu groß, sodass sie ihn nicht als deinen Mund erkennen.
So sehen sie deine Nase nicht als Nase, deine Ohren nicht als Ohren und deine Hände nicht als Hände an.

Sie können es sich nicht vorstellen, dass du denken kannst, dass du fühlen kannst, dass du absichtlich pusten, absichtlich husten, den Atem absichtlich anhalten und sie sogar mit deinen Fingern zerdrücken kannst, wenn du es wolltest.
Doch du baust darauf, dass diejenigen, die wissen, immer mehr werden.

Und nun geh langsam aus diesem Bild heraus.
Spüre den Boden unter dir.
Spüre, dass die Erde, auf der du lebst,
dieser Planet, sich selbst bewusst ist,
dass diese Erde sich selbst als »Ich« empfindet.

Und wenn du gleich die Augen öffnest, sei dir bewusst, dass du nun zu den Wissenden gehörst.

JJ über Supermärkte, Lastkraftwagen und Gottesbilder

Manche schauen nach oben zum Himmel und fragen sich, ob es da draußen im Weltall noch Leben gibt. Sie überlegen, ob vielleicht Leben auf dem Mars existieren könnte, und sehen nicht, dass der Mars selbst ein Lebewesen ist. Es ist so, als ob die Ameise einen Elefanten betrachtet und sich fragt, ob es auf dem Elefanten Leben geben könnte.

Auch Planeten sind nichts anderes als Körper sich selbst bewusster Energie. Planeten haben eine höhere Bewusstseinsstufe erreicht. Sie sind bewusster als der Mensch. Ihre Erfahrensdimension ist größer. Auch die Erde ist nicht nur ein unbewusster Klumpen, auf dem Pflanzen und Bäume wachsen und Tiere und Menschen herumlaufen.

»Ebbe und Flut sind das Ein- und Ausatmen der Erde«, bemerkte ich.

Du siehst, was ist. Und es ist, weil du es siehst.

»Umgekehrt. Ich sehe es, weil es so ist«, widersprach ich.

Sähest du die Dinge anders, wären sie anders. Wahrheit ist immer das, was du wahrnimmst. Es ist wie in einem Supermarkt: Du nimmst dir nur das aus dem Regal, was du auch haben willst. Ebenso nimmst du nur das wahr, was du auch wahrhaben willst.

»Auch wenn ich es nicht so sähe, wäre die Erde dennoch ein höheres Wesen und nicht nur der unbewusste Klumpen, um dich zu zitieren.«

Wenn du es nicht so siehst, kannst du es nicht so erfahren. Was nichts daran ändert, dass die Erde sich selbst als bewusstes Wesen erfährt. Das ist ein Unterschied. Niemand kann die Realität eines anderen beurteilen. Wahrnehmung ist immer eine subjektive Angelegenheit. Deine Wahrnehmung hat mit der Wahrnehmung der Erde nichts zu tun. Die Erde erfährt sich selbst als bewusstes Wesen. Wer es auch so sieht, erfährt es ebenfalls; wer es nicht so sieht, erfährt es nicht so.

»Wenn ich also nicht wahrhaben will, dass ich Gott bin, dann bin ich es auch nicht, oder?«

Und damit erfährst du wieder, dass du es doch bist. Gott ist der Schöpfer. Er erschafft durch seine Wahrnehmung. Wenn du nicht Gott bist, weil du es nicht wahrnimmst, bestätigt sich, dass du der Schöpfer deiner Wahrnehmung bist.

»Hochkompliziert«, bemerkte ich.

Findest du? Ich nehme es als einfach wahr.

»Du hast auch einen großen Einkaufswagen zur Verfügung. Ich armer Wicht gurke mit einem kleinen Tragekorb durch den Supermarkt meines Lebens.«

So ist es.

Ich wartete, ob noch was käme. Aber nichts da. JJ sagte nur: »So ist es.« Arroganter Heini, dachte ich. Aber dann sprach er doch noch weiter.

Der Tag ist nicht mehr weit, an dem du mit einem riesigen Lkw vorfährst und den ganzen Supermarkt leer kaufst.

»So ist es«, sagte ich.

Doch kein arroganter Heini. Sondern mein lieber Freund JJ, der in seiner allumfassenden Weisheit meine spirituelle Entwicklung sehr genau beurteilen kann, dachte ich, ohne ein bisschen rot zu werden.

Aber eines vergaß ich noch.

»Was?«

Hast du überhaupt einen Führerschein für Lastkraftwagen?

»Sehr witzig.« JJ überhörte mein Kompliment.

Die Erfahrung deines Lebens findet in den Grenzen deiner Vorstellungen statt. Wenn du etwas nicht für möglich hältst, kannst du es nicht erfahren. So wirst du dich nur dann an ein früheres Leben erinnern können, wenn du an Reinkarnation glaubst. Mit der Erinnerung erhältst du die Bestätigung für die Richtigkeit deines Glaubens. Glaubst du nicht an Reinkarnation, wirst du dich auch nicht an frühere Leben erinnern. Weil du dich nicht erinnerst, fühlst du dich in deinem Glauben an ein »Einmal und nie wieder« bestätigt.

Und immer ist dein Gottesbild entscheidend für deine Sicht der Dinge. Der Ursprung aller Dinge ist Gott. Er ist quasi das Überding. Dein Bild von Gott ist somit stellvertretend für dein Bild der Dinge im Allgemeinen. Das Gottesbild der Menschen um Jesus war »Jehova«. Du kennst doch die Geschichten aus dem Alten Testament mit Abraham, Isaak und so weiter?

»Du meinst die Storys von den Jungs, die bereit waren, ihre Kinder auf dem Altar zu opfern, um Jehova milde zu stimmen?«

Jehova ist ein Richter. Jesus hat den Menschen ein anderes Gottesbild gegeben. Gleichzeitig hat er ihnen einen anderen Umgang mit sich selbst verordnet. Wenn du Gott für einen Richter hältst, lebst du den Richter. Siehst du in Gott den Vater, dann lebst du den Vater. Der Richter steht für Urteil und Strenge. Der Vater steht für Fürsorge und Geborgenheit. Die Medaille des Lebens hat immer zwei Seiten. Die aktive und die passive. Du weißt, dass alles, was du tust, auch dir selbst geschehen kann. Hältst du Gott für einen Richter, lebst du dein Leben unter dem Damoklesschwert. Du urteilst und hast Angst vor Urteilen. Du strafst und hast Angst vor Strafe. Siehst du in Gott den Vater, gehst du fürsorglich mit dir um. Gleichzeitig siehst du die Fürsorge, die du von anderen erfährst. Du gibst und erfährst die Geborgenheit des Lebens.

»Was ist, wenn ich nicht an Gott glaube?«

Dann hältst du das Leben für ein Zufallsprodukt. Und damit hältst du dich selbst für ein Zufallsprodukt. Ein Zufallsprodukt ist immer ohne Sinn und damit verbunden ohne Wert.

Ein Sinn beruht immer auf einer absichtlichen Handlung. Sinn setzt voraus, dass sich jemand Gedanken gemacht hat, wozu er etwas tut. Wenn es keinen Schöpfer gibt, kann sich auch keiner Gedanken gemacht haben. Ohne Schöpfer keine Absicht. Ohne Absicht kein Sinn. Und wenn das Leben selbst sinnlos ist, kann keine deiner Taten sinnvoll sein.

»Dann habe ich mir für die Reise meines Lebens die Herren Zweifel und Frust als Begleiter ausgesucht«, sagte ich.

Zudem hast du im Reisebüro des Lebens die Angst mitgebucht. Wenn dein Leben keinen Sinn hat und deine Existenz auf wenige Jahrzehnte begrenzt ist, du danach nichts mehr nachholen kannst, wird es zu deinem Streben, so viel wie möglich rauszuholen. Jedes Streben ist immer mit der Angst verbunden, dass es nicht gelingen könnte. Deshalb hast du Angst davor, am Ende mit leeren Händen dazustehen. Da du nicht an ein Leben nach dem Tod glaubst, bist du gleichzeitig der absoluten Überzeugung, dass du zum Schluss mit leeren Händen dastehen wirst. Du hast also keine Chance. Du bist in einem Teufelskreis.

Doch irgendwann, am Ende deines Lebens, kurz bevor du zu Staub verfällst, gesellt sich zu der Angst die Hoffnung. Die Hoffnung, du könntest dich in deinem Weltbild irren. Die Hoffnung, dass dein Leben doch nicht sinnlos war und es weitergehen könnte mit deiner Existenz. Die Hoffnung wird aus der Sehnsucht geboren. Die Sehnsucht wiederum ist das tiefe Wissen deiner Seele.

... gäbe es das Universum nicht

Stell dir ein Meer vor. Ein Meer mit Ebbe und Flut.

Es ist Flut, und du stehst am Strand.
Du siehst das Wasser. Du kannst es hören und riechen.
Wenn du dich bückst, kannst du es mit deinen Händen fühlen.
Doch langsam, ganz langsam, zieht sich das Wasser zurück. Aus Flut wird Ebbe.

Ein Narr, der behaupte, es gäbe das Wasser nicht mehr ...

Du stehst am Strand und spürst den Wind in deinem Gesicht.
Er bläst mal stärker und manchmal schwächer. Oft kannst du ihn pfeifen hören.
Ab und an ist es still um den Wind. Er bläst nicht, und er pfeift nicht.

Ein Narr, der behaupte, es gäbe den Wind
nicht mehr ...

Du stehst am Strand und schaust hoch zur Sonne.
Sie wirft ihr Licht auf das Meer, auf den Strand und
auf dich.
Doch so, wie sie morgens aufgeht, geht sie abends
wieder unter. Aus Tag wird Nacht.

Ein Narr, der behaupte, es gäbe die Sonne
nicht mehr ...

Du stehst am Strand und schaust hinauf zum
Sternenhimmel.
Unzählige Sterne nachts am klaren Himmel.
Sie zeigen dir Weite, sie zeigen dir Unendlichkeit.
Doch manchmal bläst der Wind Wolken herbei.
Manchmal wird es dunkel am Himmel.

Ein Narr, der behaupte, es gäbe die Sterne
nicht mehr ...

Du stehst am Strand und siehst das Leben in einer
Möwe.
Du hörst sie rufen, siehst, wie sie startet und landet,
sich manchmal treiben lässt im Wind.
Doch eines Tages fliegt die Möwe nicht mehr.

Sie ruft nicht mehr, bewegt sich nicht mehr, ihr Herz
schlägt nicht mehr.

Ein Narr, der behaupte, es gäbe das Leben
nicht mehr ...

Du stehst am Strand.
Dir wird bewusst, dass du dich als »Ich« empfindest.
Ich bin ich.
Eines Tages verlässt du den Strand. Eines Tages
gehst du weiter.

Ein Narr, der behaupte, es gäbe das »Ich«
nicht mehr ...

Ohne dich gäbe es das Universum nicht ...

Jenseitskontakte

Vor etlichen Jahren hatte ich mit einem Mordfall zu tun. Ein noch junger Mann war von seiner Lebensgefährtin erschossen worden. Nach der Tat rief sie Freunde an und berichtete ihnen von dem Unglück. Einer machte sich auf den Weg in die Wohnung, um die Leiche zu beseitigen.

Wie er später in seiner Vernehmung berichtete, hätte er Blut und Wasser geschwitzt, als während der Aufräumaktion in der Wohnung ein Polizist an der Tür schellte. Der uniformierte Staatsdiener wollte sich jedoch nur nach einer Anschrift in der Nachbarschaft erkundigen. Er suchte einen Fahrer, dessen Wagen im absoluten Halteverbot stand. Der Held von der Putzkolonne für besondere Fälle erklärte an der Türschwelle, er sei nur zu Besuch und kenne sich daher in der Gegend nicht aus. Aus verständlichen Gründen verzichtete er darauf, den Beamten auf einen Kaffee hereinzubitten. Der Polizist entschuldigte sich für die Störung, wünschte noch einen schönen Abend und ermittelte woanders weiter.

Der unfreiwillige Bestatter ohne Ausbildung und Lizenz holte sein Herz aus der Hose, schob es zurück unters Hemd und setzte seine Arbeit fort. Er wickelte die Leiche in einen Teppich, legte sie in den Kofferraum seines Autos und fuhr zu einem nahe gelegenen Baggersee. Darin versenkte er Leiche und Teppich. Er machte den Job nicht besonders gut, denn nach kurzer Zeit kam beides wieder hoch.

Doch auch die Polizei machte keinen guten Job. Die flüchtige Täterin war in Panik und wusste nicht, was sie tun sollte. Sie telefonierte von unterwegs mit allen möglichen Leuten, die ihr rieten, sich zu stellen. Ein Rechtsanwalt, den sie kontaktiert hatte, bereitete für den nächsten Tag einen gemeinsamen Gang zur Kriminalpolizei vor. Er rief die Mordkommission an und unterrichtete sie von der Absicht seiner Mandantin, sich zu stellen.

Die Mordkommission traute dem Braten jedoch nicht. Viele Polizeibeamte schwärmten aus und fuhren die Wohnungen sämtlicher Personen an, die mit der Täterin befreundet, bekannt oder verwandt waren. Sie befragten die, die ihre Wohnungstür öffneten, und traten die Türen derjenigen ein, die nicht öffneten, weil sie nicht zu Hause waren. So vertrieben sie die Gesuchte erfolgreich aus Stadt und Land. Sie beschloss, dass es vorerst wohl besser sei, auf eine Begegnung mit der Polizei zu verzichten, und suchte nun endgültig das Weite.

Fünf Jahre später kam sie zurück. Sie hatte in der Zwischenzeit ein Kind bekommen und wollte nun endlich reinen Tisch machen. In den anschließenden Vernehmungen erklärte sie, damals in Notwehr gehandelt zu haben. Auf einer Party sei es zum Streit gekommen, weil sie einem anderen Mann schöne Augen machte. Als dieser lieb zurückschaute, seien später neben weiteren Blicken auch Zärtlichkeiten ausgetauscht worden. Ihr Freund sei daraufhin eifersüchtig geworden und hätte sie vor allen Leuten angeschrien.

Zu Hause sei ihre Auseinandersetzung eskaliert. Beide lagen schon im Bett. Er wollte nochmal kurz in die Küche. Vielleicht wollte er ein Messer holen, um sie damit zu erstechen.

Vielleicht wollte er sich aber auch nur ein Bier aus dem Kühlschrank nehmen. Was immer er wollte, er kam nicht weit. Er stand noch mit einem Fuß im Bett, als sie ihre Langwaffe unter dem Kopfkissen hervorholte und ihm mehrmals in den Rücken schoss.

Für den Staatsanwalt war es Mord. Sie beharrte weiter auf Notwehr. Sie brauchte einen guten Rechtsanwalt. Einen unbewaffneten Menschen mit einem Gewehr in den Rücken zu schießen, war eine verdammt schlechte Ausgangsposition für einen Freispruch wegen Notwehr. Wer hat schon eine Langwaffe unter dem Kopfkissen?

Während der fünfjährigen Abwesenheit der Täterin lernte ich als Zielfahnder die Eltern des Opfers kennen. Ihr Leben war zerstört. In all den Jahren hatten sie miteinander nicht über den Tod ihres Jungen sprechen können. Sie sprachen überhaupt nur noch wenig miteinander. Ihr einziger gemeinsamer Lebensinhalt war die Hoffnung, dass die Freundin eines Tages gefasst und für ihre Tat bestraft würde. Der Vater hatte Privatdetektive mit der Suche nach ihr beauftragt. Er selbst war oft unterwegs, weil er sich einredete, sie würde ihm auf einer seiner zahlreichen und ziellosen Fahrten über den Weg laufen.

Viele Angehörige von Mordopfern glauben, dass die Bestrafung des Täters ihnen bei der Verarbeitung ihrer Trauer hilft. Doch das ist oft ein Irrtum. Eine Untersuchung hat gezeigt, dass Angehörige von Mordopfern in den USA, die sich für die Todesstrafe des Täters eingesetzt hatten, nach der Hinrichtung keinesfalls glücklicher als vorher waren. Im Gegenteil: Die meisten erklärten, nach dem Tod des Täters seelisch in ein schwarzes Loch gefallen zu sein. Ihr Engagement für die Bestrafung des Täters war nicht die Verarbeitung der Trauer, sondern vielmehr die Umwandlung der Traurigkeit in Hass oder Wut. Nach der Hinrichtung war der Adressat ihrer Gefühle nicht mehr da. Jetzt, viele Jahre später, hatte die Trauer sie wieder eingeholt. Von der Verhaftung bis zur Hinrichtung vergehen oft Jahrzehnte.

Ich kannte ein besseres Mittel für die Verarbeitung der Trauer. Bei meinem zweiten oder dritten Besuch bei den Eltern des Opfers traute ich mich, dieses Thema anzuschneiden.

Beide waren nie in Kontakt mit esoterischen Themen gekommen. Sie waren zwar christlich gläubig, aber hatten sich nie konkret mit der Frage nach einem möglichen Leben nach dem Tod beschäftigt. Ich nahm die Maske des Zielfahnders ab und setzte die des Reiki-Lehrers auf. Ich gab ihnen die Adresse einer Frau, die als Medium Kontakt mit Verstorbenen aufnehmen konnte. Als ich an diesem Abend zurück nach Hause fuhr, war ich mir nicht sicher, ob sie das Medium aufsuchen würden. Ich bezweifelte es sehr.

Umso erstaunter war ich, als mich der Vater einige Wochen danach auf der Dienststelle anrief und mir von dem Date bei dem Medium erzählte. Die mediale Frau, eine Engländerin, sei sehr schnell auf den Punkt gekommen. Sie erklärte den beiden, dass ein junger Mann mit ihnen zusammen das Zimmer betreten hätte. Sie beschrieb den jungen Mann. Die Beschreibung konnte durchaus auf den Sohn passen. Die Eltern waren nach wie vor skeptisch. Schließlich hat man schon von Gedankenlesen und dergleichen gehört, also könnte es sein, dass diese Frau lediglich Kontakt mit der Erinnerung ihrer Klienten aufnehmen würde. Doch dann erklärte die Frau, der Sohn spreche nun von einer Geige. Sein Großvater habe sie ihm bei seiner Geburt geschenkt. Das stimmte. Die Geige sei ein sehr teures Exemplar und die Eltern hätten nach seinem Tod vergeblich danach gesucht. Auch das stimmte. Dann beschrieb der Sohn einen Schrank im Keller des Elternhauses, in dem noch nicht nachgesehen worden war. In diesem Schrank befände sich die Geige.

Als sie zu Hause ankamen, gingen sie als Erstes in den Keller. Sie öffneten den Schrank und fanden die Geige.

»Ich weiß immer noch nicht, was ich davon halten soll«, sagte mir der Vater am Telefon.

Einige Wochen später rief er wieder an und berichtete mir von einem Mann in Köln, den sie beide aufgesucht hätten. Ein sehr gutes Medium, fähiger als die Frau und billiger, sagte der Vater. Langsam kämen sie mit dem Leben wieder besser klar. Sie hätten auch zum ersten Mal seit dem Tod des Sohnes wieder einen Urlaub in der Türkei verbracht. Eines Tages seien dort mit einem Lautsprecherwagen am Strand Blutspender für eine bestimmte Blutgruppe gesucht worden, da ein einheimischer Junge verunglückt war.

Seine Frau hatte die Blutgruppe und habe sich zur Verfügung gestellt, erzählte er. Das Leben des Jungen konnte gerettet werden. Dessen Familie habe sie beide für den Rest des Urlaubs mit ihrem Dank überschwemmt. Sie hatten wieder Kontakt zum Leben aufgenommen.

Viele kommen durch den Tod eines geliebten Menschen in Kontakt mit esoterischen oder spirituellen Themen. Sie wollen nicht glauben, dass das Leben des Menschen einfach aufgehört hat. Sie suchen die Bestätigung, dass es nach dem Tode weitergeht. Sie beginnen, esoterische Fragen zu stellen. Sie kaufen Bücher oder suchen jemanden, der mehr darüber weiß. Sie machen sich auf die Suche nach dem Menschen, der sie verlassen hat. Manche gehen den Weg anschließend weiter. Auf der Suche nach dem geliebten Menschen finden sie sich selbst.

JJ über Abschiede

Der Weg zur Erkenntnis führt über die Intensität des Lebens. In Zeiten der Oberflächlichkeit herrscht Lethargie im Lande der Erkenntnis. Alles plätschert vor sich hin. Alles ist im Lot, der Verstand hat alles im Griff. Die Gefühle bewegen sich im erträglichen Rahmen. In intensiven Zeiten jedoch gerät das Leben aus den Fugen. Es geht drunter und drüber, von Oberflächlichkeit keine Spur. Du lernst dich selbst von unbekannten Seiten kennen.

Eines der wirksamsten Mittel, über das dein Höheres Selbst verfügt, um dich aus der Oberflächlichkeit in die Intensität zu katapultieren, ist das Gefühl des Verlustes. Der Verlust materieller Dinge zeigt dir an, womit du dich identifizierst und woran du noch festhältst. Du hast Geld gesammelt in Form von Aktien. Hast mit ihnen spekuliert und dich an dem Gefühl des Gewinns erfreut. Und plötzlich, ein schwarzer Tag an der Börse, bist du arm wie eine Kirchenmaus. Du hattest das Selbstbild des Reichen verinnerlicht. Und nun reißt dir das Schicksal die Maske vom Gesicht. Es rennt mit deiner Maske davon und lässt dich mit deinem wahren Gesicht zurück. Mit dem Geld verschwand auch dein Selbstbild. Nun hast du die Chance, in den Himmel zu kommen, noch bevor sich das Kamel durchs Nadelöhr quetscht.

Das Gefühl des Verlustes setzt immer Unfreiwilligkeit voraus. Wenn du jemandem etwas geschenkt hast, bekommst du nicht das Gefühl, es verloren zu haben. Auch dann nicht, wenn es für dich sehr wertvoll war. Du hast es freiwillig gegeben. Das Geben selbst erfüllte dich. Der Gegenstand, von dem du dich getrennt hast, gewann durch dein Geben an Wert.

Mach dir diesen Aspekt klar, wenn du in deinem Inneren mit dem Gefühl des Verlustes konfrontiert wirst. Wandle die Unfreiwilligkeit in Bereitschaft um. Erkläre dich einverstanden. Mach es durch einen bewussten Gedanken oder, besser noch, durch eine bewusste Handlung, ein Ritual des Abgebens, des Abschiednehmens. Verlust ist immer passives Geschehen. Du hast nicht gegeben, es wurde dir genommen. Durch das Ritual drehst du das Passive in Aktion um. Du handelst.

»Es ist ein Unterschied, ob ich Geld oder einen Gegenstand verliere – oder aber einen Angehörigen. Es fällt schwer, sich mit dem Tod eines geliebten Menschen einverstanden zu erklären«, sagte ich.

Durch den Verlust eines lieben Menschen kommst du in stärkeren Kontakt mit der Liebe. Der Schmerz, den du spürst, ist Liebe. Du spürst so viel Liebe in dir, dass du sie verschenken willst.

Doch der Mensch, dem du sie schenken willst, ist nicht mehr da.

Wenn jemand, der dir sehr nahe steht, für lange Zeit verreist, verspürst du beim Abschied Wehmut. Dennoch kann es sein, dass du ihm die Reise gönnst. Du bist mit seinem Glück einverstanden und trotzdem traurig. Einverstanden sein heißt nicht, sich zu freuen. Du darfst deine Trauer ruhig zeigen. Du musst es sogar tun. Menschen, die ihre Tränen unterdrücken, werden früher oder später innerlich ertrinken.

»Schön, dass du von den Zurückgebliebenen nicht verlangst, in Jubelstürme auszubrechen«, sagte ich etwas sarkastisch.

Was würdest du davon halten, wenn du verreist, und deine Angehörigen reiben sich vor Freude die Hände? Auch wir Jünger haben beim Abschied des Meisters getrauert, obwohl wir wussten, dass es kein Abschied für immer sein würde. Schließlich hatte er versprochen, wiederzukommen. Im Angesicht seines Todes sagte Jesus: »Vater, ich lege meinen Geist in deine Hände.« Mit diesem Satz erklärte er sich einverstanden. Jetzt war er bereit, sein Leben zu geben. Und konnte es ab dann nicht mehr verlieren.

»Es war sein eigener Tod, mit dem er sich einverstanden erklärte.«

Sich mit seinem eigenen Tod einverstanden zu erklären, ist auch nicht von Pappe.

»Dennoch ist es was anderes, ob ich selbst sterbe oder ein Angehöriger.«

Worin liegt der Unterschied?

»Bei meinem eigenen Tod bin ich irgendwie in der aktiven Rolle. Es ist mein Leben, und es ist mein Tod. Bei einem Angehörigen bin ich in der passiven Rolle. Ich bin noch hilfloser, noch machtloser.«

Abschied ist Abschied. Es spielt keine Rolle, ob du derjenige bist, der im Zug sitzt, oder derjenige, der am Bahnsteig zurückbleibt.

»Wer im Zug sitzt, kann sich auf den Urlaub freuen. Die anderen müssen zu Hause weiterackern.«

Da ist was dran.

»Es gibt Menschen, die keinen Ausweg mehr aus ihrer Trauer finden«, fuhr ich fort. »Mein Onkel hat den Tod seiner Lebenspartnerin nie verwinden können. Er trauerte jahrelang, wurde darüber depressiv. Eines Tages sprang er aus einem Fenster seiner Wohnung im dritten Stock. Der Versuch der Selbsttötung scheiterte. Mein Onkel verlor beide Beine und verbrachte den Rest seines Lebens in Krankenhäusern und Pflegeheimen.«

Stell dir die Trauer als einen Tunnel vor. Du gehst durch den Tunnel hindurch und am anderen Ende wieder hinaus. Manche wollen nicht in den Tunnel hinein. Sie lenken sich ab, flüchten vor der Trauer. Andere wiederum gehen hinein und bleiben drin. Immer dann, wenn sie am anderen Ende das Licht sehen, drehen sie wieder um. Sie haben sich entschlossen, in der Dunkelheit zu bleiben.

Gestatte dir, ein Jahr zu trauern. Jede Trauer dauert ein Jahr. Es kommt dein erster Geburtstag ohne den geliebten Menschen. Es kommt sein eigener erster Geburtstag. Es kommt das erste Weihnachtsfest ohne ihn, das erste Ostern und so weiter. Zum Schluss kommt der erste Todestag. An jedem dieser Tage erinnerst du dich an die gleichen Bilder des Sterbens, der Beerdigung und so fort. Wenn du jeden dieser

Feiertage einmal erlebt hast, verändert es sich. Die Bilder des Todes werden weniger. Immer mehr kannst du an die Tage denken, die du mit dem Menschen verbracht hast, ohne an die Beerdigung zu denken. Die Trauerzeit ist vorbei.

Verbindung

Karins Mutter starb an unserem elften Hochzeitstag. Drei Wochen zuvor hatte sie mir, als ich im Krankenhaus an ihrem Bett stand, zum Hochzeitstag gratuliert.

»Der ist doch erst in drei Wochen«, gab ich zur Antwort …

Während der Trauerfeier war ein Vogel in der Kapelle. Obwohl die Tore der Kapelle offen standen, flog er nicht hinaus. Er war nicht ängstlich. Er zwitscherte fröhlich und landete mal hier und mal da. Er lockerte die Atmosphäre ein wenig auf. Er war der einzige Grund, ab und an zu lächeln. Nach der Zeremonie zog der Trauerzug ans Grab. Eine Stunde später, als alles vorüber war, ging ich auf dem Rückweg noch einmal in die menschenleere Kapelle. Der Vogel war immer noch da. Er hatte auf einem der Stühle Platz genommen und schaute ruhig in Richtung Altar. Auf dem Platz vor ihm hatte während der Feier Karin gesessen.

Wir Menschen sind Götter, die Mäntel tragen. Im Augenblick des Todes ziehen wir den Mantel aus und gehen ohne weiter. Die übrigen Mantelträger können uns dann nicht mehr sehen. Mantelträger sind auf die Möglichkeiten beschränkt, die der Mantel zulässt.

Im Schlaf lösen wir uns von unserem Körper. Der Mantel

liegt im Bett, Gott schwebt ein wenig darüber. Nun können wir auch die sehen, die keinen Mantel tragen. Die Übergangsphase zwischen Wachen und Schlafen, der so genannte Alpha-Zustand, ist die beste Zeit zur Kontaktaufnahme. Wir sind noch wach genug, um uns später zu erinnern, was geschehen ist, können aber schon einen Blick hinter die Nebelwand werfen.

Auch für die Jungs aus der geistigen Welt ist es nicht einfach, mit uns in Kontakt zu treten. Sie müssen einen Vogel bitten, zu zwitschern; sie müssen eine Blume bitten, einen Duft auszuströmen; sie müssen die Sonne bitten, ein Licht auszustrahlen. Und viele erkennen die Botschaft nicht. Sie sagen: »Ich hatte gerade ein Gefühl, mir kam ein Gedanke, aber es war nur ein Vogel, der zwitscherte, es war nur eine Blume, die duftete, es war nur die Sonne, die schien.« Das Telefon klingelt, aber sie gehen nicht dran, weil sie glauben, der Anruf wäre für jemand anderen. Manteltäger, die auf ihren Mantel fixiert sind und alles nur rational betrachten, nehmen den Hörer nicht ab, wenn ein Gott sie anruft.

Wenn ich an einen Verstorbenen denke und höre dann ein kurzes Knacken aus der Zimmerecke, habe ich ihn quasi in der Leitung. Wenn ich einen Duft rieche, der mich an jemanden erinnert, der bereits tot ist, kann das die Botschaft sein: Hey, ich lebe noch. Immer dann, wenn ich mich an einen Menschen in der geistigen Welt erinnere, erinnert er sich auch gerade an mich.

Die meisten Menschen glauben, sie hätten einen Körper und eine Seele. Sie haben das Bild verinnerlicht, dass die Seele irgendwo im Körper ist und im Augenblick des Todes den Körper verlässt. Die einen sagen, die Seele eines Menschen habe ihren Sitz im Bereich des Herzens, andere wiederum glauben, der Solarplexus sei das Zentrum der Seele im Körper.

Die Aussage, dass die Seele nicht im Körper, sondern vielmehr der Körper in der Seele ist, kommt der Wahrheit näher. Die Seele existiert um den Körper herum, der Körper steht in ihrem Zentrum. Der Atem ist die Brücke zwischen Körper und Seele. Da der Körper in der Seele eingebettet ist, nimmt er mit jedem Einatmen einen Teil der Seele in sich hinein und gibt mit dem Ausatmen einen anderen Teil zurück. Der so genannte letzte Atemzug eines sterbenden Menschen endet mit einem kräftigen Ausatmen. Alle noch im Körper befindlichen Seelenanteile werden in die Aura zurückgegeben. Die Seele braucht den Körper nicht zu verlassen, so wie es landläufig dargestellt wird; sie gibt ihn einfach auf.

Alle Seelen sind miteinander verbunden. Es gibt keinen seelenfreien Raum. Doch jede Seele hat ihr Hoheitsgebiet. Sie regiert in ihrem Reich und entscheidet, welche Erfahrung sie hineinlässt und welche sie abweist. Nichts passiert »einfach nur so«. Auch Bakterien und Viren sind nicht plötzlich in der Luft, ohne dass irgendjemand dafür verantwortlich zeichnet. Sie werden von der Gemeinschaft der Seelen produziert. Jede Seele entscheidet selbst, ob sie diese Gedanken und Gefühle, die sich zum Virus materialisiert haben, in ihr Bewusstsein hineinnimmt oder nicht. Nimmt sie ihn, sagen wir, der Mensch habe sich angesteckt.

Das Hoheitsgebiet der Seele ist in jedem Moment so groß, wie weit sie blicken kann. Aus diesem Grunde fühlt man sich am Strand eines Ozeans so gut. Die Erfahrung der Größe verursacht das Empfinden von Glück. Wenn man sich also klein und schwach fühlt, ist es gut, ans Meer zu fahren oder auf einen Berg zu steigen. In diesem Sinne bin ich der König eines Landes. Das Land ist meine Seele. Wenn ich in dem Bewusstsein lebe, dass mein Reich so groß ist, wie ich um mich blicken kann, habe ich meinen Palast in der Mitte des Landes errichtet. Ich fühle mich geschützt. Ich bin umgeben von den Bürgern meines Staates, und ich bin der Boss. Lebe ich aber in dem Bewusstsein, dass ich nur mein Körper bin, habe ich meinen Palast an der Grenze gebaut. Ich bin von anderen Königreichen umgeben. Ich muss zwischen Freund und Feind unterscheiden und fühle mich manchmal bedroht.

Alles, was ich sehe, gehört zu meiner Seele. Da ich mit meinen Händen niemals außerhalb meines Blickfeldes agieren kann, tue ich letztendlich alles nur mir selbst an. All meine Handlungen sind Taten an und in meiner Seele. Wenn ich andere verletze, tue ich das letztlich mir selbst an. Jede Seele ist ein Teil der »großen einen Seele«. Jedes Geschehen in einem Teil des Ganzen hat Auswirkungen auf das Ganze selbst: »Was du antust dem Geringsten, das hast du mir getan …«

Theater des Lebens

Man stelle sich das Universum als ein Theater mit vielen Bühnen vor. Das Schauspiel der Schöpfung wird im großen Saal aufgeführt. Die Beleuchtung der Bühne ist eine der schwierigsten Aufgaben. Jede Szene erfordert eine andere Ausleuchtung. Mal scheint das Licht von der einen, mal von der anderen Seite. Deshalb gibt es mehrere Beleuchter. Einer wäre hoffnungslos überfordert. Schließlich dauert das Stück ewig lang.

Manche Szenen müssen von mehreren Seiten ausgeleuchtet werden. Zuweilen streiten sich die Schauspieler auf der Bühne, welches Licht das wahre ist. Dabei nehmen sie den Streit sehr ernst. Sie beten die Beleuchter an und bekämpfen diejenigen, die einen anderen Beleuchter verehren. Man kann es ihnen nicht übel nehmen, schließlich erfahren sie das Theater nur aus der Perspektive der Bühne, können nicht von außen schauen. Sie glauben, es könne nur eine Wahrheit geben, und befinden sich ernsthaft auf der Suche.

Die Beleuchter sind erfahrene Künstler, die selbst lange als Schauspieler auf der Bühne standen. Viele wurden im Laufe der Zeit berühmt. Einer von ihnen ist unter dem Namen »Buddha« in die Theatergeschichte eingegangen. Einen anderen kennt man als »Jesus«. Er begann seine Karriere in einer kleinen Aula in Nazareth, zog später mit einem Wanderzirkus durch die Lande. Er war wahrlich ein Meister seines Fachs, verfügte über großes Potenzial und lange Erfahrung. Denn bevor man Beleuchter werden kann, muss man alle Stationen durchlaufen haben.

Zunächst fängt man als kleiner Nebendarsteller an. Später kommen die Hauptrollen. Um ein guter Schauspieler zu werden, muss man seine wahre Natur vergessen. Schließlich kann nur ein guter Schauspieler sein, wer sich mit der Rolle identifiziert. Man glaubt, man wäre der, den man spielt. Das ist ein großes Opfer, aber notwendig für die Erfahrung. Doch keine Angst, das Wissen kehrt zurück. Nicht abrupt, es geschieht in Schüben; eines Tages ist es jedoch vollends da.

Ab dann wird es schwierig auf der Bühne. Schwierig für den Wissenden und schwierig für die anderen, die noch glauben, die Rolle zu sein. Verschwindet die Identifikation, verschlechtert sich die schauspielerische Leistung dramatisch. Die anderen können nicht mehr so recht mit einem spielen. Man wird zum Sand im Getriebe des Stückes.

Jetzt kann die Ausbildung zum Beleuchter beginnen. Man wechselt in den Backstage-Bereich, das Areal der Wissenden. Dort werden die Fäden gezogen, an denen die Marionetten hängen. Zunächst erhält man kleinere Aufgaben, fängt als erleuchteter Meister an. Später kommen die großen Jobs. Dann wird man von den Schauspielern ehrfürchtig »ein Christus« genannt.

Nach einigen Millionen Bühnenjahren, in Wahrheit innerhalb eines einzigen Augenblicks, geht auch der Beleuchter über seine Rolle hinaus. Wenn er erkennt, dass er in Wirklichkeit nicht Beleuchter, sondern selbst das Licht ist, wird er zum großen Dirigenten des Theaters.

JJ über Hingabe, Frömmigkeit und religiöse Dramen

Alle Meister haben von ihren Schülern die totale Hingabe gefordert. Auch Jesus hat gesagt, dass niemand in das Himmelreich gelange außer durch ihn.

»Nur jetzt, nur durch mich habt ihr die Möglichkeit, erleuchtet zu werden. Allein durch meine Anwesenheit kann es euch gelingen. Eine weitere Gelegenheit wird sich euch in diesem Leben nicht mehr bieten«, sagte er.

Wir haben allesamt die Gelegenheit verpasst. Wir schliefen, als wir wachen sollten.

»Meine Güte, ihr wart eben müde«, bemerkte ich verständnisvoll.

»Erwacht-Sein« ist ein anderes Wort für »Erleuchtung«. In diesem Sinne waren wir immer müde. An jenem Abend im Garten Gethsemane hätten wir von unserem Meister Abschied nehmen können. Durch den bewussten Abschied hätten wir ihn loslassen können. Loslassen ist die Voraussetzung für die eigene Meisterschaft. Wir hatten die Chance, wir nutzten sie nicht. So sind wir heute noch auf der Suche nach dem Meister, der uns damals verließ.

Nur durch totale Hingabe an deinen Meister kannst du die

ganze Botschaft erfahren. Sie gelangt nicht in Form von Worten zu dir. Der Meister selbst ist die Botschaft. Atme seine Präsenz. Esset mich, trinket mich, dies ist mein Leib, dies ist mein Blut …

»Und wenn ich die Botschaft begriffen habe, muss ich sie loslassen«, sagte ich und zeigte damit, dass ich zumindest diese Botschaft verstanden hatte. »Sonst wird aus der Hingabe Abhängigkeit.«

Du kannst einen Baum nur fühlen, wenn du ihn anfasst. Die Berührung ist Voraussetzung für die Erfahrung. Falls du den Baum aber nicht loslässt, kannst du auch nicht weitergehen.

Wenn der Meister weg ist, kommen viele seiner Schüler nicht mehr klar. Sie haben ihm die Verantwortung für ihr Leben übertragen und versäumt, sie vor seinem Weggang wieder zurückzunehmen. Auch Jesus hat in diesem Sinne mehr Menschen hinterlassen, die von ihm abhängig geworden sind, als solche, die durch ihn befreit wurden. Die Abhängigkeit ist das Risiko, das ein Schüler eingehen muss. Wer aus Angst vor Abhängigkeit vor der Hingabe zurückscheut, kommt genauso wenig weiter wie derjenige, der einen Baum nicht mehr loslässt. Der Ängstliche steht auf einem Bahnsteig und traut sich nicht, in einen Zug einzusteigen. Er befürchtet, nie mehr aussteigen zu können. Deshalb verbringt er sein ganzes Leben auf einem Bahnsteig. Es gehört Mut dazu, sich einem Meister mit Haut und Haaren hinzugeben. Die Hingabe bedeutet oft den Bruch mit der Gesellschaft. So wie die Meister nach ihrem Tod verehrt werden, werden sie zu ihren Lebzeiten verfolgt. Und mit dem Meister werden auch die Schüler verfolgt, die das Glück haben, eine Zeit lang mit ihm zu leben.

»So wie Osho«, sagte ich. »Während meiner Jugendzeit erhitzte er als ›Bhagwan‹ die Gemüter der westlichen Welt. Ich erinnere mich an ein Gespräch mit meinen Eltern am Küchentisch. Sie waren von Bhagwan total begeistert, stellten mir all die orange gekleideten und sich von ihren sexuellen Hemmungen befreienden Menschen in Bhagwans Kommune als große Vorbilder hin. Nur schwer konnte ich sie davon abhalten, mir all ihre Ersparnisse zu überlassen, damit ich so schnell wie möglich nach Indien fliegen konnte.«

Das glaube ich nicht.

»Zu Recht. In Wahrheit waren meine Eltern eher skeptisch.«

Osho war provokant und daher ein wirkungsvoller Meister. Die stillen Meister haben weniger Feinde, dafür bewirken sie nicht so viel. Wer durch eine offene Tür geht, hinterlässt weniger Wirkung als derjenige, der die Tür vorher auftritt.

»Da kann ich dir nur beipflichten. Während meiner Fahndungszeit in Duisburg war das Auftreten von Türen eine meiner liebsten Tätigkeiten. Mein Kollege und ich waren regelmäßig enttäuscht, wenn der Verdächtige auf unser Schellen die Tür öffnete. Jeden Tag eine Tür eintreten hat auf Dauer eine richtig entspannende Wirkung. Man gewöhnt sich daran, braucht es regelrecht.«

Wenn der Meister der Liebe damals einen beschaulichen Shoppinggang durch den Tempel gemacht hätte, wäre er nicht aufgefallen. Aber er nutzte seinen Besuch zur Randale, schmiss die Tische der Händler um und vertrieb sie mit einem Stock. Wir Schüler halfen ihm dabei. Und ich kann dir sagen: Wir haben ganze Arbeit geleistet!

»Du klingst wie ein älterer Polizist, der voller Begeisterung von früheren Kneipenschlägereien erzählt. Man fühlt sich wieder jung, wenn man sich die Zeit vergegenwärtigt, als man noch die Sau rausgelassen hat, stimmt's?«

Die erste Wirkung, die ein wahrhaft wirkungsvoller Meister erzielt, ist die Freude der eigenen Anhänger. Die zweite Wirkung ist der Ärger der Übrigen. Die Anhänger sind gegenüber den anderen in der Minderzahl. Nach dem Tod der Meister ändert sich das Bild. Die Zahl der Anhänger wird größer. Alle großen Meister sind Lehrer der zukünftigen Generationen. Für die Generation der Gegenwart sind sie Aufrührer und Verführer. Während ihres körperlichen Lebens stehen sie in Widerspruch zu der Gesellschaft.

Osho hat inzwischen Millionen von Schülern, Jesus ist Anführer einer Weltreligion. Beide wurden verfolgt, solange sie auf Erden lebten, heute sind sie gesellschaftsfähig. Sie können nicht mehr anecken, können nicht mehr widersprechen. Damals konnten nur die wenigsten Menschen Verständnis dafür aufbringen, dass Jesus den Tempel auf links drehte. Heute schildert man den Kindern im Religionsunterricht unser vorbildliches Verhalten.

»Nehmt euch ein Beispiel an Jesus«, sagen die Erwachsenen in der Hoffnung, dass ihre Kinder es nicht tun. Sie würden die Augen verdrehen, wenn sich ihre Kinder tatsächlich die Jünger Jesu zum Vorbild nähmen, das Haus und die Familie verließen, um hinter einem Langhaarigen herzulaufen. Einem Langhaarigen, der sagt: »Was, du kannst nicht mit mir kommen, weil du deinen gerade verstorbenen Vater beerdigen musst? Lasset die Toten ihre Toten selbst begraben.«

Stell dir das mal heutzutage in einem katholischen Dorf vor: Der Bürgermeister ist gestorben, und sein Sohn packt vor der Beerdigung die Koffer, weil sein Guru gerufen hat.

Manche frommen Menschen wollen fromme Kinder, die nicht Revolutionäre werden, wie wir sie damals waren. Sie verehren den Meister, himmeln seine Mutter Maria an. Jeden Tag des Kalenders haben sie einem seiner Bekannten und Verwandten zugeordnet. Jedes Jahr zu Weihnachten stehen sie in ihren Kirchen voller Rührung vor der Krippe. Die Krippe erzählt die Geschichte von der Heiligen Familie, die Unterkunft in einem Stall gefunden hat und später vor dem bösen Staatsmann Herodes fliehen musste. Doch viele dieser frommen Menschen wollen auf den Bänken ihres schönen Dorfplatzes keine Asylanten sitzen sehen.

»Auch fromme Menschen sind liebe Menschen«, sagte ich.

Du kennst fromme Menschen?

»Vor einigen Tagen sind mir etliche begegnet. Ich war gerade mit dem Wagen auf dem Weg zu meinen Eltern und kam an einer Kreuzung zu stehen. Eine Prozession blockierte die Straße. Ein Schutzmann regelte den Verkehr. Vor drei Jahren noch hätte ich mich über die Zeitverzögerung geärgert. Heute habe ich eine andere, gelassenere Einstellung. Ich schaltete den Motor aus, machte es mir auf meinem Sitz bequem, kurbelte die Scheibe herunter und hörte dem Vorbeter zu, der die Prozession anführte und dabei in ein Mikrophon sprach.«

Was hat er gesagt?

»Er sprach ein Gebet. Ich habe es nicht ganz behalten. Auf jeden Fall kamen darin die Worte ›... gebenedeit seiest du unter den Frauen ...‹ vor.«

Wahrscheinlich sprach er von Maria, der Mutter des Meisters.

»Bestimmt sogar«, bestätigte ich.

Was wohl die Leute in dem Prozessionszug gedacht und gesprochen hätten, wenn sie damals die Nachbarn von Maria und Joseph und dem kleinen Jesuskind gewesen wären? Wenn sie neben der Hütte in Bethlehem gewohnt hätten? Gesprächsstoff war ja genug vorhanden: eine arme Familie auf der Reise mit einem Kind, dessen Vaterschaft nicht geklärt war.

Was hat er noch gesagt?

»Nichts. Er hat immer dasselbe gesagt. Er hat das Gebet wie ein Mantra wiederholt.«

Wie eintönig!

»Ich gebe zu, dass er es ziemlich heruntergeleiert hat. Vielleicht war er in einem meditativen Zustand«, machte ich den Spagat zwischen Wahrheit und Beschwichtigung.

Mir war klar, worauf JJ hinauswollte. Er hatte Fahrt aufgenommen. In solchen Momenten bekam ich eine Ahnung von der Kraft und der Ausstrahlung der Gruppe um Jesus. Kein Wunder, dass sie Aufsehen erregten. Auch kein Wunder, dass sie verfolgt wurden, dachte ich. Und richtig: JJ setzte nach.

Aus welchem Anlass fand die Prozession statt?

»Es war Fronleichnam«, klärte ich JJ auf. Grotesk, einem Heiligen die christlichen Feiertage erklären zu müssen, dachte ich.

Fronleichnam passt absolut: Starre, tote Menschen laufen einem Vorbeter hinterher, der mit toter Stimme Gebete herunterleiert, die von Menschen geschrieben wurden, die schon lange tot sind. Vielleicht kommt der Name daher?

»Gut, dass du nicht mit in meinem Wagen gesessen hast.«

Woher weißt du, dass ich es nicht getan habe?

»In einem Körper, meinte ich. Du wärest vermutlich ausgestiegen, stimmt's?«

Ich handle spontan. Da ist alles möglich.

»Das hätten die lieben Menschen nicht verdient gehabt. Von einem zweitausend Jahre alten Wüterich angefallen zu werden.«

Weil sie liebe Menschen sind, hätten sie es verdient gehabt. Jeder Mensch hat ein Recht auf Lebendigkeit. Ich hätte versucht, sie aus ihrem Todesschlaf zu küssen. Ich hätte ihnen gesagt, dass sie lebendig sein dürfen, sich nicht hinter alten Texten und starren Ritualen verstecken müssen. Dass sie sagen dürfen, was sie heute denken, was sie heute fühlen, was sie heute zu sagen haben.

Religion ist gegenwärtig, der Heilige Geist hat nur dann eine Chance, durch euch zu sprechen, wenn ihr ihn heute, jetzt, in der Gegenwart sprechen lasst. Als der Meister der Liebe seine Jünger aufforderte, in die Welt hinauszugehen und in allen Sprachen zu den Menschen zu sprechen, waren nicht Fremdsprachen gemeint. Er sagte nicht: Sprecht einen vorgefertigten Text in allen Sprachen dieser Erde, sprecht ihn in Englisch, Französisch und so weiter. Mit »allen Sprachen« sind die Worte eines jeden Einzelnen gemeint.

Immer wieder werden in den katholischen Messen Worte »des lebendigen Gottes« zitiert. Wie können diese Worte lebendig sein, wenn sie jedes Mal in gleichem Wortlaut vorgelesen werden? Die beste Möglichkeit, einen lebendigen Gott zu töten, besteht darin, ihn heute nicht mehr zu Wort kommen zu lassen. Ihn zu verkürzen auf das, was er vor Tausenden von Jahren gesagt hat.

Dabei schreit Gott aus jedem einzelnen Menschen: »Lass mich doch bitte zu Wort kommen, ich möchte auch heute noch etwas sagen. Ich bin immer wieder neu, also habe ich auch immer wieder Neues zu berichten. Lasst mich in euch zu. Lasst mich in euch leben. Lasst mich durch euch sprechen.«

Das ist die Botschaft von Pfingsten; das ist das Pfingsterlebnis der Apostel, als sie die Präsenz des Lebens in sich fühlten und jeder in seiner Sprache zu den Menschen redete. Je stärker sie ihre Präsenz spürten, desto lebendiger und gegenwärtiger wurden ihre Worte. Jeder Mensch lebt einen Aspekt Gottes und hat Dementsprechendes zu sagen. Sie sollen sprechen, sie sollen *jetzt* sprechen, sie sollen sagen, was ihnen gerade einfällt. Und wenn sie das Leben und Gott bejubeln wollen, das Leben und Gott feiern wollen, das Leben und Gott anpreisen wollen, dann los, heraus mit dem Singen und Lachen und Rufen und Tanzen. Aber doch nicht so armselig, alle hintereinander in einer Reihe mit ernstem Gesicht und »… gebenedeit seist du unter den Frauen« murmelnd.

»Gut, dass es den Menschen heute erspart bleibt, dich als zornigen Autofahrer zu erleben. Bei deinem Fahrstil liefe so manch ein älterer Herr mit Hut und Lederhandschuh Gefahr, aus seinem Auto herausgeschweißt zu werden, nachdem er von dir von der Fahrbahn gedrängt wurde. Vermutlich hättest du auch eine Leuchtschrift an deiner Heckscheibe mit der Aufschrift: ›Hupt nicht, kämpft!‹«

Sie wäre an christlichen Feiertagen auf Dauerbetrieb eingestellt. – Übrigens, die Juden beziehungsweise die Römer haben Jesus nicht getötet. Weißt du, warum nicht?

Ich verneinte.

Sie haben es nicht geschafft. Er ist wieder auferstanden. Aber weißt du, wem es gelungen ist?

Ich konnte es mir denken. Ich sah die armen Menschen in dem Prozessionszug vor mir.

Was die Römer und Juden nicht geschafft haben, erledigten die Christen später selbst. Sie haben ihn erschlagen mit ihren Dogmen und Ritualen. Jetzt kann er nicht mehr auferstehen. Und sollte er es heute dennoch tun, ginge der ganze Zirkus wieder von vorn los: Er wächst auf, sammelt eine Horde von

Fleischfressern um sich, schmeißt in der Kirche ein paar Stühle um, wird von der Polizei zur Festnahme ausgeschrieben und unter dem Jubel des Volkes zum Tode verurteilt. Nach drei Tagen pult er sich aus dem Grab, und kein Schwein erkennt ihn. Zweitausend Jahre später findest du sein Bild wieder auf jedem Gesangbuch, weil seine mittlerweile verdrehte und verfälschte Lehre Staatsreligion geworden ist.

»Eine bemerkenswerte Version der körperlichen Wiederkehr Christi auf Erden«, sagte ich.

Sie haben aus dem Christentum die Liebe entfernt. Und es damit getötet. Die Geschichte des Meisters der Liebe wurde verkürzt auf die drei Tage seiner Kreuzigung und Auferstehung. Von der Zeit dazwischen wollen viele nichts wissen.

Liebe kann es nur unter Gleichberechtigten geben. Doch Gleichberechtigung ist nicht die Sache der katholischen Kirche. Ihre Entscheidungsträger schließen nicht nur Frauen von wichtigen Ämtern aus, sondern halten den Menschen auch immer noch die Erbsünde vor Augen. Der Biss in den Apfel, mit dem eine den Freuden des Lebens aufgeschlossene Frau alle Leute mit ihr und sämtliche Leute nach ihr ins Verderben gerissen haben soll: Diese von den Kirchen gestrickte Legende hat die Menschen dazu gebracht, sich vor der Freude zu fürchten.

Und dann dauerte es eine Ewigkeit, bis die Sache ausgeglichen wurde. Hatte eine ziemlich lange Reaktionszeit, der liebe Gott, muss wohl an seinem hohen Alter liegen. Vielleicht dachte er auch nur über die beste Art der Vergeltung nach, nahm sich richtig Zeit für die Planung.

Schließlich kam er auf den Trichter, seinen liebsten Sohn zu schicken und ihn an ein Kreuz nageln zu lassen. Und zum

Zeichen seiner Güte und Gnade als allmächtiger Gott ließ er seinen Tod als Sühne auch für alle nachfolgend Geborenen gelten, die nun endlich haben, was den Generationen vor ihnen verwehrt geblieben war: ein Leben in Unschuld. Mit einer kleinen Einschränkung jedoch: Taufe und immer schön dabeibleiben in dem Verein der Gläubigen. Nicht auszudenken, was die Leute sagen, wenn sie bei deiner Beerdigung feststellen müssen, dass du aus der Kirche ausgetreten bist.

Der Gott des Meisters war kein Gott der Vergeltung. Er nannte ihn »Vater«. Jesus beschrieb ihn uns damals als reine Liebe. Und Liebe trägt niemals nach. Im Angesicht der Liebe ist Vergebung nicht mehr nötig. Zwischen einem Geschehen und der Vergebung muss eine Zeit des Nachtragens sein, und wenn es nur eine millionstel Sekunde ist. Doch Gott liebt. In seinen Augen gibt es kein Vergehen. Gott empfindet sich durch jeden von uns. Er trennt nicht zwischen Tätern und Opfern, er trennt nicht zwischen Sündern und Heiligen. Und glaub mir, Gott liebt jedes Lämmchen so sehr, dass es ihm niemals in den Sinn käme, eines davon opfern zu lassen. Doch immer noch hält sich die Mär von einem alten Herrn, der den Menschen von Anbeginn der Tage bis zur Kreuzigung die Erbsünde nachgetragen hat.

»Wenn es tatsächlich so wäre, dass der Sohn sich qualvoll opferte, um die Menschen aus der Schuld des Vaters zu befreien, dann wäre der Sohn größer als der Vater«, sagte ich.

Warum ist Judas der Verräter? Warum heißt der vermeintliche Verräter des Meisters der Liebe Judas?

»Ich weiß nicht. Die namentliche Verbindung zum Judentum ist offensichtlich. Aber ob es da eine Verbindung gibt …?«

Die Juden haben gewollt, dass Christus gekreuzigt wird. Welch eine Schuld. Welch ein Verrat an Gott und der Menschheit! Doch waren der Verrat und die Hinrichtung des Meisters Voraussetzung für die Erlösung der Menschen von der vermeintlichen Erbsünde. Wie anders hätte er leiden können, wenn sich keiner zur Verfügung gestellt hätte, ihn leiden zu lassen? Judas tat ein großes Werk. Er brachte das Spiel zum Höhepunkt. Welch ein Dilemma für alle, die an den Etiketten von Gut und Böse kleben.

Jedes äußere Ereignis hat eine innere Entsprechung. Die für das Drama ursächlichen Glaubenssätze hinterließen ihre Spuren in den Seelen der Menschen. Das Drama des Konflikts zwischen Judas und Christus wurde in der Folgezeit seelisch verarbeitet. Beide Rollen wurden in der Reinkarnationsgeschichte der Menschen immer wieder neu verteilt. Die christliche Rolle sieht sich als Opfer. Ihr Thema ist das Leiden. Die Rolle des Judas sieht sich als Täter. Sie glaubt an ihre Schuld. Ihr Thema ist die Buße. Judas war verzweifelt. Er brachte sich um. Ein grausames Stück, welches wir damals auf die Bühne der Menschheit brachten.

Das Fundament der christlichen Kirche ist der Glaube, dass das Leiden des Christus die Erlösung von der Schuld bewirkte. Und so glaubten die Menschen, dass das Leiden des Heilands ihnen den Weg zu ihrer eigenen Heiligwerdung zeige. Mancher wahrhaft Gläubige hatte es eilig auf dem Pfad zur eigenen Geißelung und Kreuzigung. Sie wählten die Unterdrückung des Fleisches, die Verneinung des Körpers und die Verteufelung der Sexualität zu ihrer Technik der Erlösung.

Doch dieser Kampf konnte nicht gewonnen werden. Gott ist Leben. Und wenn Gott sich durch den menschlichen Körper ausdrücken will, so wird es schwer, ihn daran zu hindern. Und wenn Gott sich auch in Zukunft durch menschliches Leben ausdrücken will, so wird es schwer, ihn als Mann zu hindern, mit einer Frau zu schlafen, ihn als Frau zu hindern, mit einem Mann zu schlafen.

Und darin macht Gott bei Kardinälen und Nonnen keine Ausnahme. Da können sie noch so versuchen, sich hinter Kirchen- und Klostermauern zu kasteien, ihre Körper zu verleugnen; es wird ihnen nicht gelingen. Und wenn sie es doch einmal schaffen, ein ganzes Leben ohne Sex zu verbringen, wird der Sex ihres nächsten Vaters und der Sex ihrer nächsten Mutter sie für ein neues Leben wieder mit Macht auf die Erde zurückkatapultieren. Und so trieb der sexuelle Drang diejenigen, die eigentlich Opfer sein wollten, in die Rolle der Täter. Kirchenmänner, die den Eid der Keuschheit geschworen hatten, gaben ihrem Sexualtrieb nach, schliefen mit Mädchen und Frauen aus dem Volk. Gerüchte kamen auf: Ein Mädchen hat mit dem Bischof geschlafen. Es wird der Prozess gemacht. Der Bischof als Zeuge vernommen. Er verneint die Beziehung zu dem Mädchen. Das Mädchen wird auf dem Scheiterhaufen verbrannt. Der Bischof bekommt die Schuldgefühle im Doppelpack. Er hat das Gebot der Keuschheit nicht eingehalten und damit seinen Gott verraten. Er hat das Mädchen geopfert und damit seine Liebe verraten.

Das finstere Mittelalter wurde von der Neuzeit, der Zeit der Aufklärung, abgelöst.

Der Glaube an Sünde und Erlösung blieb. Und mit dem Glauben blieben auch die Schuldgefühle. Zu markant waren die Einprägungen von fast zweitausend Jahren Christentum in den Seelen der Menschen.

Und dann kam es zur Explosion. Im Holocaust manifestierte sich der Höhepunkt des Dramas. Im Namen des Christus getaufte Menschen versuchten, Judas endgültig den Garaus zu machen. Sie strebten danach, die Juden zu vernichten. Doch vernichtet wurde der Glaube. Der Glaube an einen gütigen und vergebenden Gott. Der Glaube an Christus als Heiland, der für die Sünden der Menschen gestorben ist. Wenn er aber allein für die Sünden der Menschen gestorben ist, warum mussten so viele noch folgen?

Das Blatt hat sich gewendet. Die Rollen sind vertauscht. Aus Opfern wurden Täter, aus Tätern wurden Opfer. Der Verratene wurde Verräter, der Verräter wurde verraten. Der Ausgleich ist hergestellt. Das Drama neigt sich dem Ende zu. Das Spiel funktioniert nicht mehr nach den alten Regeln. Die Menschen lassen sich nicht mehr beherrschen im Namen des Erlösers. Und immer weniger gehen mit auf den Trip der Keuschheit und Askese. Den Kirchen laufen die Priester weg.

Und niemand identifiziert sich mehr mit der Rolle des Schuldigen. Keiner lässt sich die Verantwortung für die Kreuzigung des Christus in die Schuhe schieben. Die Trennung zwischen Jesus und Judas existiert nicht mehr. Die Zeit ist reif für eine erneute Inkarnation derjenigen, die damals mit dem Meister der Liebe gegangen waren. Nun ist die Zeit gekommen, die alten Kirchenmauern abzureißen. Und wer sollte es besser können als diejenigen, die sie aufgebaut haben? Schließlich weiß der Erbauer am besten, wie man sein Gebäude zum Einsturz bringt.

Und so werden die Schüler des Meisters immer wiederkehren und die Kirche verändern, so lange, bis das Drama vollends überwunden ist. Viele Religionen gerieten im Laufe der Geschichte in Vergessenheit. Selbst wenn es heute unvorstellbar klingt: Auch das Christentum wird eines Tages in der Gegenwart der Menschen keine Rolle mehr spielen. Jede Religion ist Ausdruck eines gemeinsamen Lebensthemas vieler Menschen. Ist das Thema abgeschlossen, weil die Menschen die damit verbundenen Lektionen gelernt haben, können die Gebetsbücher versiegelt werden.

Übrigens, in Wirklichkeit hat Judas Jesus nicht verraten.

»Nicht? Wer dann?«

Niemand hat ihn verraten. Das Wort »verraten« ist eine schlechte Übersetzung des ursprünglichen Bibeltextes. »Ausliefern« ist ein besserer Begriff für das, was gemeint war. Judas war der treueste Schüler des Meisters. Er hat nicht Jesus ausgeliefert, er hat sich vielmehr selbst der Sache des Jesus ausgeliefert. Er war mutig genug, sich seinem Meister vollends hinzugeben. Judas war nicht der Verräter, Judas war letztendlich der Retter des Meisters. Ich werde dir nicht alles erzählen, noch nicht. Aber sei dir bewusst: So, wie die Geschichte überliefert ist, hat sie sich nicht zugetragen.

Engelchen und Teufelchen

Der Himmel ist der Ort des Glücklichseins, die Hölle ist der Ort des Unglücklichseins. Im Himmel regiert ein Engel, in der Hölle regiert der Teufel. Dem Engel vertraue ich, den Teufel fürchte ich.

Viele Menschen trauen ihrem Verstand mehr als ihrem Gefühl. Sie glauben, der Engel wohne im Kopf und der Teufel im Bauch: »Wo käme ich denn hin, wenn ich alles aus dem Bauch heraus entscheiden würde?« Sie glauben, ohne die Kontrolle des Verstandes nur Unsinn zu fabrizieren.

Der Verstand besitzt nur das, was er gelernt hat. Er hat nur die Erfahrungen, die er bereits kennen lernte. Sein Repertoire sind die Bilder vergangener Erfahrungen und Vorstellungen. Überlässt man dem vermeintlichen Engel Verstand die Regentschaft über sein Leben, besteht die Gefahr, dass die Zukunft aus lauter Wiederholungen besteht. »Und täglich grüßt das Murmeltier«: Der bereits genannte Film treibt es auf die Spitze – ein Mann wacht morgens auf und erlebt dann bis ins Detail den gleichen Tag wie zuvor. Er begegnet zur gleichen Zeit den gleichen Menschen, die das Gleiche sagen. Selbst das Datum verändert sich nicht. Am nächsten Tag wieder. Am darauf folgenden Tag wieder. Und so weiter. Jeden Morgen hofft der Mann vergeblich, dass endlich ein neuer Tag beginnt. Was am Anfang nur merkwürdig erschien, wurde allmählich zur Hölle. Das Einzige, was er gewann, war die Sehnsucht nach dem Neuen.

Im Land der ständigen Wiederholung fehlt es an Spannung. Das Gefühl »Ich bin gespannt auf …« ist verloren gegangen. Ich bin gespannt auf morgen, ich bin gespannt auf den nächsten Augenblick. Mit dem Verlust der Spannung ging auch die Fähigkeit der Entspannung verloren. Entspannung setzt Spannung voraus. Beides bedingt einander. Phlegmatische Menschen können nicht allzu tief schlafen.

Es ist das kleine Teufelchen im Kopf, das uns einredet, wir würden spontan immer nur das Schlechte tun. Drehen wir den Glaubenssatz einmal um. Machen wir uns klar: Nichts, was wir spontan tun, wird schlecht für uns und andere sein.

In meinem Bauch wohnt ein Engel, der mich immer zum Guten verführt.

JJ zum Schluss

Du bist ein nicht abgeschlossener Prozess, und es ist riskant und gefährlich, mit dir zu leben.

Die Schöpfung ist ein nicht abgeschlossener Prozess. Der Mensch ist Teil der Schöpfung. Du bist Teil der Schöpfung. Wie könntest du jemals abgeschlossen sein? Alles entwickelt sich ständig weiter. Deshalb kannst du nicht wissen, wie du morgen sein wirst, was du morgen tun wirst. Wäre deine Entwicklung beendet, wärest du, wäre dein Handeln vorhersagbar. Weil aber das Leben ständiges Erschaffen ist, wird deine Entwicklung niemals beendet sein. Du bist unvorhersagbar, und deshalb ist es riskant und gefährlich, mit dir zu leben. Und da du selbst derjenige bist, der in deiner unmittelbarsten Nähe lebt, ist es vor allem für dich riskant und gefährlich, mit dir zu leben. Du musst also das Risiko eingehen. Das Risiko ist der Preis für ein totales Leben im Hier und Jetzt.

Ab heute sei das Risiko deine Geliebte.

Jesus hat so gelebt. Das Leben in seiner Nähe war für ihn und uns riskant und gefährlich.

»Vor allem zum Schluss«, bemerkte ich.

Vor allem zum Schluss.

Zum Ende

Da lag sie nun auf dem regennassen Pflaster, die früher so lebensfrohe und agile Freude, einst tanzend und singend, jetzt erkaltet und erstarrt. »Wiederbelebungsversuche zwecklos«, sagte der Gerichtsmediziner, als er die Gummihandschuhe in seinen silbernen Stahlkoffer legte. Ein großer, hagerer Mann, auf dessen Stirn das Wort »Zynismus« eingebrannt war, nur leicht verdeckt von den wenigen dünnen, farblosen Haaren. Ein Wesenszug, verursacht durch Bilder von vielen Leichen, die in all den Jahren auf seinen Tisch geschmissen worden waren, auf dass er sie denn ein letztes Mal operierte.

»Dass sie tot ist, sehe ich auch«, nuschelte der Kommissar, ebenso gut gelaunt wie sein pathologisches Gegenüber. »Ich will wissen, wann es passierte und wo, wie lange ist sie schon tot, ist der Fundort gleich dem Tatort oder wurde sie hier nur abgelegt, kann es Selbstmord sein oder ist es eindeutig Fremdverschulden? Du weißt doch, worauf es ankommt – dass man euch Kadaverdoktoren immer alles aus der Nase ziehen muss«, sagte er ärgerlich.

»Warte auf den Bericht«, antwortete der Mediziner trocken. »Aber eines kann ich mit Gewissheit sagen: Es ist schon lange her, dass die Hübsche über eine höhere Körpertemperatur als heute verfügte.« Dann drehte er sich um und ging zu seinem Wagen.

Einen Augenblick noch verweilte der Kommissar am Ort des Geschehens. Beinah teilnahmslos betrachtete er die Szenerie. Zwei Gestalten in weißen Kitteln schlugen die Gummidecken über die Überreste der ehemals blühenden Dame Freude, die es sich zumindest für die Fahrt bis zur Gerichtsmedizin auf der schmalen Metallbahre bequem machen durfte. Zehn Minuten später saß auch er in seinem Wagen und fuhr in sein Büro. Er hatte einen neuen Fall. Wer ist verantwortlich für das Sterben der Freude? Wer machte ihr den Garaus? Und wie?

Nach einer Woche umfangreicher und strapaziöser Ermittlungen saßen sie sich im Büro gegenüber. Auf der einen Seite des Schreibtischs der Kommissar, wie immer gekleidet in blaue Jeans und schwarzen Pullover. Seine ebenfalls schwarze Lederjacke hing, auch wie immer, wenn er im Büro war, an der Lehne seines Schreibtischstuhls.

Eigentlich war er schon aus der Jacke herausgewachsen, sie war zu eng und auch zu kurz. Wenn er sie trug, verdeckte sie nur spärlich die Pistole in seinem Hosenbund. Ein schweres Ding, »SIG Sauer, 9 mm«, acht Schuss im Magazin und immer eine Patrone durchgeladen im Lauf. In der Anfangszeit hatte er mit vielen Pistolenholstern herumexperimentiert, Schulterholster, Gürtelholster, Innenholster, weiß der Henker, was es da alles gab. Aber sie waren ihm einfach zu unbequem, zu sperrig. Deshalb hatte er sich diese Trageweise angewöhnt, »Knarre« im Hosenbund, linke Seite.

Wenn er sie mit der rechten Hand zog, dann musste er mit seinem Arm um den Körper greifen. Das lag ihm, es war eine flüssige Bewegung, und außerdem sah es geil aus. Sein liebstes Publikum dabei waren unbeteiligte Hausbewohner, die neugierig und verschämt durch den Spalt ihrer Wohnungstür blickten, während er und sein Kollege, zwei Helden im Krimi des wahren Lebens, eine Tür eintraten, hinter der sie einen Menschen vermuteten, der es durch eine böse Handlung zu einem Haftbefehl gebracht hatte.

Abends vor dem Schlafengehen legte er die Pistole auf seinen Nachttisch. Sogar privat ging er keinen Meter mehr ohne sie aus dem Haus. Ein Herz und eine Seele, die beiden. Und auch jetzt war sie an ihrem Platz, bei Herrchen im Hosenbund.

Auf der anderen Seite des Schreibtischs saß, eine Zigarette zwischen den zittrigen Fingern der einen Hand und an den Nägeln der anderen kauend – immer abwechselnd ein Zug aus der Zigarette, dann wieder Nägelkauen –, dort also saß dem Kommissar der geständige Täter, besser gesagt: die Täterin, gegenüber. Es war … die Unzufriedenheit.

Sie gab sich während der Vernehmung wortkarg, wenn es bei den Fragen des Kriminalbeamten um Einzelheiten der Tatausführung ging. Sobald jedoch ihre Vergangenheit zur Sprache kam mit all den ungerechten Schicksalsschlägen, die ihr widerfahren waren, ein Schlag nach dem anderen, »Es kommt ja immer alles auf einmal«, geriet die Unzufriedenheit regelrecht ins Plaudern. Reich an Details, bunt in den Farben war ihre Schilderung der ganzen »Keiner-hat-mich-lieb«-Geschichten.

Der Kommissar, der die Kunst der Vernehmung beherrschte, ließ nicht locker. Er war froh, dass die Unzufriedenheit überhaupt mit ihm sprach und nicht von ihrem Verweigerungsrecht Gebrauch machte. Sie legte noch nicht einmal Wert auf die Benachrichtigung eines Anwalts. Es wäre ihr gutes Recht gewesen, vor der Vernehmung mit einem Verteidiger zu sprechen. Doch sie verzichtete.

In diesem Spiel Kommissar gegen Täter(in) behielt die Unzufriedenheit die Karte »Ihr könnt mich mal Kreuz As mit Anwalt« im Fächer und legte stattdessen die »Es hat ja doch keinen Sinn Karo sieben ohne Anwalt« auf den Tisch. Diese Taktik passt auch mehr zur Persönlichkeit der Unzufriedenheit, dachte der Kommissar. Er wusste Bescheid. In den Jahren hatten schon viele vor ihm gesessen. Mittlerweile kannte er die ganze Palette an Verhaltensweisen, die Menschen an den Tag legten, die eines Verbrechens beschuldigt wurden.

»Damit habe ich zugestochen.« Die Unzufriedenheit zeigte auf einen Aktenbock neben dem Schreibtisch. Dort lagen, sauber verpackt in durchsichtigen Plastikbeuteln, die beiden Tatwerkzeuge: Erwartung und Vergleich. Wirksame Waffen, die langsam töten, dachte der Kommissar. Ihrer Aussage nach hatte sie zunächst die auf dem Aktenbock links liegende Erwartung, ein langer, messerähnlicher Gegenstand, in die Hand genommen und der Freude damit gedroht. Doch immer weiter habe die Freude sie provoziert mit ihrem Hochgefühl.

»Wenn du nicht aufhörst, passiert ein Unglück«, hatte die Unzufriedenheit gewarnt, doch die Freude hörte einfach nicht auf, diese verdammte Sorglosigkeit zu verbreiten. Die Unzufriedenheit hatte es als absolut gedankenlos und unreflektiert empfunden und es der Freude auch gesagt. Schließlich muss man sich überlegen, was man tut; man kann sich doch nicht einfach den ganzen Tag freuen! Überleg mal, was alles passieren kann, hatte die Unzufriedenheit der Freude vorgehalten, du musst dich absichern.

Und was tat die Freude? Zollte sie etwa der vernünftigen Unzufriedenheit Dank für die Belehrung? Nein, weit gefehlt – gelacht hat sie, ja, gelacht! Ausgelacht kam sie sich vor, die Unzufriedenheit, ausgelacht von der Freude, die um sie herumtanzte und ihr ins Gesicht sagte: »Zum Teufel mit deiner Vernunft, zu viel davon führt zum Wahnsinn.«

Das war nun wiederum zu viel für die Unzufriedenheit. Dann hat sie eben zugestochen, die Unzufriedenheit. Da konnte die Freude sehen, was sie erreicht hat mit ihrer verdammten Sorglosigkeit. Wie weit ist sie mit ihrem Hochgefühl denn gekommen? Tot ist sie, tot, tot, tot.

»Sie müssen einsehen«, sagte die Unzufriedenheit nach dieser Ausführung zum Kommissar, »Sie müssen einsehen, dass ich Recht habe. Man kann doch nicht einfach in den Tag hineinleben, ohne sich zu sorgen! Wie sehen Sie das? Bei so einer Hartnäckigkeit wäre doch jeder ausgeflippt, Sie etwa nicht?«

Der Kommissar gab keine Antwort. Sicher, auch er konnte nicht glauben, dass man einfach so leben kann, ohne sich Sorgen und Gedanken über die Zukunft zu machen. Schließlich hatte er sich ebenfalls abgesichert, war Beamter geworden – sicherer Arbeitsplatz mit Altersvorsorge. Und in seinem Beruf wurde er schließlich ständig mit den Unwägbarkeiten des Lebens konfrontiert, er sah ja, was alles passieren kann, wenn man nicht genügend aufpasst. Aber zugestochen hätte er nicht.

Man kann Streitereien auch aus dem Weg gehen, wenn man will, dachte er. Außerdem hielt er das Verhalten der Freude gegenüber der Unzufriedenheit nicht für provokant. Man muss diese Spinner eben lassen, sie tun doch keinem weh, ging es dem Kommissar, der die Unzufriedenheit in ihrem Monolog nicht unterbrechen wollte, durch den Kopf.

»Ich erwarte dies von mir, ich erwarte das von dir, und ich erwarte jenes von anderen Menschen«, hatte sie geschrien, während sie auf die Freude einstach. Und mit jedem Stich hinein in den sich vor Schmerzen krümmenden Körper steigerte sie sich mehr und mehr in einen Rausch hinein. Alle unerfüllten Erwartungen wurden in ihr hochgespült. Die Tötung der Freude wurde zum großen Fest der Unzufriedenheit. All die verletzten Gefühle, zunächst obenauf in freudiger Erwartung, anschließend abgestürzt in hoffnungslose Enttäuschung, feierten mit diesem Gemetzel ihre Auferstehung.

Nachdenklich hörte der Kommissar den Ausführungen der Unzufriedenheit zu. Dabei fiel ihm auf, dass auch er voller Erwartungen war. Erwartung war das Fundament seines Berufes. Schließlich hatten der Staat und die Gemeinschaft der rechtschaffenen Bürger den Anspruch, dass sich alle an die Gesetze hielten. Er als Polizist hatte einen Eid abgelegt, alles zu tun, damit diese Erwartungen auch erfüllt würden. Ebenso große Ansprüche stellte er an sich selbst. Er forderte beispielsweise von sich selbst, seiner Rolle als Polizist gerecht zu werden. Bereits als Kind hatten ihn die Krimihelden, die im Auftrag des Guten das Böse in einer Welt voller Verbrechen bekämpften und dabei ein Kaugummi kauend zu jeder Gelegenheit »Verdammt dreckiger Job« nuschelten, unglaublich fasziniert. Und dieses Bild war zu seinem Selbstbild geworden, dem er nun jederzeit gerecht zu werden versuchte.

Jedes Selbstbild hat Kriterien, die es von anderen unterscheidet. Ein weinender Mittvierziger im Beichtstuhl, der unter Tränen seinen Priester um Auferlegung einer Buße anfleht, weil er sich gestern der Sünde der Völlerei schuldig gemacht hat, ist beispielsweise eine Szenerie, die das Bild vom harten Bullen sprengen würde. So einer verhält sich eben anders. Das Selbstbild zwingt dazu. Es verpflichtet. Und da man sich selbst verpflichtet hat, ist man auch geneigt, andere zu verpflichten. Dies geschieht durch die Erwartungshaltung, die man anderen gegenüber einnimmt.

Zum Beispiel erwarte ich, der ich das hier schreibe, schon seit Tagen, dass sich meine Frau Karin die Texte durchliest, die ich in der letzten Woche geschrieben habe. Gestern war ich enttäuscht, dass sie es noch nicht getan hat. Und heute bin ich unzufrieden.

So funktioniert die Tatwaffe Erwartung. Ein übles Instrument, da hat Freude keine Chance.

»Ob sie da schon tot war, kann ich nicht genau sagen«, führte die Unzufriedenheit in ihrem Geständnis weiter aus, »bewegt hat sie sich jedenfalls nicht mehr.«

Sie waren in der Vernehmung an der Stelle angelangt, an der die Unzufriedenheit schilderte, wie sie die zweite Waffe nahm und damit wie von Sinnen auf den Kopf der Freude herumhämmerte.

»Das Gesicht war nicht mehr zu erkennen, der Boden, die Kleidung, alles voller Blut«, gab die Unzufriedenheit zu Protokoll. »Ich wusste einfach nicht mehr, was ich tat. Und als ich dann erst Blut an meiner Kleidung sah, war es ganz aus mit meiner Beherrschung.«

Ein Blick auf die Waffe, die neben der Erwartung auf dem Aktenbock lag, genügte, um zu wissen, dass man damit jeden Schädel zum Platzen bringen konnte: der Vergleich, ein stumpfer, hammerähnlicher Gegenstand. Man hält ihn an der Seite »So ist es« fest und schlägt mit der Seite »So sollte es sein« zu.

Grausam. Da wächst wahrlich kein Gras mehr, dachte der Kommissar. Ihm war die Wirkung des Vergleichs hinreichend bekannt. Auch in seinen Kreisen benutzte man die Waffe ständig. Dabei kam oft die Ausführung des »Früher, ja früher war alles anders, da hatte man noch Rückendeckung von der Politik …« zur Anwendung. Beliebt war auch der Vergleich untereinander. Marke: »Wieso der Kerl schon Oberkommissar ist, diese Graupe, ich mache die ganze Arbeit, sehe zu, dass der Laden läuft, während dieser Warmduscher den ganzen Tag seinen Hintern am Schreibtisch verbreitert.«

Wie kann das Gras der Freude wachsen, wenn immer verglichen wird? Wie kann Zufriedenheit erlangt werden, wenn man immer abwägt: »Ist es auch wirklich gut so oder könnte es nicht besser sein?«, dachte der Kommissar.

Der Fall war geklärt. Die Waffen waren beschlagnahmt, die Spuren gesichert, und Beweismaterial war zur Genüge vorhanden. Und er hatte ein Geständnis. Sein Job war getan.

Die Akte konnte geschlossen und an die Staatsanwaltschaft geschickt werden. Alles Weitere lag nun bei den Gerichten. Der Kommissar wusste nicht recht, warum sich das Gefühl der Befriedigung nicht einstellen wollte. Vielleicht war es das Wissen, dass sich morgen wieder eine andere Unzufriedenheit eine dieser Waffen beschaffen würde, um damit die nächste Freude zu killen. Bereits Kinder sind heute in der Lage, bequem an Waffen heranzukommen, dachte der Kommissar. Erwartungen und Vergleiche gibt es an jeder Straßenecke.

Alles nicht mehr so wie früher, dachte er resignierend …

Männer mit Waffen waren gekommen, den Meister zu verhaften.
Einer der Schüler forderte die anderen zum Widerstand auf.
»Schützt den Meister«, schrie er aufgebracht. »Schützt den Meister!«

Der Meister befahl dem Schüler, mit der Toberei aufzuhören.
»Wenn du sie bekämpfst, bekämpfst du dich selbst,
denn eines Tages wirst du einer von ihnen sein.«

Vehement und verzweifelt wehrte der Schüler ab.
»Niemals, Meister! Niemals!«
Als der Wecker schellte, erwachte der Polizist aus seinem Traum.

Dank

Ich danke dir, liebe Anett. Ohne dich gäbe es dieses Buch nicht.

Ich danke euch, Andrea und Thordis. Ihr habt das Buch vorher gelesen und mir eure Kritik und Anregung gegeben.

Ich danke dir, mein lieber Vater, dass du dich auf esoterisches Gebiet begeben hast. Dein Urteil war mir wichtig.

Und ich danke dir, Karin, für die Anwesenheit in meinem Leben. Ich liebe dich.

Lieber Leser,

Weitere Informationen über die »Gespräche mit JJ« und meine Reiki-Termine bietet Ihnen meine Homepage:

www.gespraechemitjj.de

Falls Sie sich für meine Seminare und Aktivitäten interessieren, Fragen haben oder einfach nur Kontakt mit mir aufnehmen wollen, schreiben Sie eine E-Mail an:

pmd@gespraechemitjj.de

Wenn Sie, so wie ich bisher, mit dem Internet nicht so viel am Hut haben und lieber Briefe schreiben, leitet der Verlag Ihre Post gern an mich weiter.

Peter Michael Dieckmann

Inhalt